The Gospel
According to Paul

THE GOSPEL ACCORDING TO PAUL
by John F. MacArthur

Originally published in English as The Gospel According to Paul
Copyright ⓒ 2017 by John F. MacArthur

Published by arrangement with Thomas Nelson,
a division of HarperCollins Christian Publishing, Inc.
through rMaeng2, Seoul, Republic of Korea.
All rights reserved.

This Korean translation edition Copyright ⓒ
2017 by Word of Life Press, Seoul, Republic of Korea

이 한국어판의 저작권은 알맹2 에이전시를 통하여
Thomas Nelson과 독점 계약한 생명의말씀사에 있습니다.
신저작권법에 의하여 한국 내에서 보호 받는 저작물이므로
무단 전재와 무단 복제를 금합니다.

바울 복음

ⓒ 생명의말씀사 2017

2017년 11월 29일 1판 1쇄 발행

펴낸이 | 김재권
펴낸곳 | 생명의말씀사

등록 | 1962. 1. 10. No.300-1962-1
주소 | 서울시 종로구 경희궁1길 5-9(03176)
전화 | 02)738-6555(본사)·02)3159-7979(영업)
팩스 | 02)739-3824(본사)·080-022-8585(영업)

기획편집 | 구자섭, 이은정
디자인 | 윤보람
인쇄 | 영진문원
제본 | 정문바인텍

ISBN 978-89-04-08246-9 (03230)

저작권자의 허락없이 이 책의 일부 또는 전체를
무단 복제, 전재, 발췌하면 저작권법에 의해 처벌을 받습니다.

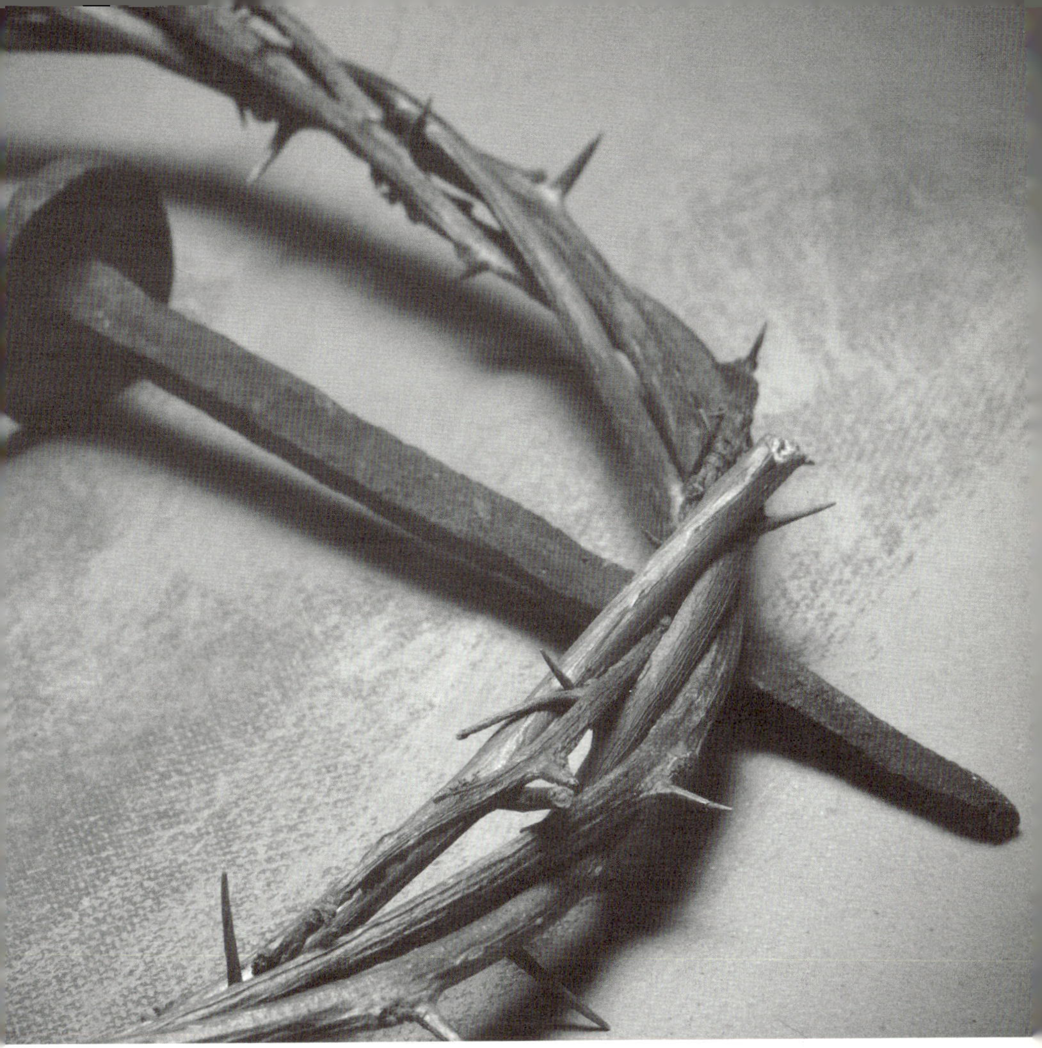

존 맥아더 지음
조계광 옮김

바울 복음

The Gospel According to Paul

생명의말씀사

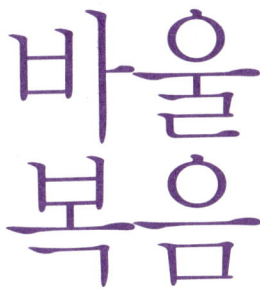

추천의 글

"저자는 20년 전에 다른 무엇이 아닌 복음이 상실될 위기에 처했다고 경고했다. 그는 『주님 없는 복음』에서 교회가 그리스도께서 전하신 대로 복음을 전해야 한다고 강조했다. 저자는 복음주의 기독교 내에서 발생한 새로운 위기에 직면해 이 책을 통해 다시금 그릇된 것을 바로 잡으려고 시도했다. 가장 절박한 시기에 가장 자격 있는 저자를 통해 가장 필요한 책이 주어졌다. 복음주의 신자라면 누구나 반드시 읽어야 할 책이다."
_앨버트 몰러 주니어, 남침례교 신학교 학장

"영적으로 어두운 오늘날, 예수 그리스도의 복음이 사방에서 공격을 당하고 있다. 저자는 강단에서 바울 사도가 기록한 열세 편의 서신을 정확하고 깊이 있게 주석하고 해설한 경험이 풍부하기 때문에, 예수 그리스도의 구원의 메시지를 상세히 전하고 옹호하는 일을 하기에는 더할 나위 없이 적합하다. 풍부한 신학적 내용이 담겨 있는 이 책은 오늘날의 교회에게 절실히 필요할 뿐 아니라 신중하게 전달되어야 할 가치가 있다. 신자와 불신자를 막론하고 모두가 읽어야 할 책이다."
_스티븐 로슨, 텍사스 주 댈러스 '원패션 미니스트리스'

"그동안 우리가 바울을 근본적으로 잘못 이해해 왔다는 경고의 목소리를 생각할 때, 오늘날의 교회를 위해 바울과 복음에 대한 그의 이해를 새롭게 다룬 자료가 절실하게 필요하다. 나는 저자보다 그런 자료를 더 잘 제공할 수 있는 사람은 없다고 생각한다. 그는 모든 그리스도인이 알아야 할 중요한 복음의 주제들을 다채롭고 깊이 있게 다루어 왔다. 이 책은 나를 또다시 설레게 만든다. 저자는 시의적절하고 긴급히 필요로 하는 책을 펴냈다."

_데렉 토머스, 사우스캐롤라이나 주 컬럼비아의 '제일장로교회' 담임목사,
애틀랜타 주 리폼드신학교 조직 신학 및 목회 신학 교수, "리고니어 미니스트리스" 특별 회원

"바울에 대한 새로운 관점은 필요하지 않다. 필요한 것은 성경적인 관점이다. 늘 그렇듯이 저자는 바로 그것을 제시했다."

_토드 프리엘, 라디오 진행자

"복음을 이해하는 것보다 더 중요한 것은 없다. 복음은 옳게 이해되고, 정확하게 전달되어야 한다. 저자는 그 일을 일생의 과업으로 삼아왔다. 그는 지금까지 복음에 대한 여러 이단들의 공격을 논박해 왔고, 이번에는 성령의 영감으로 기록된 바울 사도의 글을 통찰력 있게 해설함으로써 구원의 교리를 생생하고 명료하게 파헤쳤다. 은혜의 복음 안에 간직된 영원한 진리를 명쾌하게 드러낸 책, 참으로 절실하게 필요한 책이 출판되어 너무나도 반갑다. 바울 사도의 삶과 가르침을 깊이 있게 다룬 이 책은 우리의 믿음을 풍요롭게 하고, 신약 성경의 핵심 교리에 대한 우리의 이해를 크게 진작시킬 것이 분명하다."

_마이크 파바레즈, 캘리포니아 주 알리소 비에호의
'컴퍼스 바이블 교회' 목사, '포컬 포인트 라디오' 진행자

차례

추천의 글 · 4
서론 · 10
복음을 변증하기 위해 세우심을 받은 바울 | 바울 서신의 개요 | 오직 복음 외에는 | 바울의 고난과 믿음 | 선한 싸움 | 승승장구하는 진리

1장 다른 복음은 없다 ——— 33
복음은 오직 하나뿐이다 | 바울의 간단한 자기소개 | 일관된 복음 | "내가 너희에게 전한 복음" | 고린도 교회의 문제 | 속죄 | 장사되심 | 부활 | 부활의 증거

2장 의인은 없나니 하나도 없다 ——— 61
우주적인 유죄 판결 | 구약 성경에서 발견되는 증거 | 법정 소환 | 기소 | 판결

3장 인간은 어떻게 하나님과의 관계를 올바로 회복할 수 있을까? ——— 91
욥의 당혹감 | 인간의 딜레마 | 그렇다면 누가 구원받을 수 있을까? | 나의 공로가 아니다

The Gospel According to Paul

| 4장 | 의로운 행위가 아니다 ——————— 107 |

"의로운 행위로 말미암지 아니하고" | 오직 믿음으로! | 칭의는 하나님의 의를 나타낸다 | 칭의는 하나님의 은혜를 드높인다 | 칭의는 하나님의 의를 옹호한다 | 칭의는 하나님의 율법을 굳게 세운다

| 5장 | 위대한 교환 ——————— 129 |

십자가의 거리끼는 것 | 형벌적 대리 속죄론을 입증하는 핵심 본문 | 하나님의 뜻 | 화목의 말씀 | 그리스도의 사역 | 구원의 길

| 6장 | 그리스도와 함께 살아나다 ——————— 155 |

우리는 죽음으로부터 다시 살아났다 | 우리는 은혜로 다시 살아났다 | 우리는 믿음을 통해 다시 살아났다 | 우리는 한 가지 목적을 위해 다시 살아났다 | 우리는 선한 일을 위해 다시 살아났다

| 7장 | 은혜와 율법은 서로 적대하지 않는다 —— 179

율법주의 : 바리새인들의 어리석음 | 율법폐기론 : 우리 시대를 지배하는 오류 | 은혜와 율법은 서로를 적대하지 않는다 | 은혜와 선행 | 과거에 대한 교훈 : 구원은 율법이 아닌 은혜로 말미암아 주어졌다 | 현재에 대한 교훈 : 은혜는 무관심이 아닌 열정을 고무한다 | 미래에 대한 교훈 : 우리는 두려움이 아닌 소망 가운데 살아간다

결론 : 바울의 증언 —————————— 201

부록 1 _ 대리 속죄 · 211

다루기 쉬운 신에 대한 탐구 | 속죄를 다르게 정의하다 | 소시누스주의의 재출현 | 성경이 가르치는 대리 속죄론 | 속죄론을 위한 싸움 | 복음주의라고? 전혀 아니다

부록 2 _ 하나님을 위해 죽으신 그리스도 • 233

그리스도의 죽음은 하나님께 드리는 희생 제물이었다 | 그리스도의 죽음은 하나님께 대한 복종이었다 | 그리스도의 죽음은 하나님께 드리는 대리 속죄였다 | 그리스도의 죽음은 하나님을 만족하시게 했다 | 그리스도의 죽음은 우리를 구원하기 위해 하나님께 드린 대속물이었다 | 그리스도의 죽음은 우리를 하나님의 자녀로 만드는 수단이었다

부록 3 _ 모든 것의 궁극적 목적 • 249

부록 4 _ 바울의 영광스런 복음 • 259

구원자 | 죄인 | 구원 | 미쁜 말

용어 설명 • 284

서론

"내가 복음을 전할지라도 자랑할 것이 없음은 내가 부득불 할 일임이라 만일 복음을 전하지 아니하면 내게 화가 있을 것이로다…나는 사명을 받았노라"(고전 9:16, 17).

바울은 다른 사도들과 달랐다. 그는 그리스도의 지상 사역이 이루어지는 동안 그분과 함께 시간을 보낸 적이 없었다. 사실 그는 열두 제자들과 어울리기 어려운 사람이었다. 그들은 학문적인 자격이나 정신적인 영향력이 변변치 못했던 갈릴리의 평범한 촌부들이었다. 열두 제자들 가운데 가장 유명하고 영향력이 큰 제자들은 어부(베드로, 안드레, 야고보, 요한), 세리(마태), 열심당원(시몬) 출신이었다. 모두 육체노동에 종사하거나 사회적으로 배척받는 사람들이었다.

그들과는 대조적으로 바울(좀 더 정확히 말하면 다소의 사울)은 교육 수준과 학식이 높은 존경받는 율법 교사였고, 바리새인의 가정에서 태어나 정통적인 바리새인의 전통에 따라 철저하게 훈련된 사람이었다. 또한 그는 다소에서 출생한 로마 시민이자 예루살렘의 가말리엘 문하에서 교육을 받은 뛰어난 율법 학자였고, 뜨거운 열정을 지닌 히브리인 중의 히브리인이었을 뿐 아니라, 여행의 경험마저 풍부한 국제적인 인물이었다(행 22:3).

그는 빌립보서 3장 4절에서 "만일 누구든지 다른 이가 육체를 신뢰할 것이 있는 줄로 생각하면 나는 더욱 그러하리니"라고 말했다. 그의 이력은 항상 다른 사람들보다 뛰어났다. 다소의 사울은 지성이나 학문적 업적에서 그 어떤 사람에게도 뒤지지 않았다. 그런 점에서 그는 다른 사도들과 분명한 대조를 이룬다.

모두가 인정하는 대로, 사울의 스승이었던 가말리엘은 1세기 초의 예루살렘에서 가장 높은 명망과 가장 큰 영향력을 지닌 랍비였다. 그는 역사상 가장 학식이 뛰어나고, 가장 많이 회자되는 랍비 가운데 한 사람인 장로 힐렐의 손자였다. 사도행전 5장 34절은 "바리새인 가말리엘은 율법 교사로 모든 백성에게 존경을 받는 자라"라고 말씀한다. 그는 산헤드린 의회에서 큰 영향력을 행사했던 것이 분명하다(34-40절).

일흔한 명의 뛰어난 율법 학자들과 제사장들로 구성된 산헤드린 의회는 종교적인 문제를 다루는 예루살렘 최고의 통치 기관이었다. 예수님과 바울 당시의 산헤드린은 극도로 부패했고, 정치적인 편의에 따라 일을 처리하는 경우가 많았다.

그러나 가말리엘은 신약 성경의 증언을 통해서도 탁월한 학식과 신중하고 고결한 인품을 갖춘 인물로 평가되었다. 미쉬나(3세기 초에 작성된 이스라엘의 구전에 관한 기록)는 그를 '장로 가말리엘'로 일컬으면서 그의 가르침을 많이 인용했다. 미쉬나는 "장로 라반 가말리엘이 죽자 율법의 영광도 중단되었고, 정결과 절제의 미덕도 사라졌다."라는 말로 그를 높이 기렸다.[1] 이렇듯 가말리엘보다 더 크게 존경을 받았던 히브리 학자는 없었다. 다소의 사울은 그런 사람의 문하에서 훈련을 받았다. 따라서 그의 학문적인 자격은 어느 모로 보나 매우 인상적이었다.

다소의 사울은 다메섹 도상에서 부활하신 예수님을 만나기 전까지만 해도 바리새인의 전통에 도전장을 내미는 것을 조금도 용납하지 않았다. 그는 "사울이라 하는 청년"(행 7:58)으로 신약 성경에 처음 등장할 때만 해도 최초의 기독교 순교자인 스데반을 돌로 쳐 죽이는 일을 관장할 정도로 그리스도를 철저히 거부했고, 그분을 따르는 사람들의 믿음에 매우 적대적이었다. 바울은 나중에 자신이 한 일을 이렇게 고백했다.

"예루살렘에서 이런 일을 행하여 대제사장들에게서 권한을 받아 가지고 많은 성도를 옥에 가두며 또 죽일 때에 내가 찬성투표를 하였고 또 모든 회당에서 여러 번 형벌하여 강제로 모독하는 말을 하게 하고 그들에 대하여 심히 격분하여 외국 성에까지 가서 박해하였고"(행 26:10, 11).

그가 그런 일에 찬성표를 던졌다는 사실은 그가 산헤드린 의회의 의원이거나 종교적인 이단자들을 심판하기 위해 산헤드린이 임명한 심판 위원회의 일원이었다는 것을 암시한다. 젊은 사람들이 그런 직위에 임명되는 일은 극히 드물었다. 그러나 바울은 동년배들 가운데서 두각을 나타냈던

---

1) Herbert Danby, trans., *The Mishnah: Translated from the Hebrew with Introduction and Brief Explanatory Notes* (Oxford: University Press, 1933), 306.

학자였을 뿐 아니라 열정이 가득한 행동가이자 유능한 일꾼이요 재능 있는 행정가요 강력한 집행자였던 것이 분명하다(아마도 그는 수완이 좋은 정치가이기도 했을 것이다).

그러나 그는 다메섹으로 가는 도중에 극적인 회심을 경험하고 나서 완전히 다른 사람으로 거듭났다. 그는 모든 우월 의식을 내버렸고, 인간의 지혜가 복음 전파에 가치를 더해 줄 수 있다는 생각을 단호하게 거부했다. 그는 인간의 언변과 학식이 복음의 순수한 능력을 강화할 수 있다는 생각을 용납하지 않았다. 따라서 그는 혹시 부지중이라도 복음의 메시지를 훼손할까봐 자신의 지성이나 학문적 업적을 내세우지 않으려고 극도로 조심했다. 그는 고린도 교회에게 이렇게 말했다.

"형제들아 내가 너희에게 나아가 하나님의 증거를 전할 때에 말과 지혜의 아름다운 것으로 아니하였나니 내가 너희 중에서 예수 그리스도와 그가 십자가에 못 박히신 것 외에는 아무것도 알지 아니하기로 작정하였음이라 내가 너희 가운데 거할 때에 약하고 두려워하고 심히 떨었노라 내 말과 내 전도함이 설득력 있는 지혜의 말로 하지 아니하고 다만 성령의 나타나심과 능력으로 하여 너희 믿음이 사람의 지혜에 있지 아니하고 다만 하나님의 능력에 있게 하려 하였노라"(고전 2:1-5).

바울은 빌립보서 3장 5, 6절에서 거짓 교사들의 주장을 논박하기 위해 잠시 필요에 따라 자신의 종교적인 자격과 학문적인 업적을 언급했지만, 곧바로 "그러나 무엇이든지 내게 유익하던 것을 내가 그리스도를 위하여 다 해로 여길 뿐더러 또한 모든 것을 해로 여김은 내 주 그리스도 예수를 아는 지식이 가장 고상하기 때문이라 내가 그를 위하여 모든 것을 잃어버리고 배설물로 여김은 그리스도를 얻고"(7, 8절)라고 말했다.

그러나 바울의 뛰어난 지성은 그의 사역 방식과 그가 기록한 글을 통해 여실히 드러났다. 그는 고대 근동 지역의 시를 헬라어로 줄줄 말했고, 구약 성경의 구절들을 암기하여 인용했으며, 아덴에서는 가장 뛰어난 철학자들에게 담대하게 복음을 가르쳤다. 또한 그는 목숨이 위태로운 상황에서도 두려움 없이 왕들 앞에 나섰다. 아무도 그를 두렵게 하지 못했다. 그는 로마 제국의 수도에서 황제 앞에 나아가 증언하기를 원했다. 역사상 가장 크고 위대한 제국의 중심지에서 가장 강력한 통치자에게 복음을 전하는 것이 그의 목표였다.

복음을 변증하기 위해 세우심을 받은 바울

바울은 복음의 순수함과 정확함과 명료함을 옹호하는 데 다른 어떤 사도보다 더 많은 관심을 기울였다. "복음을 변명함과 확정함"(빌 1:7), 그것이 그리스도께서 그를 사도로 세우신 목적이었다. 그는 위에서 부여한 소명을 기꺼이 받아들였다. 그는 "내가 복음을 변증하기 위하여 세우심을 받은 줄 알고"(빌 1:16)라고 말했다. 그가 복음을 종종 '나의 복음'으로 일컬은 이유는 그런 의식이 그의 마음속에 깊이 뿌리박혀 있었기 때문이다(롬 2:16, 16:25; 딤후 2:8).

물론 바울은 복음을 자신의 공로나 사적인 소유물로 여기지 않았다. 그는 복음의 신적 기원을 조금도 의문시하지 않았다. 그는 복음을 종종 "하나님의 복음"(롬 1:1, 15:16; 고후 11:7; 살전 2:2, 8, 9), "하나님의 영광의 복음"(딤전 1:11), "그리스도의 복음"(롬 15:19; 고전 9:12, 18; 고후 9:13, 10:14; 갈 1:7; 빌 1:27; 살전 3:2), "그리스도의 영광의 복음"(고후 4:4)으로 일컬었다. 또한 그는 복음을 "평안의 복음"(엡 6:15), "너희의 구원의 복음"(엡 1:13)이라 일컫기도 했다.

물론 서로 다른 복음은 존재하지 않았다. 바울은 하나의 참된 복음을 다양하게 표현했을 뿐이다. 바울 사도는 복음이 하나 이상이라는 생각을 용납하지 않았다. 그는 갈라디아 교회에게 "우리나 혹은 하늘로부터 온 천사라도 우리가 너희에게 전한 복음 외에 다른 복음을 전하면 저주를 받을지어다"(갈 1:8)라고 단호하게 말했다. 그는 자신의 요점을 더욱 명확하게 강조하기 위해 다음 구절에서 "우리가 전에 말하였거니와 내가 지금 다시 말하노니 만일 누구든지 너희가 받은 것 외에 다른 복음을 전하면 저주를 받을지어다"(9절)라고 하며 '저주'라는 말을 한 번 더 반복하기까지 했다.

바울 서신의 개요

신약 성경에 기록된 바울 서신은 거의 모두 복음의 메시지와 밀접한 중요한 교리들을 옹호하고 명확하게 밝히는 데 초점을 맞춘다.

'로마서'는 복음의 핵심 진리를 구성하는 교리들을 체계적으로 다룬다. 그 구도가 매우 신중하고 논리적이며 일목요연하다. 바울은 죄와 인간의 타락에 관한 교리에서 시작하여 복음의 모든 진리(칭의, 성화, 견인, 선택, 유기, 이방인의 접붙임, 이스라엘의 궁극적인 회복)를 체계적으로 다루었다. 로마서는 바울 서신 가운데 복음의 교리를 가장 체계적이고 포괄적으로 다룬 서신이다.

'고린도전서'에서는 인간의 지혜나 육신의 정욕을 통해 복음이 오염되지 않도록 옹호했고, '고린도후서'에서는 "지극히 크다는 사도"(11:5, 12:11)를 자처하는 거짓 교사들이 복음을 공격하는 것을 막아내려고 노력했다. 그런 이단들은 참된 복음을 파괴하려면 먼저 바울 사도의 신뢰도를 무너뜨려야 했으므로 그를 집중적으로 공격했다. 그러나 그는 자신의 평판이 아닌 복음의 순수함과 권위를 옹호하는 데 모든 힘을 기울였다(고후 11:1-4).

'갈라디아서'는 이방인 회심자들이 구약의 의식법을 지켜야만 구원을 받을 수 있다고 주장했던 거짓 교사들(흔히 '유대주의자'로 불린다)을 논박하는 데 초점을 맞춘다. 특히 그들은 이방인 남자들이 할례를 받지 않으면 그리스도인이 될 수 없다고 주장했다. 그들의 가르침은 오직 믿음으로 의롭다 하심을 받는다는 것을 부인하는 것이나 다름없었다. 그 거짓 가르침은 바울과 바나바조차도 속아 넘어갈 뻔했을 정도로 매우 교묘했다(갈 2:11-13). 바울은 유대주의자들의 교리가 기독교의 메시지를 심각하게 왜곡시킬 수 있다는 것을 보여주기 위해 갈라디아서를 써 보냈다. 그는 그들의 가르침을 "다른 복음"(갈 1:6)으로 일컬었다. 그것이 그가 갈라디아서 서두에서 '다른 복음'을 전하면 저주를 받을 것이라고 두 차례나 반복하여 경고한 이유였다.

'에베소서'는 복음의 원리들을 간단하게 요약하면서 복음의 중심에 놓여 있는 근본 진리(구원은 전적으로 하나님의 사역이라는 것)를 강조한다. 어떤 죄인도 거기에 인간의 공로를 덧붙이거나 보탤 수 없다. 타락한 인간이 스스로 구원받을 수 있는 가능성은 절대로 없다. "너희는 그 은혜에 의하여 믿음으로 말미암아 구원을 받았으니 이것은 너희에게서 난 것이 아니요 하나님의 선물이라 행위에서 난 것이 아니니 이는 누구든지 자랑하지 못하게 함이라 우리는 그가 만드신 바라 그리스도 예수 안에서 선한 일을 위하여 지으심을 받은 자니 이 일은 하나님이 전에 예비하사 우리로 그 가운데서 행하게 하려 하심이니라"(엡 2:8-10).

'빌립보서'의 주제는 기쁨이지만, 그 안에는 실천적인 조언과 권고가 가득하다. 빌립보서 3장은 "개들"과 "행악하는 자들"과 "몸을 상해하는 일"을 엄중히 경고하는 말씀(2절)이 포함되어 있다. 그런 표현들은 바울이 갈라디아서에서 철저히 논박했던 거짓 교사들, 곧 복음을 오염시키는 자들을 염두에 둔 것이다. 그는 빌립보서 3장에서 개인적인 증언을 통해 복음의 핵심 진리를 명확하게 요약했다.

초대 교회 안에는 인간의 그럴 듯한 철학과 금욕적인 형태의 자기 부정과 인위적인 전통을 비롯해 갖가지 종교적 수단을 동원해 복음을 오염시키려고 애썼던 사람들이 있었다.

'골로새서'는 복음을 혼잡스럽게 만들려는 고의적인 시도들을 논박한다. 성령께서 사도들 가운데 학식이 깊은 바울을 선택해 학문적 권위나 철학적 사변을 내세우는 논리에 맞서 복음의 단순성을 옹호하게 하셨다.

'데살로니가전서'에서 바울은 데살로니가 신자들을 크게 칭찬했다. 그 이유는 그들이 처음부터 복음을 열정적으로 받아들였기 때문이었다. "이는 우리 복음이 너희에게 말로만 이른 것이 아니라 또한 능력과 성령과 큰 확신으로 된 것임이라"(5절). 아울러 1장을 마무리하는 두 구절에는 복음의 진리가 간명하게 요약되어 있다. "너희가 어떻게 우상을 버리고 하나님께로 돌아와서 살아 계시고 참되신 하나님을 섬기는지와 또 죽은 자들 가운데서 다시 살리신 그의 아들이 하늘로부터 강림하실 것을 너희가 어떻게 기다리는지를 말하니 이는 장래의 노하심에서 우리를 건지시는 예수시니라"(9, 10절). 바울은 데살로니가전서와 후서를 통해 신자들에게 복음의 진리를 빛나게 하는 삶을 살면서 인내로 그리스도의 재림을 기다리라고 가르치고 권고했다.

'디모데전후서'와 '디도서'는 바울을 계승할 두 젊은 목회자들을 권고하고 격려하는 내용으로 이루어져 있다. 바울은 그들에게 신중을 기해 복음의 진리를 옹호하라고 당부했다. 예를 들어, "디모데야…네게 부탁한 것을 지키라"(딤전 6:20)는 말씀은 복음을 염두에 두고 말한 것이 분명하다. 그는 그 이전에도 "하나님의 영광의 복음"을 자신에게 "맡기신" 것으로 묘사했다(딤전 1:11). 바울은 늘 하던 대로 디도에게도 복음의 메시지를 간단명료하게 요약한 말씀을 전했다. 그것은 참으로 간결하면서도 심원하고, 놀랍도록 포괄적인 가르침이 아닐 수 없었다.

"모든 사람에게 구원을 주시는 하나님의 은혜가 나타나 우리를 양육하시되 경건하지 않은 것과 이 세상 정욕을 다 버리고 신중함과 의로움과 경건함으로 이 세상에 살고 복스러운 소망과 우리의 크신 하나님 구주 예수 그리스도의 영광이 나타나심을 기다리게 하셨으니 그가 우리를 대신하여 자신을 주심은 모든 불법에서 우리를 속량하시고 우리를 깨끗하게 하사 선한 일을 열심히 하는 자기 백성이 되게 하려 하심이라"(딛 2:11-14).

그리고 나서 바울은 "너는 이것을 말하고 권면하며 모든 권위로 책망하여 누구에게서든지 업신여김을 받지 말라"(15절)라고 당부했다.

바울의 가장 짧은 서신인 '빌레몬서'는 도망한 노예(오네시모)와 그의 주인(빌레몬)의 화해를 권유하는 지극히 사적인 문제를 다룬다. 그러나 바울은 그런 문제를 다루는 와중에도 자신의 행위를 통해 그리스도의 정신을 나타냄으로써 복음의 진리를 확실하게 전하려고 노력했다. "그를 영접하기를 내게 하듯 하고 그가 만일 네게 불의를 하였거나 네게 빚진 것이 있으면 그것을 내 앞으로 계산하라"(몬 17, 18절)는 바울의 말은 그리스도께서 자기 백성을 위해 행하신 일을 완벽하게 요약한다. 이처럼 바울은 구체적이고 실질적인 방식으로 전가의 원리와 대속의 원리를 가르쳤다.

오직 복음 외에는

복음의 진리는 바울이 기록한 모든 내용에 깊이 스며들어 있다. 그는 항상 복음을 염두에 두었다. 그것은 그의 분명한 의도였다. 그는 이렇게 말했다. "내가 복음을 전할지라도 자랑할 것이 없음은 내가 부득불 할 일임이라 만일 복음을 전하지 아니하면 내게 화가 있을 것이로다"(고전 9:16). "내가 너희 중에서 예수 그리스도와 그가 십자가에 못 박히신 것 외에는 아무것도 알지 아니하기로 작정하였음이라"(고전 2:2). "그러나 내게는 우리 주 예수 그리스도의 십자가 외에 결코 자랑할 것이 없으니 그리스도로 말미암아 세상이 나를 대하여 십자가에 못 박히고 내가 또한 세상을 대하여 그러하니라"(갈 6:14). "그러므로 나는 할 수 있는 대로…복음 전하기를 원하노라"(롬 1:15).

모든 사도들이 초대 교회의 설립과 확장에 중요한 기여를 했다. 늙어서 죽은 사도는 오직 요한뿐이다. 나머지 사도들은 헤롯이 "칼로 죽인"(행 12:2) 야고보를 시작으로 모두 순교자가 되어 세상을 떠났다. 그들 가운데 더러는 당시에 알려진 세상 가운데 가장 먼 곳까지 가서 복음을 전하기도 했다. 예를 들어, 초기 교회의 역사는 도마가 인도의 동부 해안 지역까지 가서 복음을 전했다고 기록한다. 또한 전설에 따르면 나다니엘(바돌로매)은 아르메니아에 가서 복음을 전했고, 그곳에서 순교했다고 한다. 성경은 사도들이 마지막에 어디에 있었는지에 대해서는 명확하게 기록하지 않지만, 그들이 당시에 알려진 세계 곳곳에 신속하게 복음을 전했던 것은 분명하다. 데살로니가에서 바울과 실라를 붙잡은 성난 군중들은 그들을 가리켜 "천하를 어지럽게 하던 이 사람들"(행 17:6)이라고 말했다.

로마 제국 내에서 바울보다 널리 복음을 전한 사도는 없었다. 누가는 사도행전에서 세 차례에 걸친 바울의 선교 여행을 상세히 기록했다. 바울은 사도행전 13장에서부터 마지막에 이르는 내용의 중심인물이다. 바울의 사역에 관한 누가의 기록은 손에 땀을 쥐게 만든다. 바울의 발길이 닿는 곳마다 그의 영향력은 참으로 지대했다. 그는 복음을 전하고, 교회들을 세웠다. 이스라엘과 소아시아와 헬라와 멜리데를 거쳐 마침내 로마에 이르기까지 그가 가는 곳마다 새로운 신자들이 생겨났다. 바울은 그런 일을 하면서 다른 어떤 신약 성경의 저자들보다 많은 서신을 기록했다. 그 모든 일이 문명의 이기를 통해 여행과 통신이 비교적 수월해지기 훨씬 이전에 이루어졌다는 것을 생각하면 바울의 업적은 그저 놀랍기만 하다.

더 중요한 것은 복음을 정의하고 명료하게 밝히며 옹호하는 일에 바울보다 더 기여한 사람은 없다는 것이다. 다른 사도들은 틀림없이 바울이 복음에 기여한 공로를 기꺼이 인정했을 것이다. 그는 그리스도께서 "만삭되지 못하여 난 자 같은"(고전 15:8) 자신을 사도로 임명하셨다고 말했다. 이 사실을 인정한 다른 사도들의 확신은 그가 부활하신 그리스도를 통해 자신들이 주님의 지상 사역 동안 훈련받고, 또 전파하라고 명령받은 것과 동일한 진리를 배웠다는 사실에 근거했다(갈 2:2, 6-9). 다른 사도들이 전했던 복음과 바울이 특별 계시를 통해 그리스도에게서 배운 복음은 서로 정확하게 일치했다(갈 1:11, 12, 2:6).

바울의 고난과 믿음

바울은 복음을 전파하고 옹호해야 한다는 막중한 책임감을 지극히 당연하게 여겼다. 그가 가는 곳마다 복음을 적대시하는 세력들이 그가 전하는 메시지를 논박했기 때문이다. 어둠의 세력은 바울의 전략적인 역할에 경각심을 곤두세웠고, 그의 영향력이 특히 강하게 작용했던 교회들을 사정

없이 공격했다. 따라서 바울은 "복음을 변명함과 확정함에"(빌 1:7) 항상 최선의 노력을 기울여야 했다. 바울과 그의 사역을 둘러싸고 많은 논란이 일어났기 때문에 그의 편에 서고 싶어 하는 사람은 아무도 없었다. 그는 복음을 위해 생명을 바치기 직전에 마지막으로 쓴 서신에서 로마에서 재판받는 상황을 언급하면서 "내가 처음 변명할 때에 나와 함께 한 자가 하나도 없고 다 나를 버렸으나"(딤후 4:16)라고 말했다. 그는 그 서신의 첫 장에서 디모데에게 "아시아에 있는 모든 사람이 나를 버린 이 일을 네가 아나니"(1:15)라고 말했고, 마지막 장에 가서는 서글픈 심정이 느껴지는 어조로 "너는 어서 속히 내게로 오라 데마는 이 세상을 사랑하여 나를 버리고 데살로니가로 갔고 그레스게는 갈라디아로, 디도는 달마디아로 갔고 누가만 나와 함께 있느니라 네가 올 때에 마가를 데리고 오라 그가 나의 일에 유익하니라"(4:9-11)라고 말했다.

만일 바울이 강한 믿음을 소유하지 못했다면 버림받았다는 외로움에 떨며 죽었을 것이다. 아마도 그는 자신의 고난이 교회에 얼마나 큰 영향을 미칠지, 또 자신의 영향력이 대대로 신자들에게 얼마나 크게 작용할지를 온전히 의식하지 못했을지 모른다. 그러나 그는 결코 절망하며 죽지 않았다. 그는 복음의 진리가 궁극적으로 승리할 것을 굳게 확신했다. 그는 지옥의 권세가 그리스도께서 세우신 교회를 이기지 못할 것을 알았다. 그는 순교를 앞둔 상황에서도 하나님의 목적이 반드시 이루어질 것이며, 또 그분의 계획이 이미 이루어지고 있음을 분명하게 의식했다. 그는 "전제와 같이 내가 벌써 부어지고 나의 떠날 시각이 가까웠도다 나는 선한 싸움을 싸우고 나의 달려갈 길을 마치고 믿음을 지켰으니 이제 후로는 나를 위하여 의의 면류관이 예비되었으므로 주 곧 의로우신 재판장이 그 날에 내게 주실 것이며 내게만 아니라 주의 나타나심을 사모하는 모든 자에게도니라"

(딤후 4:6-8)라고 말했다.

선한 싸움

나는 바울과 복음에 대한 그의 열정적인 헌신이 너무나도 존경스럽다. 그리스도를 제외하면 바울은 복음 전도와 목회 사역과 관련하여 내가 가장 닮고 싶은 본보기다. 바울은 성령의 영감을 받아 서신을 기록하면서 "너희는 나를 본받는 자가 되라"(고전 4:16), "내가 그리스도를 본받는 자가 된 것같이 너희는 나를 본받는 자가 되라"(고전 11:1)라고 말했다. 대학에 다니면서 사역 훈련을 받기 시작한 이후로 이 말은 나의 뇌리에서 항상 떠나지 않았다.

바울이 그리스도를 본받은 것처럼 그를 본받고자 하는 사람은 누구나 논쟁을 피하기가 어렵다는 것을 알게 된다. 나는 지금까지 복음에 관한 책을 많이 펴냈다. 그 가운데 논쟁의 성격을 띠지 않은 것은 거의 없다. 나는 복음을 수정하고, 축소하고, 약화시키고, 그 초점을 바꾸거나 다른 메시지로 대체하려는 다양한 시도를 지적하며 논박했다. 복음에 관한 나의 책 가운데 가장 잘 알려진 두 권의 책은 회개와 자기 부정과 제자직의 대가와 그리스도의 주재권은 구원에 불필요한 진리이기 때문에 복음 선포에서 배제하는 것이 바람직하다는 터무니없는 생각을 심도 깊게 논했다.[2]

바울은 복음을 온전히 이해했다. 데살로니가전후서만 보더라도 그가 그리스도의 주재권이 복음의 메시지와 무관하다고 생각하는 사람들을 어떻게 논박했는지를 익히 알 수 있다. 예를 들어, 그는 데살로니가후서 2장

---

[2] John MacArthur, *The Gospel According to Jesus* (『주님 없는 복음』, 생명의 말씀사). *The Gospel According to the Apostles* (Nashville: Thomas Nelson, 1993).

13, 14절에서 "하나님이 처음부터 너희를 택하사 성령의 거룩하게 하심과 진리를 믿음으로 구원을 받게 하심이니 이를 위하여 우리의 복음으로 너희를 부르사 우리 주 예수 그리스도의 영광을 얻게 하려 하심이니라"라고 말했다. 이 말씀은 비판자들이 종종 '주재권 구원'이라는 표현을 사용해 비웃는 견해를 훌륭하게 요약할 뿐 아니라 온전히 확증한다.

그럼에도 불구하고 20세기 중반에서부터 1990년대 초에 이르는 동안, 복음을 심각하게 축소시킨 견해가 복음주의자들 사이에서 널리 받아들여졌다. 그런 견해는 회개와 그리스도의 주재권에 대한 복종이 인간의 노력에 해당하고 구원은 행위가 아닌 믿음으로 말미암아 은혜로 주어지는 것이므로(엡 2:8, 9), 복음을 선포할 때 그리스도의 주재권을 언급하지 않는 것이 좋다는 논리를 펼쳤다. 몇몇 유력한 복음주의 저술가들이 그런 견해를 권장했고, 자신들이 반대하는 견해에 '주재권 구원'이라는 표현을 적용했다.[3]

나는 내가 쓴 『주님 없는 복음』과 『사도들이 전한 복음』에서 주재권 구원을 논박하는 모든 주장을 다루었다. 『주님 없는 복음』은 예수님이 복음을 가르치면서 마주치셨던 상황을 성경을 근거로 철저하게 분석하고, 그분의 몇 가지 비유와 회개, 믿음, 속죄를 비롯한 복음의 주제들에 관한 가르침을 설명하는 데 초점을 맞추었다. 그런 분석과 설명은 예수님이 선포하신 복음이 '주재권 구원'으로 무시되는 메시지와 정확히 일치한다는 것을 결정적으로 입증해 보였다. 그 책은 긍정과 부정의 차원에서 매우 놀라

---

3) 레이 스탠퍼드가 이 표현을 직접 만들어낸 장본인은 아닐지라도 이 표현을 확산시키는 데 주된 역할을 한 것은 틀림없는 듯하다. 다음 자료를 참조하라. A. Ray Stanford, *Handbook of Personal Evangelism* (Miami: Florida Bible College, 1975), chapter 7. 찰스 라이리와 제인 하지스를 비롯해 그 당시에 유명한 책들과 논문들을 펴낸 저술가들은 죄로부터의 회심과 그리스도의 주재권에 대한 복종을 전하는 것이 복음을 훼손한다는 견해를 적극적으로 확산시켰다. Charles Ryrie, *Balancing the Christian Life* (Chicago: Moody, 1969). Zane Hodges, *The Gospel Under Seige* (Dallas: Redencion Viva, 1981).

운 반응을 불러일으켰다. 대다수 비평가들은 무시하는 듯한 태도를 취했고, 어떤 사람들은 논리적, 신학적 주장을 제기해 축소된 복음을 옹호하려고 애썼다. 그러나 복음의 내용 자체를 엄밀히 검토하는 한편, 예수님이 자신들이 주장하는 복음을 가르치셨다는 것을 성경을 근거로 입증하려고 시도했던 사람은 아무도 없었다. 어떻게 그럴 수가 있을까? 예수님의 가르침은 그 자체로 명백하다. 그것이 내가 말하려는 첫 번째 요점이었다.

『사도들이 전한 복음』은 (바울 서신의 몇몇 본문들을 비롯해) 신약 성경의 핵심 구절들을 근거로 사도들의 복음 선포에서는 그리스도의 주재권이 항상 가장 중요한 비중을 차지했다는 것을 주석학적으로 입증하는 데 초점을 맞추었다. 바울과 다른 사도들이 전한 복음은 주재권 구원을 논박하는 20세기의 주장들과 상충된다. 『사도들이 전한 복음』은 체계적으로 구성되었고, 각 장마다 구원론(구원의 교리)의 중요한 핵심을 다룬다. 구체적으로 말해, 믿음, 은혜, 회개, 칭의, 성화, 확신, 견인과 같은 주제들을 다룬다.

이번에는 비평가들의 반응이 그렇게 거세지 않았다. 주재권 구원을 악착같이 거부하려는 몇몇 비평가들만이 『사도들이 전한 복음』을 논박했고, 비평의 내용도 그다지 열의가 없는 듯 보였다. 15년이 경과하자 복음주의 진영에서 그리스도의 주재권을 복음의 메시지에서 배제하려고 노력하던 사람들의 숫자가 현저히 줄어들었다. 상황이 바뀐 것이 분명했다. 복음의 본질과 전파 방식을 성경에 근거해 철저하고 주의 깊게 조사한 결과, 주재권 교리를 논박할 수가 없었던 것이 분명하다.

그러나 안타깝게도 주재권 논쟁이 시들해지기 전에 복음주의 운동 내에서 실용주의 형태를 띤 또 다른 위기가 찾아왔다. 1990년대 초, 구도자 중심의 복음 전도에 초점을 맞춘 대형 교회들이 건전한 교리에 대한 관심이 결여된 자신들의 사역 철학을 적극적으로 옹호하기 시작했다. 그들의 주장은 성경적 증거가 매우 희박했다. 그 결과 진정한 설교라고 하기에는 너무나도 거리가 먼 설교들이 기승을 부리기 시작했다. 성경은 추가적 정보를 제공하거나 각주처럼 취급되었다. 설교자들은 인생의 성공, 사업, 관계와 같이 대중문화의 풍조를 따르는 주제들에 초점을 맞추었다. 심리적 동기 부여에 중점을 둔 내용이 주를 이루었고, 복음은 아예 언급조차 없는 경우가 비일비재했다. 출석 교인들의 숫자가 사역의 성공과 영향력을 측정하는 주된 척도였다. 나는 『복음을 부끄러워하는 교회』라는 책에서 이 문제를 상세히 다루었다.[4]

구도자 중심적인 복음 운동이 친숙할 대로 친숙해지자 이런 분위기에서 성장한 젊은이들 가운데 그것을 진부하고 경박하게 여겨 혐오하는 이들이 많아졌다. 그에 대한 반발로 '이머징 운동'(복음주의 기독교의 독특한 특징이었던 역사적 전통과 관습을 거의 모두 거부하는 포스트모던적인 자유사상 운동)이 생겨났다. 이머징 운동의 지도자들은 비정통적인 가르침을 강조하고, 속죄의 교리를 공격했으며, 성경의 권위를 훼손했을 뿐 아니라 복음을 새롭게 구성하고, 다시 정의하려고 노력했다. 아마도 가장 심각한 것은 대리 속죄의 개념과 죄에 대한 하나님의 진노와 관련된 진리들을 거부하려고 노력한 일일 것이다. 복음에 대한 바울의 가르침을 통해 분명하게 알게 되겠지만, 그것은 복음의 핵심을 무너뜨리는 것이나 다름없었다.

그러는 동안 나는 『값비싼 기독교』, 『무모한 신앙과 영적 분별력』, 『하나님의 사랑』, 『용서의 자유와 능력』, 『무질서한 은사주의』, 『다른 불』과 같은 책들을 펴내 그런 오류와 복음을 훼손하려는 다른 여러 가지 시도를 다루었다. 특히, 나는 이머징 운동으로 인한 혼란을 없애기 위해 『진리 전

---

4) John MacArthur, *Ashamed of the Gospel* (『복음을 부끄러워하는 교회』, 생명의말씀사).

쟁』과 『친절한 척하지 않은 예수』를 펴냈다.

그런 모든 논쟁을 곰곰이 생각해 볼 때, 가장 놀라운 것은 내가 다루었던 오류들이 모두 복음주의 진영에서 일어났다는 사실이다. 나는 신학교에 다니는 동안, 교회 밖의 세상에서 성경의 권위와 복음의 진리를 공격하는 것을 물리칠 목적으로 나의 생각과 마음을 훈련하려고 노력했다. 그 당시만 해도 교회 내부에서 가해지는 공격이나 복음주의 진영에서 존경받는 사람들이 가하는 공격에 맞서 복음을 옹호하는 일에 나의 시간과 노력의 대부분을 쏟아 붓게 될 줄은 꿈에도 생각하지 못했다.

그러나 나는 하나님의 백성이 "믿음의 도를 위하여 힘써 싸울"(유 1:3) 때 필연적으로 일어날 수밖에 없는 상황으로 인해 낙담하지 않았다. 오히려 나는 용기와 힘을 얻었다. 하나님은 항상 자신의 진리를 옹호하신다. 교회 역사상 복음이 공격과 논쟁으로부터 자유로웠던 적은 단 한 번도 없었다. 옛 이단들이 부활하고, 복음에 대한 공격이 되풀이되어 새로운 세대를 그릇된 길로 유도하려고 날뛰는 것은 참으로 두려운 일이 아닐 수 없다. 사탄은 냉혹하기 그지없는 원수다.

그러나 우리는 사탄의 계책을 모르지 않는다(고후 2:11). 우리는 "사방으로 우겨쌈을 당하여도 싸이지 아니하며 답답한 일을 당하여도 낙심하지 아니하며 박해를 받아도 버린 바 되지 아니하며 거꾸러뜨림을 당하여도 망하지 아니한다"(4:8, 9). 지옥의 권세가 총동원되어도 하나님을 이길 수는 없다. 그런 세력이 진리를 공격하고, 수많은 사람을 회의와 불신으로 몰고 가더라도 성경의 진리를 무너뜨릴 수는 없다. 따라서 온 세상이 우리를 대적하는 것처럼 보여도 진리와 함께 굳게 서면 승리할 수 있다. 그리스도께서 죽은 자 가운데서 부활하신 것이 그런 승리를 결정적으로 입증한다. 사탄은 아무리 거세게 반항해도 이미 패배한 원수에 지나지 않는다.

현대 복음주의의 풍조가 어떻게 변하든 진리의 능력은 항상 변하지 않는다. 새 천년이 시작될 무렵, 어떤 복음주의자들은 선견지명이라도 있는 것처럼 엄숙한 어조로 젊은 복음주의자 신자들에게 조만간 역사적 복음주의 원리를 거부하고 자유분방한 신앙생활을 추구하는 이머징 운동이 교회를 혁신하고 새롭게 할 것이라고 말했다. 그러나 이머징 운동은 2005년이 되기도 전에 해체되기 시작했고, 2010년이 될 무렵에는 거의 사라지고 말았다.

승승장구하는 진리

그러나 진리는 무너지지 않았다. 오늘날 교회 안에서 가장 고무적인 성장 가운데 하나가 하나님의 말씀을 진지하게 받아들이는 사람들 사이에서 이루어지고 있다. 그들은 복음을 수호해야 할 중요성을 이해할 뿐 아니라 건전한 교리를 사랑한다. 예를 들어, 지난 십 년 사이에 '다함께 복음을 위해'가 생겨나 크게 확장되었다. '다함께 복음을 위해'는 1960년에서 1990년에 걸쳐 일어난 그 어떤 대규모 복음주의 운동보다도 복음에 관해 훨씬 더 건전한 사상을 지닌 젊은 신자들로 이루어진 보수주의 연합체다.[5] 지금 보수적인 복음주의 교회들 사이에서 종교개혁의 가치들이 새롭게 되살아나면서 성경적인 설교가 각광을 받고, 교회사에 대한 새로운 관심이 고조되고 있다. 많은 젊은이들이 부모의 세대가 구도자 중심이라는 명목을 내세워 용인했던 깊이 없는 영성을 더 이상 인정하지 않는다.

물론, 지난날의 오류들 가운데 완전히 사라진 것은 아무것도 없다. 이

---

5) Together for the Gospel. http://t4g.org/about/affirmations-and-denials-2/.

머징 운동은 이미 생명력을 잃었지만, 그 잘못된 개념과 교리들이 여전히 남아 있다. 요즘에도 복음주의 내에서 상당한 영향력을 지닌 일부 사람들이 그리스도께 대한 복종을 선택 사안으로 간주하고, '예수님을 구주로 영접하는 것'과는 아무런 관계가 없는 것처럼 가르친다. 또 복음이 죄인들의 회개를 촉구하거나 그리스도께 복종하라고 가르친다는 것을 부인하는 사람들도 있고, 심지어는 오직 은혜만을 강조하며 율법폐기론으로 치우치는 사람들도 있다(율법폐기론이란 그리스도인들이 도덕법에 구속받지 않는다는 신념, 즉 신앙과 행위는 별개라는 신념을 가리킨다). 그런 견해와 그와 유사한 견해들이 아직도 복음주의 진영에서 잠재적인 위험 요인으로 작용하고 있다. 『주님 없는 복음』과 『사도들이 전한 복음』은 그런 모든 오류에 대해 결정적인 대답을 제시한다.

나는 이 책에서 논쟁을 벌일 생각이 없다. 나는 오류를 논박하기 위해 많은 사람들의 견해를 인용하거나 각주나 참고 자료를 수북하게 덧붙일 의도가 없다. 나는 가능한 한 솔직한 태도로 중요한 성경 본문들을 다루면서 바울이 전한 대로 복음을 철저하고 정직하며 주의 깊게 살펴보기 원한다. 나는 무미건조하거나 학술적인 분석의 방식이 아니라 십자가에 못 박혀 죽으시고, 장사되었다가 다시 살아나 하늘에 오르신 예수 그리스도의 진리로 우리의 심령이 활활 타오르게 하는 방식을 취할 것이다. 우주에 있는 그 어떤 진리도, 참 믿음을 지닌 신자들을 위해 죄책의 무거운 짐을 제거하고 죄의 권세를 없애 주신 살아 계신 구세주에 관한 좋은 소식보다 더 고무적인 진리는 없다.

나는 복음에 초점을 맞춘 바울 서신의 본문들을 몇 군데 선택했다. 각각의 본문에 한두 장의 지면이 할애될 것이고, 인간의 보편적인 타락, 하나님의 은혜, 믿음과 회개로의 부름, 속죄의 본질과 같은 주제들이 거듭 되풀이될 것이다. 불필요한 반복은 최대한 자제할 생각이지만, 여러 본문을 충분히 다루려면 바울의 핵심 사상에 속하는 개념들은 한 차례 이상 언급해야 할 필요가 있다. 바울도 중요한 진리를 거듭 반복해서 가르쳤다. 그는 빌립보 신자들에게 "너희에게 같은 말을 쓰는 것이 내게는 수고로움이 없고 너희에게는 안전하니라"(빌 3:1)라고 말했다. 이 말씀은 '내가 이미 말한 것을 말하는 것이 덜 수고롭다. 사실 그것을 다시 듣는 것이 너희에게는 유익하다.'라는 의미를 지닌다. 재검토와 반복이 필요한 주제가 복음의 핵심 진리에 해당하는 경우에는 특히 더 그러하다.

나는 이 책에서 바울 서신 중에서 복음과 관련된 가장 중요한 본문들은 가능한 한 명확하고 상세하게 설명할 계획이다. 나도 바울처럼 영원한 중요성을 지닌 복음의 교리와 그것을 옳게 이해해야 할 절대적인 필요성을 힘써 강조하고 싶다. 학식 높은 신학자나 새 신자를 막론하고 모든 신자가 유익을 얻을 수 있도록 이 책을 쓰는 것이 나의 목적이다. 책의 말미에는 평신도들이 낯설어할 수 있는 용어들을 설명하기 위해 간단한 용어 설명을 덧붙였다. 물론 신학을 공부한 사람이라면 이미 모두 잘 알고 있는 용어들일 것이다. 나는 평신도들을 유익하게 하기 위해 될 수 있는 대로 용어들을 간단하게 정의하려고 노력했다. 또한 본문에서도 새로운 용어가 처음 등장할 때마다 그 의미를 정의했다. 그러나 낯선 신학 용어들의 의미를 쉽게 기억하기 어렵거나 그 용어의 의미를 추적하기 어려울 때는 용어 설명을 참조하면 도움이 될 것이다.

아울러 나는 네 편의 부록을 첨가했다. 그리스도의 속죄 사역의 본질을 다루는 부록 1이 가장 중요하다. 이것은 바울 서신에서 자주 언급되는 주제일 뿐 아니라 오늘날 집중 공격을 받고 있는 교리에 해당한다. 부록 1은 이 책의 본문에서 발견할 수 있는 방식보다 더 논쟁적인 방식으로 좀 더 철저하게 속죄에 대한 문제를 다룬다. 바울이 전한 복음을 이해하려면 속죄의 의미를 올바로 파악하는 것이 필수적이다. 따라서 나는 이 책에서 '형벌적 대리 속죄론'을 굳게 옹호하고, 속죄에 관한 그릇된 견해들을 이해하기 쉽게 설명하는 데 초점을 맞추었다.

부록 2는 내가 전한 설교 한 편을 읽기 쉽게 편집한 것이다. 이것은 바울 신학의 독특한 특색을 지닌 복음 설교다(나는 지난 40년 동안 세계 도처에서 다양한 방식으로 이 주제에 관해 말씀을 전했다). 이 부록은 '화목'(propitiation)이라는 성경 용어를 다룬다. 이 용어와 이 용어의 개념은 그리스도께서 죽으신 이유에 관한 바울의 가르침 가운데 핵심적인 비중을 차지한다. 여기에 이 부록을 덧붙인 이유는 내가 어려운 진리를 회피하거나 복음의 메시지를 지나치게 단순화시키지 않고 복음을 전하려고 노력한다는 것을 보여주는 본보기를 한 가지 소개해 달라는 몇몇 사람의 부탁이 있었기 때문이다.

부록 3은 바울의 구원론이 궁극적으로 가르치고자 했던 진리(존재하는 모든 것과 일어나는 모든 일의 궁극적인 목적은 하나님의 영광이라는 것)를 설명하는 간단한 논문이다.

마지막 부록 4는 찰스 스펄전의 설교를 개작한 것이다. 그의 설교는 바울이 복음을 '나의 복음'으로 거듭 일컬은 이유를 밝히는 데 초점을 맞춘다. 이 부록을 덧붙인 이유는 그의 설교가 이 책의 주제를 완벽하게 요약하고 있기 때문이다.

나는 모두가 이 책의 주제를 유익하고 흥미롭게 생각할 것이라고 확신한다. 복음에 대한 열정이 없었다면 바울은 아무런 영향도 미치지 못했을 것이다. 그의 열정은 전파력이 강하다. 모두가 그의 열정에 고무되기를 바라는 마음 간절하다.

The Gospel According to Paul

1장
다른 복음은 없다

"이같이 그리스도가 고난을 받고 제삼 일에 죽은 자 가운데서 살아날 것과 또 그의 이름으로 죄 사함을 받게 하는 회개가 예루살렘에서 시작하여 모든 족속에게 전파될 것이 기록되었으니"(눅 24:46, 47).

바울 사도는 잘 선택한 간결한 몇 마디의 말로 복음의 메시지를 전달하는 능력이 뛰어나다. 그의 서신은 복음을 한 구절로 간단명료하게 요약한 내용으로 가득하다. 그런 핵심 본문들은 다른 본문들과는 다르다. 제각각 복음의 본질적인 측면을 보여주는 독특한 내용으로 이루어져 있다. 그 가운데 어느 하나만 가지고도 복음의 진리를 강력하게 전하기에 충분하다. 또 그런 본문들을 모두 합치면 성경적인 구원의 교리를 온전하게 이해할 수 있는 체계를 갖출 수 있다.

이것이 내가 이 책에서 시도하려는 접근 방식이다. 바울 서신에서 복음과 관련된 핵심 본문들을 발췌해 그가 전한 복음을 개괄하고, '복음은 무엇인가? 복음의 근본 요소는 무엇인가? 우리가 복음을 옳게 이해했다고 어떻게 확신할 수 있는가? 그리스도인들은 세상 사람들에게 복음을 어떻게 전해야 하는가?'와 같은 몇 가지 중요한 질문을 살펴볼 생각이다.

복음은 오직 하나뿐이다

바울은 오직 하나의 참된 복음만이 존재한다고 분명하게 밝히는 데서부터 이 주제에 대한 연구를 시작했을 것이 틀림없다. 바울이 사도적 복음을 변경하거나 확대했다고 생각하는 것은 그가 복음의 단순성에 관해 가르친 내용과 정면으로 충돌한다. 그는 그 어떤 신약 성경 저자들보다 훨씬 더 많은 노력을 기울여 철저하게 복음을 설명했지만, 그가 전하거나 기록한 말씀 가운데 그리스도와 사도들이 처음부터 가르친 말씀에서 벗어나는 것은 아무것도 없다. 바울의 복음은 그리스도께서 친히 선포하셨고, 열두 제자들에게 전파하라고 명령하셨던 복음과 정확하게 일치한다. 오직 하나의 복음만이 존재한다. 유대인과 이방인 모두에게 동일한 복음이 선포되었다.

하나님이 복음을 새롭게 고치거나 다시 고쳐 쓰라고 명령하셨다고 주장했던 사람들은 바울이 아닌 거짓 교사들이었다. 바울은 그리스도께서 제자들에게 전파하라고 명령하신 메시지를 새롭게 고쳐야 한다는 생각을 단호하게 배격했다. 바울은 자신이 다른 사람들을 올바로 가르치게 할 목적으로 보내심을 받은, 사도 중의 사도라고 자처하지 않았다. 오히려 그는 "나는 사도 중에 가장 작은 자라 나는 하나님의 교회를 박해하였으므로 사도라 칭함받기를 감당하지 못할 자니라"(고전 15:9)라고 말했다.

바울을 다른 사도들과 구별하는 한 가지 중요한 특징은, 하나님의 넘치는 은혜를 통해 교회를 사정없이 박해하던 박해자의 신분에서 이방인을 위한 그리스도의 사도로 변화되었다는 것이다. 하나님은 바울에게 너무나도 큰 긍휼을 베푸셨고, 그는 그 사실을 항상 놀라워했다. 따라서 그는 자신의 소명을 최대한 활용해 누구보다 더 열심히 복음을 전하고, 그리스도를 영화롭게 하려고 힘썼다. 그는 "내가 나 된 것은 하나님의 은혜로 된 것이니 내게 주신 그의 은혜가 헛되지 아니하여 내가 모든 사도보다 더 많이 수고하였으나 내가 한 것이 아니요 오직 나와 함께 하신 하나님의 은혜로라 그러므로 나나 그들(다른 사도들)이나 이같이 전파하매 너희도 이같이 믿었느니라"(고전 15:10, 11)라고 말했다. 모든 사도가 동일한 복음을 전파했다고 말한 것에 주목하라.

그럼에도 불구하고 바울의 복음과 오순절에 베드로가 전한 복음이 동일하다는 사실을 부인하는 사람들이 교회 안에 더러 존재한다. '바울적 세대주의자'를 자처하는 그들은 신약 성경에 서로 구별되는 복음이 최소한 세 가지가 주어져 있다고 주장한다. 그들은 그 복음들이 서로 다른 세대나 특정 인종에 제각각 적용된다고 가르친다. 그들은 예수님의 "천국 복음"(마 9:35, 24:14)은 제자들을 불러 모으고 세상의 왕국에 선포하고 제시하는 의미를 지녔다고 말한다. 그 메시지를 듣는 사람들이 대부분 그것을 거부하자 제안이 철회되고, '천국 복음'은 자취를 감추었다는 것이 그들의 주장이다.

그들은 그 뒤를 이어 '할례자들을 위한' 베드로의 복음이 유대 민족을 상대로 선포되었다고 말한다(갈 2:7). 그것은 회개를 촉구하고, 그리스도의 주재권에 복종하라는 부름이었다(행 2:36, 38, 3:19). 그들은 유대인 신자들이 대다수를 차지하던 시기에는 사도들에 의해 이 복음이 전파되었다고 생각한다.

아울러 그들은 이방인 신자들이 늘어나기 시작하면서(행 10장) 바울은 '할례받지 않은 자들을 위한' 새로운 복음을 전하기 시작했다고 말한다(갈 2:7,

9). 그들은 바울의 메시지가 이전의 두 가지 복음을 대체했다고 주장한다. 그들은 그것이 서로 조화될 수 없는 독특한 메시지였기 때문에 예수님과 베드로가 전한 복음과 혼동해서는 안 된다고 가르친다. 더욱이 그들은 바울의 복음이 현세대에 적절하게 적용될 수 있는 유일한 복음이라고 주장한다. 그런 주장은 예수님의 설교와 가르침을 포함해 신약 성경의 많은 내용의 중요성을 현저하게 축소시키는 결과를 낳는다.

이런 견해를 주장하는 사람들은 대부분 복음과 관련해 그리스도의 주재권을 언급하는 것이 옳지 않다고 생각한다. 제자직의 대가에 관한 주님의 가르침과 오순절에 회개를 촉구했던 베드로의 메시지는 현세대에 부적절한 것으로 간주된다. 그리스도의 권위를 암시하는 주제들도 모두 복음에 인위적으로 덧붙인 내용으로 취급된다. 그 이유는 그리스도께서 우리의 복종을 받으시기에 합당하다고 가르치는 내용은 무엇이든 행위를 강조해 복음을 오염시킬 소지가 높다고 생각하기 때문이다.

그런 식의 주장은 예수님의 지상 명령을 대놓고 거부한다. "모든 민족을 제자로 삼아…내가 너희에게 분부한 모든 것을 가르쳐 지키게 하라"(마 28:19, 20).

바울은 '바울적 세대주의'를 단호하게 거부했을 것이 틀림없다. 그는 복음이 여러 개라는 생각을 결코 용납하지 않았다. 그는 자신의 가르침이 다른 사도들의 가르침과 정확하게 일치한다는 것을 보여줌으로써 자신의 사도직을 옹호하려고 노력했다. 그는 자신이 다른 사도들처럼 그리스도로부터 직접 복음을 전해 들었다고 말했다. 그는 참 기독교는 "주도 한 분이시요 믿음도 하나요 세례도 하나요"라는 믿음에 근거한다는 진리를 강조했다(엡 4:5).

바울은 본래 열두 사도들 가운데 한 사람이 아니었고, 그의 사역도 그들의 사역과 직접적으로 연관되어 있지 않았으므로 그가 그들과 온전히 일치한다는 사실이 모두에게 즉각적으로 분명하게 드러나지 않았을 수도 있다. 더욱이 바울이 베드로에게 동의하지 않는다고 공개적으로 밝힌 적도 있었다(갈 2:11-21). 그러나 그것은 교리에 관한 불일치가 아니었다. 그것은 베드로가 율법주의를 추구하는 거짓 교사들을 의식한 나머지 이방인 신자들과의 관계에서 그릇되게 행동함으로써 자칫 교회를 분열시킬 수 있는 위험을 초래했기 때문이었다.

성경의 기록을 주의 깊게 살펴보면, 바울이나 그의 메시지가 다른 사도들의 가르침과 모순되는 경우가 단 한 번도 없었다는 것을 알 수 있다. 심지어 "나의 복음"(롬 2:16, 16:25; 딤후 2:8)이라는 표현조차도 스스로가 다른 사람들보다 더 우월하다거나 오직 자기만 독점권을 지니고 있다는 주장과는 거리가 멀었다. 그것은 단지 그리스도께서 전하라고 명령하신 메시지에 대한 그의 개인적인 헌신의 열정을 표현한 것에 지나지 않았다. 사도들은 복음의 내용에 관한 한 서로 온전한 일치를 이루었다. 바울은 기꺼이 그 사실을 입증하려고 했고, 갈라디아서 1, 2장에서 실제로 그렇게 했다.

바울의 간단한 자기소개

바울은 자신과 다른 사도들이 서로 일치한다는 점을 입증하기 위해 마지못해 자기 자신을 간단하게 소개했다(그는 대개 자기 자신이나 자신이 받은 "주의 환상과 계시"를 언급하지 않으려고 노력했다. 고후 12:1). 그는 사도들 가운데 가장 늦게 회심했고, 소명도 가장 늦게 부여받았다. 그는 자기를 "만삭되지 못하여 난 자"로 일컬었다(고전 15:8). 인간적으로 말하면, 그는 다른 사도들의 인정과 동의를 얻기 어려운 사람이었다. 초대 교회 신자들 사이에서 바울은 '다소의 사울'로 알려진 두려움의 대상이었다. "사울이 주의 제자들에 대하여 여전히 위협과 살기가 등등하여"(행 9:1)라는 말씀이 암시하는 대로, 그는 그리스도인들을 사정없이 박해했던 무서운 박해자였다. 그런데 그가 다메섹을 향해 가는 도중에 그리스도께서 그를 가로막으셨고, 즉시 그의 마음을 변화시켜 인생의 방향을 완전히 바꾸어 놓으셨다(3-19절). 바울은 빌립보서 3장에서 회심을 통해 자신의 세계관과 종교가 어떻게 획기적으로 달라졌는지를 묘사했다(빌립보서 본문은 이 책의 '결론'에서 잠시 살펴볼 예정이다).

바울은 냉혹한 박해자로 알려졌기 때문에 곧바로 예루살렘으로 가서 사도들을 만나기가 어려웠을 것이다. 따라서 그는 회심한 이후 한동안 광야에서 홀로 지냈다. 그는 갈라디아서 1장 17절에서 "예루살렘으로 가지 아니하고 아라비아로 갔다가"라고 말했다. '아라비아'는 나바테아 아라비아, 즉 시내 반도를 포함하는 황량한 지역(오늘날 네게브 지역으로 알려진 지역)을 가리킨다. 그곳에 있다가 다메섹으로 돌아온 그는 다른 사도들과 먼저 접촉하지 않고 스스로 사역을 시작했다.

사역을 시작한 처음 15년 동안 바울은 사도들 가운데 오직 베드로와만 접촉했던 것으로 보인다. 두 사람의 만남은 바울이 신자의 신분으로 마침내 예루살렘으로 돌아갔을 때 비로소 이루어졌다. 당시는 바울이 신자가 된 지 약 3년이 지났을 무렵이었다. 그는 베드로와 약 2주 동안 함께 머물렀다(갈 1:18). 아마도 바울은 그때에도 남들의 눈에 띄지 않으려고 애썼던 듯하다. 왜냐하면 그가 만난 다른 교회 지도자는 "주의 형제 야고보"(19절)가 전부였기 때문이다.

바울이 그런 세부 사실을 기록하면서 말하려 했던 요점은 복음에 관한 자신의 지식이 다른 사도들을 통해 배운 것이 아니라 특별 계시를 통해 그리스도로부터 직접 가르침을 받은 것이라는 사실을 강조하는 것이었다.

"형제들아 내가 너희에게 알게 하노니 내가 전한 복음은 사람의 뜻을 따라 된 것이 아니니라 이는 내가 사람에게서 받은 것도 아니요 배운 것도 아니요 오직 예수 그리스도의 계시로 말미암은 것이라"(갈 1:11, 12).

베드로와 첫 만남이 이루어지고 나서 14년이 흐른 뒤에 바울은 다시 예루살렘으로 돌아갔다. 이때의 방문은 사도행전 15장에 기록된 사건을 가리키는 듯하다.

거짓 교사들이 예루살렘 밖으로 퍼져나가기 시작했다. "어떤 사람들이 유대로부터 내려와서 형제들을 가르치되 너희가 모세의 법대로 할례를 받지 아니하면 능히 구원을 받지 못하리라 하니"(행 15:1). 그들의 가르침은 바울이 개척한 이방인들의 교회를 혼란과 분열로 몰아넣었기 때문에 사도들이 함께 모여 거짓 교사들을 처리할 방안을 논의하고, 유일하고 참된 복음에 관한 사도들의 일치된 견해를 공개적으로 천명하는 것이 긴급한 현안으로 대두되었다. 사도행전 15장에 묘사된 대로, 그것이 최초의 교회 회의가 소집된 이유이자 목적이었다.

그 방문 기간 중에 바울이 처리할 계획이었던 가장 우선적인 일 가운데 하나는 다른 사도들과 개인적으로 만나 복음의 내용이 서로 일치한다는 것을 확인하는 것이었다. 이때 바울은 요한 사도를 처음 대면했다(갈 2:9).

복음에 관한 불일치를 조정하거나 세대적인 변화에 맞춰 수정해야 할 필요는 전혀 없었다. 사도들이 전한 복음은 서로 온전히 일치했다. 바울이 묘사한 당시의 상황은 개인적인 명성이나 종교적인 칭호를 비롯해 다른 인간적인 영예를 추구하는 것과는 거리가 멀었다. 그는 자신의 우월성을 조금도 내세우지 않았다. 그는 자신의 학문을 자랑하지도 않았고, 복음을 온전히 이해할 수 있도록 이끌어 주었던 놀라운 "주의 환상과 계시"(고후 12:1)를 언급하지도 않았다. 그는 다른 사람들 앞에서 정교한 이론이나 경건을 자랑하지 않았다. 그는 이렇게 말했다.

"유력하다는 이들 중에 (본래 어떤 이들이든지 내게 상관이 없으며 하나님은 사람을 외모로 취하지 아니하시나니) 저 유력한 이들은 내게 의무를 더하여 준 것이 없고 도리어 그들은 내가 무할례자에게 복음 전함을 맡은 것이 베드로가 할례자에게 맡음과 같은 것을 보았고 베드로에게 역사하사 그를 할례자의 사도로 삼으신 이가 또한 내게 역사하사 나를 이방인의 사도로 삼으셨느니라 또 기둥같이 여기는 야고보와 게바와 요한도 내게 주신 은혜를 알므로 나와 바나바에게 친교의 악수를 하였으니 우리는 이방인에게로, 그들은 할례자에게로 가게 하려 함이라 다만 우리에게 가난한 자들을 기억하도록 부탁하였으니 이것은 나도 본래부터 힘써 행하여 왔노라"(갈 2:6-10).

바울은 예루살렘 교회 지도자들이 자기에게 "의무를 더하여 준 것이 없고"라고 말했다. 그 말은 그들이 복음의 진리에 관한 새로운 깨달음을 그에게 가르치지 않았다는 뜻이다. 그들은 바울이 전한 것을 수정하거나 거기에 다른 의미를 덧붙이려고 하지 않았다. 그들은 바울이 자신들을 훈련하신 주님에게서 직접 배웠다는 것을 즉각 알아보았다.

만일 바울이 다른 복음을 전했다면 그렇게 되지 않았을 것이다. 바울이 갈라디아서 1장에서 분명하게 밝힌 대로, 만일 그가 다른 사도들은 물론 하늘의 천사들이라도 자신이 그리스도에게서 배운 진리와 다른 복음을 전하는 것을 보았다면 한순간도 용납하지 않았을 것이다. 그와 마찬가지로 베드로와 야고보와 요한도 바울이 자신들이 그리스도에게서 배운 복음과 다른 복음을 전한다고 생각했다면 그를 그렇게 쉽게 받아들이지 않았을 것이다.

바울이 말한 '할례자를 위한 복음'과 '무할례자를 위한 복음'은 복음이 서로 달랐다는 의미가 아니라 복음을 듣는 청중이 달랐다는 의미라는 것이 문맥을 통해 분명하게 드러난다. 베드로의 사역과 바울의 사역을 구별하는 차이는 복음의 내용이 아니라 그들이 사역의 대상으로 삼은 민족이 달랐다는 데 있다.

이어서 바울은 자신과 베드로가 서로 일치하지 않았던 문제를 언급하기 시작했다. 그것은 복음의 메시지에 대해 서로 의견이 달랐다는 의미와는 거리가 멀다. 문제는 베드로가 "복음의 진리를 따라 바르게 행하지 않았던" 데 있었다(갈 2:14). 베드로는 위선적인 태도를 취했고, 부지중에 자신의 행위로 스스로가 전한 복음을 부인하고 말았다.

이 사건을 언급한 바울의 목적은 베드로를 수치스럽게 하거나 무시하기 위해서가 아니라 복음의 순수성을 보호하기 위해서였다. 사도들 중에 가장 뛰어난 사람의 위신과 존엄성보다 복음의 순수성이 더 중요했다. 이 점에 있어서는 바울 자신도 예외가 될 수 없었다.

복음을 옳게 이해하는 것이 가장 신분이 높은 천사의 영예보다 더 중요하다. 그것이 바울이 "그러나 우리나 혹은 하늘로부터 온 천사라도 우리가 너희에게 전한 복음 외에 다른 복음을 전하면 저주를 받을지어다"(갈 1:8)라고 말한 이유였다.

베드로는 암묵적으로 자신이 바울의 책망을 받아 마땅하다고 인정했다. 그는 베드로후서에서 바울을 '사랑하는 형제'로 일컬었고, 그가 받은 '지혜'를 인정했다. 또한 그는 "그 중에 알기 어려운 것이 더러 있으니 무식한 자들과 굳세지 못한 자들이 다른 성경과 같이 그것도 억지로 풀다가 스스로 멸망에 이르느니라"라는 말로 바울의 편지를 '성경'과 동일시하면서 신자들에게 그의 서신을 주의 깊게 읽으라고 당부했다(벧후 3:15, 16).

일관된 복음

바울은 복음을 수정하거나 심지어는 수정된 복음을 전하는 자들을 관망하는 것조차도 성경을 왜곡해 스스로를 멸망으로 몰아넣는 일이라고 말했다. 그는 신자들에게 "만일 누가 가서 우리가 전파하지 아니한 다른 예수를 전파하거나 혹은 너희가 받지 아니한 다른 영을 받게 하거나 혹은 너희가 받지 아니한 다른 복음을 받게 할 때에는 너희가 잘 용납하는구나"(고후 11:4)라고 엄중히 경고했다. 그는 다른 복음은 뱀이 하와를 미혹할 때 사용했던 거짓 속임수와 같다고 강조했다.

이처럼 '복음은 오직 하나뿐이다.'라는 주제가 바울 서신의 도처에서 거듭 되풀이되고 있다.

이런 사실은 바울 서신 가운데 복음과 관련된 본문들을 살펴볼 때 더욱 확연하게 드러난다. 그가 주장한 진리는 모두 그리스도의 가르침에 근거하며, 초대 교회의 말씀 선포를 통해 반복해서 나타난다. 신약 성경의 내용은 모두 서로 완벽하게 일치한다. 예수님의 산상설교에서부터 요한계시록에 이르기까지 복음의 메시지는 항상 일관되다.

복음은 인간의 전적 타락을 인정하지만 그와 동시에 그리스도를 문제의 해결책으로 제시한다.

복음은 그리스도의 죽음과 부활이라는 역사적인 사실에서부터 시작하여 (죄인들의 행위가 아닌) 은혜로 주어지는 구원(값없이 주어지는 온전한 용서와 믿음으로 말미암은 칭의와 그리스도의 의의 전가와 하나님 앞에서 영원히 안전한 신자의 지위)을 선포한다. 그것이 가장 중요한 것이다(고전 15:3).

바울은 복음의 그런 측면을 가장 분명하고 정확하게 설명하는 데 크게 기여했다.

"내가 너희에게 전한 복음"

바울 서신을 잘 알고 있는 사람이라면 누구나 고린도전서 15장 1-5절을 복음을 가장 간결하게 요약한 성경 본문 가운데 하나로 인정할 것이다. 바울 자신도 그 본문을 복음의 핵심 진리를 요약하는 내용으로 간주했다.

"형제들아 내가 너희에게 전한 복음을 너희에게 알게 하노니 이는 너희가 받은 것이요 또 그 가운데 선 것이라 너희가 만일 내가 전한 그 말을 굳게 지키고 헛되이 믿지 아니하였으면 그로 말미암아 구원을 받으리라 내가 받은 것을 먼저 너희에게 전하였노니 이는 성경대로 그리스도께서 우리 죄를 위하여 죽으시고 장사 지낸 바 되셨다가 성경대로 사흘 만에 다시 살아나사 게바에게 보이시고 후에 열두 제자에게와."

3절은 "내가 너희에게 가장 중요한 것을 전했노니"라고 번역하는 것이 더 낫다. 그것이 그가 말하려는 참된 의미였다. 『영어 표준역 성경』과 『새 미국 표준역 성경』은 "내가 받은 가장 중요한 것을 너희에게 전하였다"라고 번역했다. 바울이 염두에 둔 것은 가장 중요한 복음의 진리였다. 그는 역사적인 사실을 시간 순으로 간단하게 요약했다. 그는 복음 사건의 절정을 이루는 네 가지 요소(십자가, 장사되심, 부활, 부활 현현)를 차례로 나열했다.

이것은 몇 가지 이유에서 매우 중요하다. 첫째, 이것은 복음이 실제 역사에 근거한다는 것을 보여준다. 기독교 신앙은 이론이나 사변이 아니다. 기독교 신앙은 누군가의 꿈이나 상상에서 비롯한 신화도 아니고, 추상적인 철학이나 이상적인 세계관도 아니며, 신앙을 형식적으로 진술한 무미건조한 교리 목록도 아니다. 예수 그리스도의 복음은 하나님이 계시하신 진리로서 구약의 예언들이 역사적으로 정확하게 성취되어 이루어진 것이

자 논박할 수 없는 숱한 증거와 어떤 인간도 조작할 수 없는 공개적인 사건들과 많은 목격자들의 증언에 의해 사실로 확증된 것이다.

한편 바울은 가장 중요한 역사적 사실들을 차례로 언급했지만 복음의 교리적인 내용을 무시하거나 축소하지 않았다. 또한 그는 기독교 신앙이 단지 역사적 사실과 목격자의 증언에만 의존하는 것처럼 말하지 않았다. 그는 이 짧은 본문에서 두 차례나 복음의 사건들이 '성경대로' 일어났다고 강조했다. 바로 그것이 구원 신앙의 참된 근거이자 토대다. "믿음은 들음에서 나며 들음은 그리스도의 말씀으로 말미암았느니라"(롬 10:17). 그런 사건들이 일어났다고 믿는 것이 믿음은 아니다. 참된 구원 신앙은 성경이 가르치는 죄와 속죄와 은혜를 비롯한 복음의 진리들(곧 그런 역사적 사실들이 왜 그토록 중요한지를 설명하는 교리들)을 받아들이는 것을 의미한다.

죄에 대한 형벌과 대리 속죄의 원리와 "세상 죄를 지고 가는 하나님의 어린 양"(요 1:29)이신 그리스도의 무죄성과 완전성에 대한 성경의 가르침이 모두 "성경대로 그리스도께서 우리 죄를 위하여 죽으시고"라는 한마디에 간단하게 요약되어 있다. 다시 말해 바울은 여기에서 몇 마디 말로 '인죄론'(죄에 관한 교리)과 '구원론'(구원에 관한 교리)과 '기독론'(그리스도의 인격과 사역에 관한 교리)의 의미를 간단하게 압축했다. 이처럼 역사적 사실을 간단하게 언급한 바울의 말(고전 15:3-8)에는 광범위한 교리적인 의미가 내포되어 있다.

고린도 교회의 문제

문맥이 중요하다. 바울이 고린도전서 15장을 기록한 이유는 역사적 사실에 관한 논쟁이 아니라 교리적인 오류를 다루기 위해서였다. 고린도 교회 신자들은 이미 그리스도의 죽음과 부활을 믿고 있었다. 그들이 의문시한 것은 죽은 신자들의 육체 부활이었다. 바울은 그 교리를 옹호하는 데 목적을 두었다. 바울은 그 목적을 이루기 위해 먼저 고린도 교회 신자들이 의심하지 않았던 역사적 사실들을 근거로 복음의 메시지를 간단하게 요약했다. 그는 고린도전서 15장 11절에서 "나나 그들이나 이같이 전파하매 너희도 이같이 믿었느니라"라고 말했다.

따라서 그가 1-5절에서 모두가 공통적으로 믿었던 복음의 사실들을 나열한 것은 15장의 핵심 문제를 다루기 위한 서론에 해당했다. 바울은 16, 17절에서 자신이 말하려는 요점을 이렇게 밝혔다. "만일 죽은 자가 다시 살아나는 일이 없으면 그리스도도 다시 살아나신 일이 없었을 터이요 그리스도께서 다시 살아나신 일이 없으면 너희의 믿음도 헛되고 너희가 여전히 죄 가운데 있을 것이요."

이 말은 그리스도께서 죽은 자 가운데서 부활하셨기 때문에 신자의 육체 부활을 의심할 만한 이유가 없다는 의미를 담고 있다. "그리스도께서 죽은 자 가운데서 다시 살아나셨다 전파되었거늘 너희 중에서 어떤 사람들은 어찌하여 죽은 자 가운데서 부활이 없다 하느냐"(12절). 15장의 내용은 모두 이 말씀을 좀 더 자세히 설명하는 역할을 한다.

그러나 여기에서 우리가 관심을 기울여야 할 것은 바울이 3-5절에서 간단하게 제시한 복음의 진리다. 그는 네 가지 역사적 사실을 언급함으로써 복음의 중요한 교리적 내용과 영적인 의미를 전하는 견고한 뼈대를 제시했다. 앞서 말한 대로, 바울이 교리를 강조하는 대신 이 네 가지 역사적 사실을 언급한 이유는 교리가 부적절하거나 중요하지 않기 때문이 아니다. 바울은 그런 식으로 무엇이든 축소시키려는 습관이 없었다(예를 들어, 그는 갈라디아서에서는 특별히 복음 전파와 관련해 건전한 교리를 믿는 것을 매우 중요하게 다루었다). 그는 복음의 메시지를 제멋대로 축소시키려고 했던 것이 아니라 단지 간명하게 요약하고, 그 개요를 밝히려고 했을 뿐이다. 그는 '성경대로'라는 표현을 거듭 사용함으로써 네 가지 역사적 사실을 올바로 이해하고 진정으로 믿으려면 복음의 교리적 의미를 올바로 파악하는 것이 필요하다고 암시했다.

더욱이 바울의 가르침 가운데 고린도 교회 신자들에게 새로운 것은 아무것도 없었다. 그는 그 교회를 직접 설립했을 뿐 아니라 그곳에서 18개월 이상 사역하다가 다른 곳으로 떠났다(행 18:11, 18). 고린도 교회 신자들은 바울로부터 충분한 가르침을 전해 들었기 때문에 "성경대로 그리스도께서 우리 죄를 위하여 죽으시고"라는 말에 담겨 있는 중요한 교리적인 의미를 익히 알고 있었다. 그것이 곧 바울이 언급한 복음의 개요 가운데 첫 번째 요점이었다.

속죄

바울은 그리스도께서 죽으셨다는 역사적 사실만을 강조하는 데 그치지 않고, 그보다 훨씬 더 구체적인 사실을 언급했다. 즉 그는 "그리스도께서 우리 죄를 위하여 죽으셨다."라고 말했다. 이것은 속죄를 가리키는 표현이다. 바울의 말은 요한 사도가 요한일서 2장 2절에서 말한 내용("그는 우리 죄를 위한 화목 제물이니")과 일맥상통한다. '화목'은 '속죄'를 의미한다. 좀 더 구체적으로 말하면, 하나님의 정의를 만족시켰다는 뜻이다. '화목'은 죄인을 향한 하나님의 진노를 누그러뜨리기 위한 희생 제사를 가리킨다.

이런 개념을 혐오스럽게 생각하는 사람들이 많다. 왜냐하면 죄에 대해 항상 너그럽고, 자애로운 할아버지 같은 신이라는 통속적인 개념과 상충되기 때문이다. 속죄의 교리는 현대적이고, 자유주의적인 종교에 깊이 물든 사람들(오늘날 그리스도인을 자처하는 사람들 가운데 다수가 여기에 포함된다)을 짜증스럽게 만든다. 최근에 복음주의 진영에 있는 일부 저술가들과 학자들이 성자 하나님이 십자가에서 죽으신 것이 속죄의 죽음이었다는 성경의 가르침을 대놓고 거부했다. 그들은 이 개념을 '우주적인 자녀 학대'라고 일컬었다. 자유주의 신학은 하나님이 "우리 죄를 속하기 위하여 화목 제물로 그 아들을 보내셨음이라"(요일 4:10)는 성경의 가르침을 용인하지 않는다. 그것이 자유주의 신학의 핵심이다. 자유주의 신학은 하나님의 의와 죄에 대한 분노는 배제하고, 오직 그분의 사랑만을 강조한다. 자유주의 신학은 그리스도께서 십자가에서 죽으신 것은 순교의 본을 보여준 고귀한 행위였다는 입장을 취한다.

그러나 바울이 고린도전서 15장 3절에서 말한 것은 그리스도께서 '우리의 죄 때문에' 죽으셨다는 의미가 아니다. 그는 그리스도의 죽음이 인간의 타락과 모호하고 막연하며 추상적인 관계를 맺고 있는 것처럼, 곧 그분이 분별없이 광기에 사로잡혀 행동했던 악인들에 의해 순교를 당하기라도 하신 것처럼 말하지 않았다. 그가 말하려는 요점은 예수님이 자발적으로 '성경대로 우리 죄를 위하여 죽으셨다.'는 것이다. 예수님은 구약의 희생 제도를 온전히 성취하셨다. 그분은 '어떻게 진정으로 의로우신 하나님이 경건하지 못한 죄인들의 불의를 용서하실 수 있는가?'라는 의문에 대한 해답을 제시했다. 그리스도의 죽음을 옳게 이해하려면(곧 그 참된 의미를 온전히 이해하려면), 이 점을 반드시 고려해야 한다.

"죄의 삯은 사망이고"(롬 6:23), "피 흘림이 없으면 사함이 없다"(히 9:22). 이 원리가 매일 거행되었던 구약 시대의 희생 제사를 통해 분명하게 예시되고 확실하게 확립되었다. 하나님은 레위기 17장 11절에서 이스라엘 백성에게 "육체의 생명은 피에 있음이라 내가 이 피를 너희에게 주어 제단에

뿌려 너희의 생명을 위하여 속죄하게 하였나니 생명이 피에 있으므로 피가 죄를 속하느니라"라고 말씀하셨다.

이처럼 동물 제사는 '죄의 추악한 본질, 율법을 통한 엄격한 심판, 말할 수 없이 큰 속죄의 대가, 하나님의 정의와 긍휼'과 같은 중요한 진리를 생생하게 예시한다.

피는 부수적인 요소가 아니었다. 희생 제사에는 다량의 피 흘림이 뒤따랐다. 그것은 의도적으로 놀라움과 두려움을 불러일으켜 죄의 대가가 얼마나 큰지를 일깨워 주기 위한 것이었다. 이 요점을 간과해서는 안 된다. 히브리서 9장 18-22절이 말씀하는 대로, 성전에 있는 거의 모든 것에 피를 뿌렸다. 희생 제사를 드리러 온 사람들도 예외가 아니었다. 피는 정결함의 상징으로서 죄에 의해 오염된 사물이나 사람을 깨끗하게 하기 위한 속죄의 대가가 엄청나다는 것을 보여준다.

그러나 동물의 피는 지속적이거나 실질적인 속죄의 효력을 지니지 못했다. "이는 황소와 염소의 피가 능히 죄를 없이 하지 못함이라"(히 10:4). 피의 희생 제사는 날마다 거행되었다(출 29:38-42). 매년 봄마다 수많은 유월절 양이 죽임을 당했고, 매년 가을에 있었던 속죄일에도 많은 소와 염소들이 희생되었다. 성전의 일은 끊임이 없었다. 레위인들과 찬송하는 자들과 경비하는 자들이 '주야로' 의무를 행했다(대상 9:33). 구약 시대의 제사장들은 늘 서서 일을 해야 했다. 성전의 가구 가운데 의자는 포함되지 않았다. "제사장마다 매일 서서 섬기며 자주 같은 제사를 드리되 이 제사는 언제나 죄를 없게 하지 못하거니와"(히 10:11).

제사장 제도와 희생 제도를 주의 깊게 살펴보면, 모든 희생 제사와 의식이 죄를 온전히 속죄하지 못했다는 것을 알 수 있다. 그것들은 상징적인 의미를 지녔다. 어떻게 동물의 피가 죄인의 죽음을 요구하는 하나님의 정의를 만족시킬 수 있었겠는가? 동물이 매일, 끊임없이 죽임을 당해야 했던 이유가 있었다. 즉 그것은 동물의 피로는 죄인을 대속할 수 없다는 진리를 보여주기 위한 것이었다.

따라서 구약 시대의 성도들은 항상 '동물 제사가 참되고, 온전한 속죄를 이룰 수 없다면 과연 무엇이 하나님과 죄인을 화목하게 만들 수 있단 말인가?'라는 당혹스런 신비에 직면해야 했다. 하나님은 "악인을 의롭다 하지 아니하겠노라"(출 23:7)라고 말씀하신다. 그분은 악인을 의롭다고 하는 사람을 가증스럽게 여기신다(잠 17:15). 그렇다면 하나님은 어떻게 자신의 의를 포기하지 않은 상태에서 경건하지 않은 죄인을 의롭게 하실 수 있을까?

그 대답은 그리스도께서 구원받기로 선택된 자들을 대신해 죽으신 사실에서 발견된다. 그리스도께서는 그들의 대속자이시다. 그분은 동물 제사와는 달리 완전하고, 충족한 속죄를 이루셨다. 베드로는 "그리스도께서도 단번에 죄를 위하여 죽으사 의인으로서 불의한 자를 대신하셨으니 이는 우리를 하나님 앞으로 인도하려 하심이라"(벧전 3:18)라고 말했고, 바울은 "하나님이 죄를 알지도 못하신 이를 우리를 대신하여 죄로 삼으신 것은 우리로 하여금 그 안에서 하나님의 의가 되게 하려 하심이라"(고후 5:21)라고 말했다.

다음 장에서 고린도후서에 기록된 본문을 상세하게 살펴볼 생각이다. 방금 말한 대로 베드로와 바울은 그리스도께서 죄인들을 대신해 십자가에 죽으셨다고 분명하게 말했다. 그분은 대리자로서 죽으셨다. 그분은 죄인들을 대신해 죄에 대한 하나님의 진노를 감당하셨다. 이것이 "성경대로 그리스도께서 우리 죄를 위하여 죽으시고"라는 바울의 말이 뜻하는 요점이요, '형벌적 대리 속죄론'의 원리다. 이 원리는 복음을 올바로 이해하는 데 반드시 필요하다. 그리스도께서는 우리가 지은 죄의 형벌을 짊어지셨다.

이것이 "그리스도께서 우리 죄를 위하여 죽으시고"라는 말의 의미다.

장사되심

놀랍게도 복음을 간략하게 요약한 내용 가운데 그리스도께서 무덤에 장사되신 사실이 포함되어 있다. 사도신경에도 그 사실이 포함되었다. 성경 이외의 문서에서 발견되는 신조 가운데 가장 오래되고, 가장 중요할 뿐 아니라 가장 오랫동안 유지되어 온 신조에 그리스도께서 "십자가에 못 박혀 죽으시고 장사되었다."는 고백이 포함되어 있다.

그러나 그 후에 이루어진 복음의 근본 진리를 요약한 내용들에서는 그리스도께서 장사된 사실을 언급한 것을 찾아보기가 어렵다. 그 주된 이유는 가장 집요한 회의주의자들조차도 그리스도께서 장사된 사실을 문제 삼고 나서는 경우가 매우 드물기 때문이다. 심지어는 가장 최초로 기독교를 비판하고 나선 사람들도 그리스도의 시신이 무덤에 안치되지 않았다고 주장하지 않았다.

그것은 그리스도를 장사지내는 일에 참여했던 모든 사람이 확실하게 인정하는 역사적 사실이었다. 그런 사람들 가운데는 유대 지도자들, 로마의 관원들과 군인들, 그리스도의 제자들, 그분의 장사를 준비했던 두 명의 마리아가 포함된다.

그렇다면 바울은 왜 그 사실을 언급했을까? 그 이유는 그것이 그리스도께서 확실하게 죽으셨다는 것을 입증하는 부인할 수 없는 증거이기 때문이다. 십자가의 죽음은 거짓이 아니었다. 예수님은 목숨이 붙어 있는 상태에서 잠시 정신을 잃었다가 다시 원기를 회복하신 것이 아니었다. 그리스도의 십자가는 도덕적인 교훈을 가르치기 위해 인위적으로 만들어낸 허구가 아니었다. 그리스도께서는 실제로 죽으셨고, 그분의 죽음을 목격한 사람들(그분의 친구들과 원수들 모두)이 그 사실을 직접 확인했다. 십자가의 목격자 가운데 그분이 죽지 않았다고 말한 사람은 아무도 없었다.

예수님을 십자가에 못 박은 군인들은 본디오 빌라도의 명령에 따랐다. 그들은 그리스도께서 십자가에 매달려 계시는 동안에는 그분의 시신에 대한 법률적인 소유권자였다. 그들은 처형에 능숙한 전문가들이었다. 십자가의 처형을 주관하는 것이 그들의 공식 임무였다. 그들은 희생자들이 실제로 죽었는지를 정확하게 판단하는 데 필요한 기술을 완벽하게 갖추고 있었다. 그들은 자신들에게 주어진 임무를 완벽하게 수행했다는 확신이 들기 전까지는 시신을 십자가에서 내리는 것을 허락하지 않았다.

마가복음 15장 34-37절은 예수님이 '제구 시'(오후 3시)에 '큰 소리를 지르고 숨지셨다.'라고 증언한다. 마태복음 27장 50절도 그 순간에 예수님의 "영혼이 떠나시니라"라고 기록한다. 아울러 요한복음 19장 30절은 "예수께서…다 이루었다 하시고 머리를 숙이니 영혼이 떠나가시니라"라고 말씀한다.

그 날 오후, 빌라도는 유대인들이 "안식일에 시체들을 십자가에 두지 아니하려"는 것을 알고는 그 날의 처형을 서두르라고 명령했다(요 19:31). (십자가의 처형을 신속하게 진행하는 것은 참으로 끔찍하기 그지없었다. 그들은 희생자의 다리를 부러뜨려 죄수가 자신의 상체를 들어 올려 숨을 쉬기 위해 횡경막을 넓히는 일을 시도하지 못하게 만들었다. 따라서 다리를 부러뜨리면 죄수는 호흡 곤란을 일으켜 빠르게 숨을 거두었다) 그러나 군인들이 예수님께 다가갔을 때 그들은 그분이 "이미 죽으신 것을 보았다"(33절). 이것은 예수님의 숨이 이미 끊어진 상태라서 그 징후를 확실하게 확인할 수 있었다는 뜻이다. 죽음의 징후 가운데는 혈액 침하(혈액이 정체되어 피부에 크게 멍든 자국이 나타나기도 하고, 피부가 생기를 잃고 창백해지기도 하는 현상), 사후 경직

(사망한 지 세 시간 이내에 나타나는 현상), 안구 변색 등이 포함된다.

마태복음 27장 57절은 아리마대 요셉이 빌라도에게 찾아와서 예수님의 시신을 요구했을 때 이미 저녁이 되었다고 기록한다. 그때 예수님의 시신은 십자가에서 내려진 상태였다. 그분의 시신은 차갑게 식어 경직되어 있었을 것이다. 누가 보더라도 그분의 죽음을 의심할 수 없었다.

마태는 예수님이 무덤에 장사되신 일을 가장 상세하게 기록했다.

"요셉이 시체를 가져다가 깨끗한 세마포로 싸서 바위 속에 판 자기 새 무덤에 넣어 두고 큰 돌을 굴려 무덤 문에 놓고 가니 거기 막달라 마리아와 다른 마리아가 무덤을 향하여 앉았더라 그 이튿날은 준비일 다음 날이라 대제사장들과 바리새인들이 함께 빌라도에게 모여 이르되 주여 저 속이던 자가 살아 있을 때에 말하되 내가 사흘 후에 다시 살아나리라 한 것을 우리가 기억하노니 그러므로 명령하여 그 무덤을 사흘까지 굳게 지키게 하소서 그의 제자들이 와서 시체를 도둑질하여 가고 백성에게 말하되 그가 죽은 자 가운데서 살아났다 하면 후의 속임이 전보다 더 클까 하나이다 하니 빌라도가 이르되 너희에게 경비병이 있으니 가서 힘대로 굳게 지키라 하거늘 그들이 경비병과 함께 가서 돌을 인봉하고 무덤을 굳게 지키니라"(마 27:59-66).

'인봉'은 빌라도의 상징이 새겨진 공식적인 봉인을 가리키는 듯하다(이것은 공식적인 법률 문서를 확증하고 식별하기 위해 사용된 밀랍 도장과 유사하다). 그런 봉인은 그것을 명령한 통치자나 행정 당국의 허락 없이는 제거할 수 없었다. '경비병'은 빌라도의 명령을 받는 로마 군인들이었다. 그들은 오합지졸이 아닌 정예군이었다. 그들이 의무를 게을리하거나 회피하는 일은 결코 없었다.

만일 그렇게 한다면 그들은 목숨을 내놓아야만 했다.

그러나 그들은 액수만 괜찮다면 뇌물은 마다하지 않았다. 부활의 아침에 무덤이 비어 있는 사실이 발견되었을 때 유대 관리들은 사건을 은폐하려고 필사적인 노력을 기울였다.

"그들이 장로들과 함께 모여 의논하고 군인들에게 돈을 많이 주며 이르되 너희는 말하기를 그의 제자들이 밤에 와서 우리가 잘 때에 그를 도둑질하여 갔다 하라 만일 이 말이 총독에게 들리면 우리가 권하여 너희로 근심하지 않게 하리라 하니 군인들이 돈을 받고 가르친 대로 하였으니 이 말이 오늘날까지 유대인 가운데 두루 퍼지니라"(마 28:12-15).

만일 제사장들과 군인들이 예수님이 실제로 죽지 않으셨다고 대중을 설득할 가능성이 조금이라도 있었더라면 그들은 자신들을 위험에 빠뜨릴 수 있는 거짓말을 꾸며내기보다 오히려 무덤이 비어 있는 사실을 적극 활용했을 것이 틀림없다.

예수님의 장사되심이 복음의 핵심 요소 가운데 하나인 이유는 복음이 신화나 인간의 상상이나 허구가 아닌 역사에 근거하고 있다는 명백한 증거이기 때문이다. 복음은 해석을 요하는 전설이 아니다. 복음은 고린도의 철학이나 학문적인 회의론이나 포스트모던의 사고 경향과 양립할 수 있는 세계관이 아니다. 그리스도께서 죄를 위해 희생되신 것은 많은 증인들이 목격했고, 로마 관리들이 확인했으며, 빌라도가 그분의 시신이 안치된 무덤을 봉인한 사실에 의해 분명하게 입증된 실제 사건이다.

부활

물론 그리스도의 장사되심이 이야기의 결말은 아니었다. 이 모든 사건의 정점, 곧 예수 그리스도의 복음을 좋은 소식으로 만든 영광스러운 진리는 "성경대로 사흘 만에 다시 살아나셨다"는 부활 사건이다(고전 15:4). 천사는 빈 무덤에서 "그가 말씀하시던 대로 살아나셨느니라"(마 28:6)라고 말했다.

고린도전서 본문의 문맥을 잊지 말라. 바울의 가장 큰 관심은 육체 부활의 교리에 있었다. 고린도전서 15장은 바울 서신 가운데 가장 길이가 긴 장이다(고린도전서 자체도 바울 서신 중에서 길이가 가장 길다). 이것은 이 주제가 그만큼 중요하다는 의미를 지닌다. 그리스도인들이 믿는 진리 가운데 육체 부활을 믿는 믿음보다 더 중요한 것은 없다. 부활 신앙은 그리스도의 육체 부활을 믿는 데서부터 시작해 (바울이 이 긴 장에서 힘써 강조한 대로) 우리의 육체 부활을 믿는 데로 나아간다. 바울은 부활 신앙이 없으면 기독교와 관련된 모든 진리가 와해될 것이라고 말했다. "그리스도께서 다시 살아나신 일이 없으면 너희의 믿음도 헛되고 너희가 여전히 죄 가운데 있을 것이요 또한 그리스도 안에서 잠자는 자도 망하였으리니 만일 그리스도 안에서 우리가 바라는 것이 다만 이 세상의 삶뿐이면 모든 사람 가운데 우리가 더욱 불쌍한 자이리라"(17-19절).

그리고 나서 바울은 즉시 "그러나 이제 그리스도께서 죽은 자 가운데서 다시 살아나사"(20절)라고 승리의 고백을 외쳤다. 부활은 하나님이 그리스도의 속죄 사역을 인정하셨다는 증거다. 예수님은 십자가에서 마지막 숨을 거두시면서 "다 이루었다."라고 말씀하셨다. 성부 하나님은 그 말에 부활로 화답하셨다. 바울은 로마서 1장 4절에서 그리스도께서 "성결의 영으로는 죽은 자들 가운데서 부활하사 능력으로 하나님의 아들로 선포되셨으니"라고 말했다. 그는 아덴의 지성인들을 향해 "이는 정하신 사람으로 하여금 천하를 공의로 심판할 날을 작정하시고 이에 그를 죽은 자 가운데서 다시 살리신 것으로 모든 사람에게 믿을 만한 증거를 주셨음이니라"(행 17:31)라고 말했다. 이처럼 그리스도의 부활은 복음의 진리를 입증하는 궁극적인 증거다.

그리스도의 부활은 성경의 모든 진리를 지탱하는 중심축이다. 욥기 19장 25-27절("내가 알기에는 나의 대속자가 살아 계시니 마침내 그가 땅 위에 서실 것이라 내 가죽이 벗김을 당한 뒤에도 내가 육체 밖에서 하나님을 보리라 내가 그를 보리니 내 눈으로 그를 보기를 낯선 사람처럼 하지 않을 것이라")에서부터 시작된 모든 의로운 기대가 그분의 부활을 통해 온전히 실현되었다. 그리스도의 부활은 사도들의 믿음을 떠받치는 견고한 토대이자 그들이 전파한 메시지의 핵심이요 성경을 통해 주어진 하나님의 모든 약속을 보증하는 산 증거다. 부활은 창조를 비롯해 성경에 기록된 그 어떤 기적보다 중요하다.

사복음서를 살펴보면 그리스도께서 자신의 부활을 여러 차례 예고하셨던 것을 알 수 있다(마 20:19; 막 8:31; 눅 9:22; 요 2:19-21, 10:18). 그러나 제자들은 그 사실을 믿으려고 하지 않았다. 그들은 빈 무덤을 발견하고는 깜짝 놀랐을 뿐 아니라 심지어는 의심하기까지 했다. 예를 들어, 도마는 "내가 그의 손의 못 자국을 보며 내 손가락을 그 못 자국에 넣으며 내 손을 그 옆구리에 넣어 보지 않고는 믿지 아니하겠노라"(요 20:25)라고 말했다. 그러나 예수님이 많은 증인 앞에서 여러 번 모습을 드러내시자 제자들은 부활의 진리를 굳게 확신하게 되었다. 그 어떤 주장이나 위협이나 고난도 그들을 침묵하게 만들 수는 없었다. 그들은 부활을 부인하기보다는 차라리 목숨을 내놓는 길을 택했다. 이런 사실은 그들이 그토록 담대하고 용기 있게 복음을 사람들에게 전파했던 이유를 잘 보여준다. 그들은 "우리는 보고 들은 것을 말하지 아니할 수 없다"(행 4:20)라고 말했다.

부활의 증거

바울은 고린도전서 15장에서 복음을 간단하게 요약하면서 목격자들의 증언을 마지막 역사적 사실로 언급했다. 그는 단지 열두 사도들만 부활하신 그리스도를 목격한 것이 아니라는 사실을 강조했다. 그리스도의 부활을 목격한 증인들은 수백 명에 달했다. "그 후에 오백여 형제에게 일시에 보이셨나니 그 중에 지금까지 대다수는 살아 있고 어떤 사람은 잠들었으며"(6절).

그는 마치 "내 말만 듣지 말고, 가서 그들에게 물어보라."라고 말하는 듯했다. 그들은 찾기 어렵지 않았다. 왜냐하면 모두 흩어져 로마 제국 전역은 물론 그 이외의 지역에서 그리스도의 복음을 전하고 있었기 때문이다. 부활을 목격한 증인들을 멸시하던 사람들이 말한 대로 그들은 온 세상을 온통 뒤집어 놓고 있었다(행 17:6 참조).

부활은 요즘에 텔레비전에 나오는 종교적 사기꾼들이 거짓으로 꾸며낸 기적과는 전혀 거리가 멀었다. 그런 사람들에게 가서 기적을 행했다는 주장을 주의 깊게 살펴보자고 말해 보라. 그러면 그들은 난처한 기색을 보이거나 변명을 둘러댈 것이다. 소위 은사 집회에서 말하는 기적들은 모두 눈으로 확인할 수 없는 것이거나(허리 통증이나 편두통과 같은 질병들) 성령의 능력으로 사람을 쓰러뜨리게 만드는 것처럼 보이게 하거나 한쪽 다리를 인위적으로 길어 보이게 만드는 것과 같은 간단한 눈속임에 지나지 않는다. 그런 기적들은 조사하면 다 그 실체가 드러나기 마련이다. 때로 어떤 사기꾼들은 후진국에서 개최했던 집회에서 죽은 사람을 살렸다고 주장하기도 한다. 그러나 텔레비전에서는 그런 기적을 절대 목격할 수 없다. 사실 그 기적을 목격했다는 믿을 만한 증인을 찾으려고 애쓸 필요도 없고, 그것을 엄밀히 조사해 보자고 말할 필요도 없다. 요즘에 기적을 행한다는 사람들은 참된 믿음이 아니라 우둔함을 조장한다. 그들에게 증거를 요구하거나 사실을 알고 싶다고 말하면 믿음이 없고, 의심이 많다는 비웃음을 살 것이 뻔하다.

그러나 바울은 오히려 엄밀한 조사를 요구했다. 그는 사람들에게 증거를 조사해 보라고 말할 정도로 부활의 진리를 굳게 확신했다. 그는 목격자들이 많고, 또 그들이 기꺼이 사실을 증언할 것이라고 강조했다.

더욱이 부활의 증인들은 단지 증언을 하는 데 그치지 않았다. 그들 가운데 다수가 부활을 부인하기보다는 차라리 죽음을 선택했다. 앞서 말한 대로 열두 사도 가운데 열한 명이 순교를 당했지만 증언을 철회한 사람은 단 한 명도 없었다(그들 가운데 다수는 끔찍한 고문을 당하기까지 했다). 늙어 죽은 사도는 단 한 사람, 요한 사도뿐이었다. 심지어 그도 그리스도의 부활을 부인하기를 거부한 까닭에 박해와 위협과 고문을 당했고, 마침내는 무인도로 유배되는 형벌을 받았다.

바울이 증인으로 언급한 첫 번째 인물은 베드로였다. 바울은 고린도전서에서 갈라디아서 2장 9절에서처럼 그를 게바라고 일컬었다. 이 명칭은 '반석'을 뜻하는 헬라어 베드로를 아람어로 표기한 것이다. 베드로의 본래 이름은 시몬이었다. 시몬이 예수님을 처음 만났을 때 그분은 그에게 '반석'을 뜻하는 '게바'라는 아람어 별명을 붙여 주셨다(요 1:42). 바울은 베드로를 일컬을 때 이 별명을 사용했다.

베드로의 관점에서 부활에 대해 잠시 생각해 보자. 베드로는 그리스도께서 가장 먼저 자기에게 나타나시자 매우 놀랐을 것이 틀림없다. 그는 예수님의 목숨이 위태로울 때 맹세까지 해가면서 그분을 모른다고 부인했다. 그는 철저하게 무너졌다. 그는 너무나도 부끄러웠기 때문에 감히 부활의 증인으로 나설 수조차 없는 것처럼 보였다. 그는 겁쟁이였고, 스스로 그 사실을 알고 슬퍼했다. 그는 예수님을 마지막으로 보는 순간에 비통한 눈물을 터뜨렸다.

심지어 그리스도의 부활 이후에도 베드로는 자신감을 회복하지 못했다. 예수님이 갈릴리로 가서 자기를 기다리라고 말씀하셨는데도 그는 사도와 증인이 될 자격이 없다고 생각하고, 이전처럼 어부로 살아가려 했다. 그는 자신이 여러 차례 불충한 태도를 드러냈다는 사실을 누구보다 뼈저리게 의식했다. 그는 큰 실패작처럼 보였다. 그가 오순절에 담대하게 앞에 나서서 부활을 증언할 사람이 될 가능성은 거의 없어 보였다.

그러나 예수님은 그에게 나타나서 자기를 사랑하느냐고 세 번 물으시고, 그에게 복음 전파의 사명을 맡기셨다. 오순절의 베드로는 완전히 딴사람이었다. 그가 부활하신 그리스도를 그렇게 담대하게 전했다는 사실은 그가 그분을 직접 보았다는 명백한 증거다. 베드로는 그리스도의 부활을 거짓으로 꾸며내지 않았다. 그가 스스로 날조한 거짓을 위해 목숨을 내놓는다는 것은 도무지 있을 수 없는 일이다. 한때는 어린 하녀의 말에 놀라 그리스도를 안다는 사실조차 부인했던 겁쟁이였던 그가 나중에는 부활의 진리를 부인하기보다 오히려 거꾸로 십자가에 못 박혀 죽는 길을 선택했다. 그런 극적인 변화를 설명할 수 있는 근거는 오직 그리스도의 부활뿐이다.

앞으로 살펴보겠지만, 바울이 복음을 요약할 때마다 항상 그리스도의 부활을 분명하게 언급한 것은 아니다. 속죄의 원리를 강조할 때도 있었고, 신자들에게 전가된 의를 강조할 때도 있었으며, 죄의 용서를 위해 치러진

대가에 초점을 맞출 때도 있었다. 이 모든 요소가 바울이 전한 복음의 핵심을 구성한다.

우리는 복음이 역사적 사실에 근거한다는 점을 잊어서는 아니된다. 무엇보다 부활은 복음의 진리를 확증하는 증표이자 요체다. 바울은 그리스도께서 "우리가 범죄한 것 때문에 내줌이 되고 또한 우리를 의롭다 하시기 위하여 살아나셨느니라"(롬 4:25)라고 말했다. 그리스도는 "성결의 영으로는 죽은 자들 가운데서 부활하사 능력으로 하나님의 아들로 선포되셨다"(롬 1:4). 다시 말하지만, 부활은 하나님이 그리스도의 속죄를 인정하셨다는 증거였다. 부활이 없으면 복음도 없다.

바울이 요약한 복음의 요소들은 모두 똑같이 중요하다. 그는 복음과 관련된 중요한 역사적 사건들을 참으로 적절하게 요약했다. 그러나 처음에 밝힌 대로 복음의 진리에는 죄, 칭의, 대리 속죄, 은혜, 믿음, 견인과 같은 중요한 진리들이 아울러 포함된다. 바울은 자신의 서신에서 그런 교리들을 설명했고, 그 중요성을 강조했다. 특히 그는 고린도전서 본문을 통해 복음의 역사를 가능한 한 간단명료하게 요약했다. 그가 요약한 복음은 중요한 교리들을 모두 포함할 뿐 아니라 암묵적으로 강조한다.

"성경대로 그리스도께서 우리 죄를 위하여 죽으시고 장사 지낸 바 되셨다가 성경대로 사흘 만에 다시 살아나사…보이시고…보이셨나니"(고전 15:3-6).

이것이 복음이고, 나머지는 복음에 대한 설명이다.

2장
의인은 없나니 하나도 없다

"성경이 모든 것을 죄 아래에 가두었으니 이는 예수 그리스도를
믿음으로 말미암는 약속을 믿는 자들에게 주려 함이라"(갈 3:22).

'복음'(gospel)은 '좋은 소식'을 뜻하는 고대 영어를 중세 영어로 옮긴 것이다. 헬라어 동의어 '유앙겔리온'도 '좋은 소식'을 의미한다. 이 용어는 환영의 말이나 축복의 선언을 상기시킨다. 따라서 복음을 듣는 사람들이 그것을 종종 달가워하지 않는다는 사실은 매우 아이러니하다. 바울이 복음을 가장 체계적으로 제시하려고 시도하면서 나쁜 소식부터 시작한 것도 아이러니하기는 마찬가지다.

그는 "하나님의 진노가 불의로 진리를 막는 사람들의 모든 경건하지 않음과 불의에 대하여 하늘로부터 나타나나니"(롬 1:18)라고 말했다. 그는 두 장의 지면을 할애해 온 인류가 타락으로 인해 사악해졌고, 죄에 속박된 절망적인 상태에 처하게 되었다고 주장했다. 그는 "의인은 없나니 하나도 없으며"(롬 3:10), "죄의 삯은 사망이요"(6:23)라고 말했다.

이 두 아이러니는 서로 밀접한 연관성이 있다. 많은 사람이 좋은 소식을 거부하는 이유는 죄의 고백을 요구하는 첫 단계를 통과할 수 없기 때문이다. 죄인들 스스로는 죄의 속박에서 벗어나려는 의지도, 능력도 없다.[1] 오히려 그들은 "불의로 진리를 막는다"(롬 1:18). 그들은 하나님의 진노의 대상이다. 왜냐하면 "이 같은 일을 행하는 자는 사형에 해당한다고 하나님께서 정하심을 알고도 자기들만 행할 뿐 아니라 또한 그런 일을 행하는 자들을 옳다 하기" 때문이다(32절).

사람들은 죄를 사랑한다. 점잖은 척하는 죄인들은 그럴 듯한 명분을 내세워 죄를 짓는 경향이 있다. 그런 죄인들보다는 막돼먹은 죄인들이 죄를 고백하고, 주님께로 돌이켜 구원을 받을 가능성이 더 크다. 예수님은 "건강한 자에게는 의사가 쓸 데 없고 병든 자에게라야 쓸 데 있느니라"(막 2:17)라는 말씀으로 그런 현상을 언급하셨다.

예수님의 그런 가르침은 이 세상의 종교 지도자들에게서 발견되는 일상적인 지혜와는 크게 대조된다. 세계 종교는 대부분 인간이 근본적으로 선하며, 각 사람에게는 신성의 불씨가 존재하기 때문에 스스로를 구원할 능력이 있다고 가르친다. 그들은 인간의 타고난 선한 본성을 계발해야 한다고 주장한다. 그들은 그것이 천국이나 니르바나(열반,)에 이를 수 있는 길이고, 또 다음에 더 높은 의식의 차원을 지니고 환생할 수 있는 방법이라고 가르친다.

물론 선한 본성을 계발하는 방법은 종교마다 크게 다르다. 마음을 고요하게 유지하거나 욕망의 불꽃을 꺼뜨림으로써 의에 도달할 수 있다고 가르치는 종교도 있고, 불신자들과 성전(聖戰)을 치름으로써 의에 도달할 수

---

1) See John MacArthur, "The Sinner Neither Willing Nor Able" in *Proclaiming a Cross-centered Theology*, ed. Mark Dever (Wheaton: Crossway, 2009), 81-98..

있다고 가르치는 종교도 있다. 그러나 인간이 만든 종교와 귀신들이 가르치는 교리는 공통적으로 인간이 스스로 의롭게 될 수 있다고 가르친다. 이는 어떤 종교를 선택했든 그 종교의 가르침을 잘 따르면 구원을 얻을 수 있다는 주장이다. 그들은 선한 행위와 종교적인 의식과 인간의 의지력으로 구원의 공로를 세울 수 있다고 믿는다.

거짓 종교는 한결같이 인간의 공적에 초점을 맞춘다. 달성하기 힘든 기준을 부과해 그 과정을 매우 힘들고 엄격하게 만드는 종교들이 많고, 의의 기준을 최소화시켜 극악한 몇 가지 죄에만 형벌을 국한시키는 종교들도 더러 있다.

아무튼 거짓 종교들은 거의 모두 "악을 선하다 하며 선을 악하다 하며…쓴 것으로 단 것을 삼으며 단 것으로 쓴 것을 삼는다"(사 5:20). 그들은 사람들에게 "스스로 지혜롭다 하며 스스로 명철하다 하라"고 가르친다(21절). 그런 종교들은 모두 행위를 중시한다. 그들은 피조물이 하나님을 위해 스스로 할 수 있는 일에 초점을 맞춘다(가장 극악한 형태의 종교는 개인을 신격화하는 데 초점을 맞춘다. 그것은 뱀이 창세기 3장 4, 5절에서 하와에게 건넸던 거짓 약속과 일맥상통한다. 뱀은 "너희가 결코 죽지 아니하리라…너희 눈이 밝아져 하나님같이 되어"라고 말했다).

그와는 대조적으로 예수 그리스도의 복음은 하나님의 행위에 근거한다. 복음은 그리스도께서 믿음으로 구원을 받아들인 죄인들을 대신해 죄와 사망을 정복하셨다고 선언한다. 이것은 하나님이 죄인들을 위해 이루신 일에 초점을 맞추는 종교, 곧 은혜에 근거한 종교다.

그러나 그것이 얼마나 복된 소식인지를 알려면 먼저 스스로가 비참한 죄인이라는 사실, 곧 자신의 힘으로는 속죄를 이룰 수 없기 때문에 구원을 얻기는커녕 의로운 공로를 단 한 가지도 세울 수 없다는 사실을 인정해야 한다.

죄인은 죄책의 중압감을 절실히 느끼고, 하나님은 죄를 용납하지 않는 의로운 재판관이시라는 사실을 알아야 한다. 바꾸어 말해 죄를 지은 영혼은 완전한 정의의 원칙에 따라 철저히 단죄될 수밖에 없다는 것을 기꺼이 인정할 준비가 되어 있어야 한다.

이처럼 죄의 현실과 타락한 인류의 절망적인 상태를 일깨우는 것이 복음의 좋은 소식의 첫 단계이다. 이것이 바울이 전한 복음이 "모든 사람이 죄를 범하였으매"(롬 3:23)라는 말로 모든 인류의 유죄를 선고하는 데서부터 출발하는 이유다.

그리스도를 믿지 않는 사람들은 이미 "심판을 받았다"(요 3:18). "아들에게 순종하지 아니하는 자는 영생을 보지 못하고 도리어 하나님의 진노가 그 위에 머물러 있다"(36절).

바울은 에베소서 2장 8-10절에서 복음을 간결하게 요약하기 직전에 구원받지 못한 사람들의 상태를 이렇게 묘사했다.

"허물과 죄로 죽었던 너희를…그때에 너희는 그 가운데서 행하여 이 세상 풍조를 따르고 공중의 권세 잡은 자를 따랐으니 곧 지금 불순종의 아들들 가운데서 역사하는 영이라…육체의 욕심을 따라 지내며 육체와 마음의 원하는 것을 하여…본질상 진노의 자녀이었더니"(엡 2:1-3).

에베소서 2장에 대해서는 다음 장에서 좀 더 자세히 살펴볼 생각이다. 이번 장의 서두에서 언급한 대로 바울은 로마서에서 복음을 가르칠 때도 이 진리를 출발점으로 삼았다. 그는 로마서 1장 18절에서 3장 23절에 이르기까지 인류의 타락에 관해 길게 설명했다. 그는 로마서 6, 7장에서도 다시 죄의 주제를 다루었다. 이처럼 바울은 복음의 교리 가운데 그 어떤 교리보다도 죄의 교리를 다루는 데 더 많은 관심을 기울였다.

우주적인 유죄 판결

바울은 복음을 전하기에 앞서 종족과 방언과 민족을 막론하고 모든 인류는 하나님 앞에서 죄를 지었다고 선언했다. 그는 로마서 3장 9-18절에서 이렇게 말했다.

"그러면 어떠하냐 우리는 나으냐 결코 아니라 유대인이나 헬라인이나 다 죄 아래에 있다고 우리가 이미 선언하였느니라 기록된 바 의인은 없나니 하나도 없으며 깨닫는 자도 없고 하나님을 찾는 자도 없고 다 치우쳐 함께 무익하게 되고 선을 행하는 자는 없나니 하나도 없도다 그들의 목구멍은 열린 무덤이요 그 혀로는 속임을 일삼으며 그 입술에는 독사의 독이 있고 그 입에는 저주와 악독이 가득하고 그 발은 피 흘리는 데 빠른지라 파멸과 고생이 그 길에 있어 평강의 길을 알지 못하였고 그들의 눈 앞에 하나님을 두려워함이 없느니라 함과 같으니라."

거의 모든 사람이 스스로를 기본적으로 선하다고 생각하기를 좋아하지만 성경의 증언은 그와 정반대다. 성경은 온 인류가 악하다고 분명하게 말씀한다. 인간은 뼛속까지 철저하게 악으로 물든 상태다. 신학 용어로 표현하면 인간은 전적으로 부패했다.

인간도 자신이 죄인이라는 고통스러운 사실을 직관을 통해 본성적으로 의식한다. 타락한 피조물은 누구나 예외 없이 수치심을 느낀다. 이것이 아담과 하와가 잎사귀로 자신들의 벌거벗은 몸을 가렸던 이유다. 그것은 인간이 악의 수치심을 손바닥으로 가리려는 것이 얼마나 헛된 일인지를 생생하게 보여준다. 우리는 죄의 현실을 직시하기를 원하지 않는다. 우리는 좀 더 편리한 도덕적 규칙을 채택하거나 양심의 소리를 묵살함으로써 죄책감에서 벗어나려고 애쓴다.

오늘날의 문화는 스스로의 과실을 무시하고 죄책을 부인하며 양심을 묵살하고 좋아하는 죄를 마음껏 저지르도록 부추기며 선동한다. 강한 죄책감은 정신 건강에 문제가 생긴 징후로 간주된다. 죄의 현실을 직시하기보다는 스스로를 피해자로 생각하는 편이 훨씬 더 쉽고 더 만족스럽다. '웹엠디닷컴'(일반인들에게 간단한 의학적인 조언을 제공하는 온라인 서비스)은 '스스로를 용서하는 법을 배우기'라는 제목의 논문을 게재했다. 그 논문에는 재활센터에서 일하는 한 재활지도자의 말이 인용되어 있다. 그는 "사람들은 의도했든 의도하지 않았든 다른 사람들을 해치는 행위를 합니다. 본인은 해치려는 의도가 없었을지 몰라도 상대방은 피해를 입습니다."라고 말했다. 이 말만 듣고 생각하면, 비록 의도하지 않았던 피해를 입혔더라도 가해자에게 피해자의 용서를 구하라고 말하는 내용의 말이 이어질 것으로 예상할 수 있다. 그러나 그 바로 다음 문장에는 "그런 때는 잠시 생각을 멈추고 자기 자신을 용서해야 할 필요가 있습니다."라고 적혀 있다.[2]

옳지 않은 조언이다. 죄책감을 그런 식으로 처리하면 사회에는 자신이 가해자가 아닌 피해자라고 생각하는 사람들로 차고 넘칠 수밖에 없다. 그런 사람들은 죄를 고백하기는커녕 죄책을 지적하는 말조차 듣지 못하기 때문에 복음을 믿기는커녕 그것이 좋은 소식이라는 사실조차 깨닫지 못한다.

솔직히 말해 우리는 죄로 인해 야기되는 불명예를 원하지 않는다. 우리는 죄책의 중압감에서 자유롭기를 바란다. 그러나 죄책감을 억누르고 우리의 부패한 본성을 부인하는 것으로는 죄의 문제를 해결할 수 없다. 바울

---

2) Jean Lawrence, "Learning to Forgive Yourself," WebMd.com, 2016년 7월 25일 검색. http://www.webmd.com/balance/features/learning-to-forgive-yourself?page=2.

은 로마서에서 죄를 본격적으로 논하기 전에 이런 사실을 먼저 언급했다. "불의로 진리를 막는 것"은 하나님의 진노를 초래한다.

하나님의 정죄와 진노 아래에서 영원한 심판을 기다리며 사는 것보다는 차라리 죄를 인정하는 것이 더 낫다. 이 세상에서 죄책과 수치로 인해 아무리 비참한 삶을 살더라도 다음 세상에서 하나님의 영원한 심판을 당하게 될 사람들을 기다리고 있는 삶은 훨씬 더 비참할 것이 틀림없다.

그것이 죄의 필연적인 결과다. 죄인은 현세에서도 비참하게 살고, 내세에서도 상상을 초월한 비참한 운명을 맞이하게 될 것이다. 사람들은 하찮은 오락, 쾌락의 추구, 술과 마약, 심지어는 자살과 같은 인위적인 수단들을 사용해 절망감을 달래려고 애쓴다. 그러나 그런 수단을 사용하는 사람들에게 조금이라도 제정신이 남아 있다면, 결단코 죄책감을 떨쳐낼 수 없을 것이다. 왜냐하면 로마서 2장 15절이 가르치는 대로 하나님이 그들의 마음에 자신의 도덕법을 새겨놓으셨기 때문이다. 로마서 2장 15절은 인간의 양심이 하나님의 법을 증언한다고 말씀한다. 마음의 생각이 우리를 고발하거나 변명하거나 상관없이 양심은 우리의 죄를 증언한다. 양심의 소리를 억누르거나 묵살하려고 아무리 애를 써도 결국에는 "하나님이 예수 그리스도로 말미암아 사람들의 은밀한 것을 심판하실 것이다"(16절).

이것은 보편적인 딜레마다. 온 세상이 하나님의 심판 아래 있다(롬 3:19). 바울은 그 점을 자세히 전했다. 유대인과 이방인의 마음에 똑같이 율법이 기록되었다. 모세의 인도 아래 애굽에서 해방된 이스라엘 백성은 좀 더 분명한 형태로 율법을 받았다. 하나님이 친히 율법을 돌에 새겨 그들에게 주셨다. 또한 파피루스 두루마리에는 그보다 훨씬 더 상세한 율법과 예언이 기록되었다. 오늘날에는 누구든지 종이책이나 전자책의 형태로 된 성경을 쉽게 접할 수 있다. 따라서 그 누구도 성경을 몰랐다거나 결백하다고 주장할 수 없다.

더욱 절망적인 사실은 그런 부패한 상태에서 벗어날 수 있는 능력을 지닌 사람이 아무도 없다는 것이다. 죄의 속박은 강력하다. 죄의 권세 아래 있는 사람은 현세에서는 죄책에서 자유로울 수 없고, 내세에서는 끔찍한 심판을 피할 수 없다. 이것은 방탕한 사람이나 살인자나 악한 독재자를 비롯해 특별히 큰 죄를 지은 죄인들의 문제만이 아니다. 타락한 본성을 지닌 인간은 모두 "죄 아래에 있다"(롬 3:9). "율법의 행위로 그의 앞에 의롭다 하심을 얻을 육체는 없다"(20절). 예외인 사람은 아무도 없다. 이것이 바울이 말하는 요점이다.

바울이 전한 복음은 바로 그런 사실에서부터 출발한다. "모든 사람이 죄를 범하였으매 하나님의 영광에 이르지 못하더니"(23절). 그 누구도 이 판결을 피할 수 없다. 인간은 죄로부터 자유롭거나 죄책을 없앨 능력이 없다. 우리 자신의 능력으로는 영원히 정죄당하는 길밖에 없다. 그것이 우리가 마땅히 받아야 할 형벌이다.

구약 성경에서 발견되는 증거

바울은 여러 각도에서 그런 사실을 논증했다. 그는 로마서에서 인류의 타락을 상기시키고, 그 사실을 입증하는 다양한 논증을 덧붙였다. 예를 들어, 그는 율법이 무엇이 죄인지를 규정하기 전부터 이미 "아담으로부터 모세까지…사망이 왕 노릇 하였나니"(롬 5:14)라고 말했다. 그는 사망이 보편적인 현실이기 때문에 죄도 역시 그렇다고 주장했다. 사람들이 죽는 이유는 죄 때문이다. "죄로 말미암아 사망이 들어왔나니"(12절). "죄의 삯은 사망이요"(6:23). 모든 사람은 죽는다. 그 100퍼센트의 통계적 진실이 곧 모든 사람이 죄인임을 입증하는 명백한 증거다.

바울은 또한 과거의 심판을 근거로 논증을 펼쳤다. 하나님이 거대한 홍수로 온 세상을 심판하신 이유는 "사람의 죄악이 세상에 가득함과 그의 마음으로 생각하는 모든 계획이 항상 악했기" 때문이다(창 6:5). 인간의 악은 그 정도와 규모가 극도로 방대했다. 홍수가 사라지고, 노아와 그의 가족에 의해 인류가 다시 번식하기 시작한 후에도 하나님은 "사람의 마음이 계획하는 바가 어려서부터 악함이라"라고 말씀하셨다(창 8:21). 하나님은 나중에 소돔과 고모라를 완전히 멸망시키셨다. 그 이유는 소돔 사람이 "여호와 앞에 악하며 큰 죄인이었기" 때문이다(창 13:13).

바울은 경험적인 증거를 토대로 죄의 보편성을 입증했다. 죄의 보편성을 입증하는 증거는 도처에서 발견된다. 인간은 죄로 인한 좌절감과 그 결과를 경험할 수밖에 없다. 사리판단을 할 줄 아는 사람이라면 그 누구도 죄책에서 자유롭다고 주장하지 않을 것이다. 심지어 그렇게 주장하려고 애쓰는 사람들조차도 다른 사람들의 죄를 쉽게 발견할 수 있다. 그들이 알든 모르든, 그들의 죄책이 모든 사람 앞에 명백히 드러난다. 이 기독교 교리는 논박할 수 없는 증거에 근거한다. 모든 사람은 죄를 짓는다. 요한 사도는 "온 세상은 악한 자 안에 처한 것이며"(요일 5:19)라고 말했다. "세상에 있는 모든 것이 육신의 정욕과 안목의 정욕과 이생의 자랑이니 다 아버지께로부터 온 것이 아니요 세상으로부터 온 것이라"(요일 2:16).

간단히 말해, 역사가 죄의 보편성을 입증한다. 사회학적 연구와 죽음의 현실이 그 사실을 확실하게 입증한다. 인류의 악한 본성에 관한 가장 확실하고 분명한 증거는 성경에서 발견된다. 따라서 바울은 죄와 인간의 딜레마에 관한 진리를 전하면서 구약 성경을 인용해 가능한 한 확실하게 그 사실을 입증하려고 노력했다(롬 3:10-18).

바울은 '기록된 바'라는 말로 이 대목을 시작했다. 그 이후부터 18절에 이르는 내용은 모두 구약 성경을 직접 인용한 것이거나 표현을 약간 고친 것이다. 그는 구약 성경에서 여러 가지 근거를 찾아 인용했다.

이처럼 죄의 사악한 속성은 하나님이 계시를 통해 명백하게 증언하신 사실이다. 바울은 죄에 관해 길게 논의하고 나서 이것을 결정적인 증거로 제시했다. 사실 바울은 역사적 증거를 제시하거나 논리적인 삼단논법을 활용하거나 독자들의 양심에 호소할 수도 있었다. 그는 뛰어난 학자였다. 그는 세밀한 철학적 논증을 구사하거나 고대 헬라 시인들의 말을 인용할 수 있는 능력이 충분했다.

그러나 그는 성경을 인용했다. 그 이유는 성경은 하나님의 말씀이기 때문이다. 이것이 복음의 좋은 소식을 전하기 위한 바울의 근본 전략이었다. 그는 "말씀을 전파하라 때를 얻든지 못 얻든지 항상 힘쓰라 범사에 오래 참음과 가르침으로 경책하며 경계하며 권하라"(딤후 4:2)라고 말했다. 바울은 로마서 3장에서 죄에 대해 논하면서 결정적인 순간에 정확히 그 방법을 적용했다. 이것이 그의 논증 방식의 정점이었다.

그는 죄의 보편성에 관한 성경의 가르침을 전함으로써 하나님을 궁극적인 증인으로 내세웠다. 이것은 강한 설득력이 있었다. 그는 시편 5편 9절, 10편 7절, 14편 1-3절, 36편 1-3절, 53편 1-3절, 140편 3절, 잠언 1장 16절, 이사야서 59장 7, 8절을 비롯해 많은 구약 성경의 구절들을 인용하거나 암시했다. 이 모든 성경 구절은 바울이 두 장에 걸쳐 논의한 내용을 권위 있게 뒷받침한다.

바울이 사용한 방식은 고전적인 법률적 논증의 방식이었다. 그는 법정 용어를 사용했고, 사법적 변론 절차를 따랐다. 그는 인류를 재판정에 세웠다. 법정 소환과 기소를 거쳐 최종 판결이 이루어졌다.

법정 소환

재판은 법정 소환에서부터 시작한다. 법정 소환이란 피고인을 공식적으로 심문하기 위해 법정에 불러 세우는 것을 의미한다. 이 재판에서는 온 인류가 영원하신 재판관 앞에 나와 심문을 받는다. 인류에 대한 고발 내용이 로마서 3장 9절에 나타난다. "그러면 어떠하냐 우리는 나으냐 결코 아니라 유대인이나 헬라인이나 다 죄 아래에 있다고 우리가 이미 선언하였느니라."

"그러면 어떠하냐"는 '이것이 무슨 상황이냐? 우리는 이 상황을 어떻게 이해해야 하느냐?'를 의미한다. 그 다음의 내용은 이 질문에 대한 대답이다. 그 대답은 하나님의 말씀을 통해 주어졌다.

앞의 문맥을 기억하라. 바울은 로마서 2장 12절에서 "무릇 율법 없이 범죄한 자는 또한 율법 없이 망하고 무릇 율법이 있고 범죄한 자는 율법으로 말미암아 심판을 받으리라"라는 말로 자신의 요점을 간결하게 밝혔다. 이 고발 내용은 유대인과 이방인, 남자와 여자, 노예와 자유인 등 모든 사람에게 적용된다.

그리고 나서 바울은 고발 내용을 상세하게 언급하기 시작한다. 그는 로마서 2장 14-16절에서 이방인들은 하나님의 율법을 직접 받지는 못했더라도 양심을 거슬러 죄를 지었다고 말했고, 17-29절에서 유대인은 "율법을 범하는"(27절) 죄를 지었다고 말했다. 3장 1-8절에서 그는 재판장이신 하나님의 의로우심을 변호한다. 그리고 나서 9절에서 그는 구약 성경을 길게 인용하기 직전에 앞서 말한 내용을 간단히 요약하고, 모두가 분명하게 알도록 요점을 다시 반복했다. "유대인이나 헬라인이나 다 죄 아래에 있다고 우리가 이미 선언하였느니라." 온 세상이 "하나님의 심판 아래에 있다"(19절).

이것이 바울의 공식적인 법정 소환이다. 그의 고발 내용은 죄의 보편성이었다. 그 고발로부터 자유로운 사람은 아무도 없다. 바울은 죄의 보편성을 가능한 한 분명하고 명확하게 밝혔다. 그는 심지어 자기 자신에게도 예외를 적용하지 않았다. "우리는 나으냐 결코 아니라"(9절). '우리'는 바울과 그의 동역자들을 가리키는 것이 분명하다. 이 말은 모든 그리스도인을 암시한다. 복수 1인칭 대명사 '우리'가 8절("우리가 이런 말을 한다고 하니")에도 사용되었다. 따라서 9절의 '우리'도 똑같은 사람들, 곧 복음을 전하는 사람들을 가리키는 것이 분명하다. 이 말을 약간 고쳐 말하면 "이 고발장을 제시하고, 유대인과 이방인이 모두 절망적인 죄인이라고 주장하는 우리가 우리 자신은 특별하다고 말하는 것일까? 우리가 다른 사람들보다 더 낫다고 주장하는 것일까? 결코 그렇지 않다."라고 말할 수 있다.

그는 "결코 아니라"는 부정적 강조 어법을 사용했다. 그의 말은 '우리는 결코 그렇게 생각하지 않는다. 우리도 비참한 죄인이기는 마찬가지다.'라는 의미를 담고 있다. 바울은 스스로를 죄인의 괴수이자 "비방자요 박해자요 폭행자"로 일컬었다(딤전 1:13, 15). 그는 일평생 자신의 죄를 절실하게 의식했다. 그는 성숙하고 경험 많은 사도로 거듭나 로마서 7장 14절을 기록할 때도 "나는 육신에 속하여 죄 아래 팔렸도다"라고 말했고, 24절에서는 "오호라 나는 곤고한 사람이로다"라고 탄식했다.

바울은 자신의 타락한 본성을 철저히 의식했다. 그는 자신을 인류의 재판관으로 치켜 세우지 않았다. 그는 단지 사실을 있는 그대로 진술할 뿐이었다. 모든 인류가 타락했고 죄를 지었다. 바울과 그의 동역자들과 다른 신자들도 예외가 아니다. 우리 모두는 죄의 저주 아래 놓인 인류에게 속해 있다.

그리스도인들은 구원받은 죄인이다. 우리가 정죄로부터 구원받은 이유는 우리가 하나님 보시기에 다른 사람들보다 더 낫고, 더 똑똑하고, 더 큰 가치를 지니고 있기 때문이 아니다. 바울은 "내 속 곧 내 육신에 선한 것이 거하지 아니하는 줄을 아노니"(롬 7:18), "너희 안에서 행하시는 이는 하나님이시니 자기의 기쁘신 뜻을 위하여 너희에게 소원을 두고 행하게 하시나니"(빌 2:13)라고 말했다. 그리스도를 믿지 않았다면, 우리도 세상에서 가장 방탕한 죄인과 조금도 다르지 않은 죄인일 뿐이다. 그리스도를 믿지 않았다면, 우리도 죄의 명령과 지배와 통제와 권세 아래 놓여 있었을 것이다. 사실, 우리도 전에는 공중의 권세 잡은 자, 곧 사탄을 따라 살았다. 타락한 본성을 지닌 자연인의 상태로 있었을 때는 우리도 "다른 이들과 같이 본질상 진노의 자녀였다"(엡 2:3).

이것이 법정 소환이다. 바울은 아담의 후손을 모두 법정에 불러 세워놓고, 성경의 권위를 빌려 "다 죄 아래에 있다"(롬 3:9)는 고발장을 제출했다.

기소

법정 소환이 이루어지면, 피고인의 범죄 사실을 상세히 기록한 문서, 곧 고발장을 제출하는 과정이 이어진다. 바울이 제출한 고발장보다 더 엄격하고 위압적인 기소장은 없을 것이다. 그의 기소장은 절대 틀릴 수 없는 증거인 성경을 근거로 삼아 상세하게 작성되었다. 로마서 3장 10–17절에는 열세 가지 죄목이 나열되어 있는데 모두 다 구약 성경을 직접 인용한 내용이다.

1. 의인은 없나니 하나도 없다.
2. 깨닫는 자도 없다.

3. 하나님을 찾는 자도 없다.
4. 다 치우쳤다.
5. 다 무익하게 되었다.
6. 선을 행하는 자는 없나니 하나도 없다.
7. 그들의 목구멍은 열린 무덤이다.
8. 그들의 혀로는 속임을 일삼는다.
9. 그들의 입술에는 독사의 독이 있다.
10. 그들의 입에는 저주와 악독이 가득하다.
11. 그들의 발은 피 흘리는 데 빠르다.
12. 그들의 길에는 파멸과 고생이 있다.
13. 그들은 평강의 길을 알지 못한다.

18절은 마지막으로 구약 성경을 인용해 "그들의 눈 앞에 하나님을 두려워함이 없느니라"라는 말로 기소장을 간결하게 요약한다.

이것은 모든 인류에 대한 보편적인 기소장이다. 이 대목에서 '아무도 없다.'는 말이 네 차례나 사용되었고, '하나도 없다.'는 말로 두 차례나 강조되었다. 9, 12, 19절에는 '다', '모든'이라는 표현이 사용되었고, 22절과 23절에서도 또다시 사용되었다. 죄의 보편성을 논하면서 이 말이 다섯 차례나 사용된 것을 알 수 있다. 이처럼 이것은 포괄적인 진술이다. 이 기소장에서 벗어날 수 있는 사람은 아무도 없다.

구약 성경의 다양한 구절을 한데 모아 진술하는 것은 랍비들이 흔히 사용하던 방식이었다. 이것은 '카라즈'('실로 꿴 진주들'이라는 뜻)로 알려진 교육 방식이었다. 바울은 서로 의미가 비슷한 구약 성경의 구절들을 인용해 죄의 보편성을 증언했다. 그는 성경 구절들을 마치 진주처럼 꿰었다. 물론 그렇게 만들어진 말씀의 목걸이는 아름답지는 않았다. 그것은 모든 인류를 옥죄는 기소장이었다.

그것은 바울 자신의 견해도 아니었고, 이론적인 교리도 아니었다. 그는 하나님의 권위가 기소장을 뒷받침하고 있다는 점을 강조하기 위해 일부러 '기록된 바'라는 문구에서부터 시작했다. 그는 랍비들이 성경을 인용할 때 흔히 사용했던 문구를 사용했다. 신약 성경의 여러 곳에서 이 문구가 발견된다. 예수님도 이 문구를 종종 사용하셨다.

주님은 사탄에게 시험을 받을 때 이 문구를 사용하셨다. 마귀는 예수님을 세 차례 시험했다. 그때마다 그분은 '기록되었으되'라고 하시며 구약 성경을 인용해 시험을 물리치셨다(마 4:4, 7, 10). '기록되었으되'라는 문구는 신약 성경에서 60회 이상 사용되었다(이 문구는 구약 성경에서도 12회 이상 사용되었다). 이것은 최고의 권위에 호소한다는 의미, 곧 성경의 말씀이 하나님 자신의 말씀이라는 것을 암묵적으로 인정하는 의미를 지닌다.

이 문구의 헬라어는 완료 수동태 직설법이다. 이것은 완료된 행위가 지속적인 효력을 나타낸다는 의미를 지닌다. 따라서 이 말에는 '이것은 영원한 진리로 기록되었다.'는 개념이 담겨 있다. 완료 시제는 코이네 헬라어(신약 성경의 언어)에서 항상 중요한 의미를 띤다. 이 문구에 사용된 완료 시제는 영원히 변하지 않는 하나님의 말씀인 성경의 최종성과 지속적인 권위를 강조한다. 기록된 말씀은 영원히 하늘에 굳게 서 있다(시 119:89). 예수님은 "천지가 없어지기 전에는 율법의 일점일획도 결코 없어지지 아니하고 다 이루리라"(마 5:18)라고 말씀하셨다.

이것이 전적 타락으로 인해 절망적인 상태에 처하게 된 인류에 대한 성경의 권위 있고 확정적인 증언이다.

바울의 기소장은 세 부분으로 나뉜다. 첫 번째는 인간의 인격을, 두 번째는 인간의 말을, 세 번째는 인간의 행위를 각각 다룬다. 죄는 인간의 본성에 영향을 미쳤다. 그 사실이 인간의 말과 행위를 통해 여실히 드러난다.

죄는 인간의 인격을 오염시킨다

의학적인 표현을 빌려 말하면, 바울은 일종의 영적 MRI를 사용해 인간을 철저히 조사한다. 로마서 3장 10-12절은 인간의 타락이 죄인의 내면, 곧 마음과 영혼에 얼마나 깊이 영향을 미쳤는지를 잘 보여준다. 예레미야는 이런 현실을 "만물보다 거짓되고 심히 부패한 것은 마음이라"(렘 17:9)라고 표현했다.

바울도 타락으로 인해 부패해진 인간의 인격을 묘사하는 구약 성경의 구절들을 인용해 인간이 죄로 인해 얼마나 철저하게 오염되었는지를 명료하게 밝혔다.

그는 10절에서 "의인은 없나니 하나도 없으며"라고 말했다. 이 말은 시편 14편과 53편의 처음 세 구절을 표현만 달리해 간단하게 요약한 것이다.

이 두 시편은 동일한 용어들을 사용해 동일한 메시지를 전한다. 시편 14편이 '여호와'라는 칭호를 사용한 네 곳에서 시편 53편이 '하나님'(엘로힘)이라는 칭호를 사용한 것을 포함해 표현만 약간씩 다를 뿐, 전체적으로는 동일한 운율을 사용해 정확히 똑같은 순서에 따라 다양한 개념들을 전달하고 있다. 한마디로 이 두 시편은 쌍둥이 시편이다. "너를 대항하여 진 친 그들의 뼈를 하나님이 흩으심이라 하나님이 그들을 버리셨으므로 네가 그들에게 수치를 당하게 하였도다"(53:5)라는 말씀으로 미루어 볼 때, 전쟁의 승리를 축하하기 위한 의도로 시편 14편을 개작해 시편 53편을 만들었을 가능성이 매우 높다. 두 시편 가운데 서로 다른 구절은 5절뿐이다. 이 구절은 시편 53편에만 있다. 그 외에 다른 내용은 시편 14편과 정확하게 일치한다.

　두 시편의 처음 세 구절에는 바울이 로마서 3장에서 인용한 표현들이 포함되어 있다. 시편 14편 1절은 "어리석은 자는 그의 마음에 이르기를 하나님이 없다 하는도다 그들은 부패하고 그 행실이 가증하니 선을 행하는 자가 없도다"라고 말씀한다. 또한 시편 53편 1절은 "어리석은 자는 그의 마음에 이르기를 하나님이 없다 하도다 그들은 부패하며 가증한 악을 행함이여 선을 행하는 자가 없도다"라고 말씀한다. 로마서 3장 10절은 거의 동일한 이 두 구절을 간략하게 줄여 표현했고, 마지막에 "하나도 없으며"라는 문구를 덧붙였다(이 마지막 문구는 두 시편의 3절에서 빌려온 것이다).

　바울은 표현을 달리하면서 일부러 용어들을 주의 깊게 선택했다. '의'는 로마서의 핵심 주제에 해당한다. 이 용어와 그 동족어가 최소한 30차례 사용되었다. 그 이유는 바울이 전한 복음이 죄인이 '의롭게 되는 것', 곧 하나님과 올바른 관계를 맺는 것에 초점을 맞추고 있기 때문이다. 바울은 이 점을 간과하거나 오해하지 않게 하기 위해 두 시편의 3절에서 발견되는 "하나도 없다"라는 문구를 덧붙였다.

　로마서 3장 10절을 비롯해 신약 성경에서 '의로운'으로 번역된 헬라어는 로마서 3장 20절의 "의롭다 하심을 얻을"로 번역된 헬라어와 동일하다. "그러므로 율법의 행위로 그의 앞에 의롭다 하심을 얻을 육체가 없나니." 의로운 사람은 아무도 없고, 하나님의 율법을 아무리 열심히 실천하더라도 스스로의 노력으로 의롭게 될 수 있는 사람도 아무도 없다.

　바울은 로마서 8장 7, 8절에서 이 점을 가능한 한 분명하게 밝히려고 노력했다. 그는 "육신의 생각은 하나님과 원수가 되나니 이는 하나님의 법에 굴복하지 아니할 뿐 아니라 할 수도 없음이라 육신에 있는 자들은 하나님을 기쁘시게 할 수 없느니라"라고 말했다. 하나님을 만족시킬 수 있는 기준은 절대적인 완전함뿐이다. 예수님은 산상 설교에서 "내가 너희에게 이르노니 너희 의가 서기관과 바리새인보다 더 낫지 못하면 결코 천국에 들어가지 못하리라"(마 5:20)라고 말씀하셨다. 그분은 분노와 살인, 음욕과 간음을 동일하게 취급하셨다. 그분은 절대적인 기준을 세우셨다. "그러므로 하늘에 계신 너희 아버지의 온전하심과 같이 너희도 온전하라"(48절). 이 명령은 성경에서 12회 이상 반복되어 나타난다.

죄에 관한 성경 말씀을 읽는 것만으로는 우리의 부패한 상태를 의식하지 못할 수도 있다. 그러나 하나님이 우리에게 요구하시는 거룩함의 본질을 이해하면 그것을 의식하지 않을 수 없을 것이다. 그 기준에 도달한 사람은 지금까지 아무도 없었다. 우리는 심지어 그 기준에 근접할 능력조차 지니고 있지 못하다.

로마서 3장 11절은 계속해서 인간의 인격을 다루면서 지성의 부패함에 초점을 맞춘다. 바울은 시편 14편과 53편의 순서를 따른다. 두 시편의 2절은 하나님이 "하늘에서 인생을 굽어살피사 지각이 있어 하나님을 찾는 자가 있는가 보려 하신즉"이라고 말씀한다. 바울은 '지각이 있어'라는 시편 저자의 표현에 중점을 두어 두 시편에 분명하게 함축되어 있는 결론을 도출했다. 그는 "깨닫는 자도 없고"라고 말했다.

이것이 죄의 현실이다. 죄는 인간의 지성을 어둡게 만들었다. 타락한 인간은 하나님의 현실을 지각할 수 없다. 죄인들은 하나님을 옳게 인식할 수 없다. 따라서 그들은 의가 무엇인지 옳게 파악할 수 없다. 바울은 고린도전서 2장 14절에서도 표현만 달리해 이 점을 분명하게 밝혔다. "육에 속한 사람은 하나님의 성령의 일들을 받지 아니하나니 이는 그것들이 그에게는 어리석게 보임이요, 또 그는 그것들을 알 수도 없나니 그러한 일은 영적으로 분별되기 때문이라."

너무나도 가혹한 말이지만 한 치도 틀리지 않은 진실이다. 인류는 타락했고, 육신적으로 변했다. 자연인의 상태에서는 의로움도 없고, 의에 대한 올바른 이해조차 불가능하다. 우리는 우리가 이해할 수 없는 것을 미워한다. 모든 사람은 "어리석은 자요 순종하지 아니한 자요 속은 자요 여러 가지 정욕과 행락에 종노릇한 자요 악독과 투기를 일삼은 자요 가증스러운 자요 피차 미워한 자였다"(딛 3:3). 바울은 다른 곳에서도 타락한 인간의 실상에 관해 이렇게 증언했다. "너희는 이방인이 그 마음의 허망한 것으로 행함같이 행하지 말라 그들의 총명이 어두워지고 그들 가운데 있는 무지함과 그들의 마음이 굳어짐으로 말미암아 하나님의 생명에서 떠나 있도다 그들이 감각 없는 자가 되어 자신을 방탕에 방임하여 모든 더러운 것을 욕심으로 행하되"(엡 4:17-19).

타락한 인간의 상태가 어떻게 이보다 더 나빠질 수 있을지 상상하기 어렵다. 그러나 그 현실은 더할 나위 없이 심각하다. "하나님을 찾는 자도 없고"(롬 3:11. 시편 14편과 53편의 2절을 인용한 것이다). 죄인은 본성적으로 하나님을 알고 싶어 하지 않는다. 죄인이 스스로 하나님을 찾는 경우는 절대로 없다. "악인은 그의 교만한 얼굴로 말하기를 여호와께서 이를 감찰하지 아니하신다 하며"(시 10:4).

사람들은 때로 이 점에 대해 논쟁을 벌인다. 성경에는 찾으면 찾을 것이라는 약속과 함께 죄인들에게 하나님을 찾으라고 권고하는 구절들이 많다. "네가 거기서 네 하나님 여호와를 찾게 되리니 만일 마음을 다하고 뜻을 다하여 그를 찾으면 만나리라"(신 4:29). "여호와를 구하는 자마다 마음이 즐거울지로다"(대상 16:10). "너희는 여호와를 만날 만한 때에 찾으라 가까이 계실 때에 그를 부르라"(사 55:6). "너희가 온 마음으로 나를 구하면 나를 찾을 것이요 나를 만나리라"(렘 29:13). "구하라 그러면 너희에게 주실 것이요 찾으라 그러면 찾아낼 것이요 문을 두드리라 그러면 너희에게 열릴 것이니"(눅 11:9). "하나님께 나아가는 자는 반드시 그가 계신 것과 또한 그가 자기를 찾는 자들에게 상 주시는 이심을 믿어야 할지니라"(히 11:6). 이런 식으로 죄인들에게 하나님을 찾으라고 권고하고, 그렇게 하는 사람들에게 축복을 약속하는 성경 구절이 성경 도처에서 발견된다.

최근에 불신자들 가운데 다수가 하나님을 찾고 있다는 판단에 근거해 사역 철학을 확립한 교회들이 많다. 그런 교회들은 음악과 예배와 교육 방식을 '구도자 중심적인' 방식으로 바꾸었다. 그런 교회의 지도자들은 원하는 목표를 달성하기 위해 여론 조사에 의존하고, 문화적인 유행에 지나친 관심을 기울여 불신자들의 취향과 기대를 파악하려고 노력한다. 그들은 불신자들이 편안함을 느끼도록 하기 위해 예배와 교회의 특징을 단순화시키고, 의도적으로 속화시킨다.

그러나 음악, 오락, 설교 주제 따위를 대중의 취향을 고려해 주의 깊게 조정하는 곳에서 종교적인 경험을 구하는 것은 하나님을 구하는 것과는 전혀 다르다. 환영의 분위기 속에서 자기만족을 얻고, 비슷한 생각을 지닌 사람들끼리 교제를 나눈다면, '구도자'는 단지 경건의 형식만을 갖추려고 할 것이 틀림없다.

바울이 전한 복음은 그와는 정반대되는 가르침을 전한다. "유대인은 표적을 구하고 헬라인은 지혜를 찾으나"(고전 1:22)라는 말씀에서 알 수 있는 대로 바울은 다양한 청중의 필요 욕구와 문화적 기대를 분명하게 의식했다. 그러나 그의 방식은 '구도자 중심적인' 방식과 정면으로 충돌한다. 그는 "우리는 십자가에 못 박힌 그리스도를 전하니 유대인에게는 거리끼는 것이요 이방인에게는 미련한 것이로되"(23절)라고 말했다. 철학적으로 지혜를 논하기 좋아했던 헬라인들은 바울이 전한 메시지를 어리석다고 생각했고, 표적을 구했던 유대인들은 그것이 "걸림돌과 거치는 바위"(롬 9:33)가 되었다. 그러나 유대인과 이방인 모두가 바울로부터 똑같은 메시지를 전해 들었다. 그는 오직 하나의 복음만을 알고 있었다. 그는 "내가 너희 중에서 예수 그리스도와 그가 십자가에 못 박히신 것 외에는 아무것도 알지 아니하기로 작정하였음이라"(고전 2:2)라고 말했다.

하나님을 찾는 것은 타락한 인간이 마땅히 해야 할 일이다. 하나님은 그렇게 하라고 명령하실 권한을 가지고 계신다. 그러나 사람들은 그렇게 하지 않는다. 그들은 그분의 명령에 복종하지 않는다. 그것이 그들의 공통된 습성이다. 그들이 하나님을 찾지 않는 이유는 죄를 너무나도 사랑하기 때문이다. 죄에 대한 그들의 집착은 그들 자신의 힘으로는 깨뜨리기 불가능한 속박과 같다. 예수님은 요한복음 6장 44절에서 그런 사실을 분명하게 확증하셨다. 그분은 65절에서도 "내 아버지께서 오게 하여 주지 아니하시면 누구든지 내게 올 수 없다"고 말씀하셨다.

바울은 죄에 관해 길게 논하면서 그 서두에서 이 문제를 상세하게 설명했다.

"하나님을 알되 하나님을 영화롭게도 아니하며 감사하지도 아니하고 오히려 그 생각이 허망하여지며 미련한 마음이 어두워졌나니 스스로 지혜 있다 하나 어리석게 되어 썩어지지 아니하는 하나님의 영광을 썩어질 사람과 새와 짐승과 기어다니는 동물 모양의 우상으로 바꾸었느니라 그러므로 하나님께서 그들을 마음의 정욕대로 더러움에 내버려 두사 그들의 몸을 서로 욕되게 하게 하셨으니 이는 그들이 하나님의 진리를 거짓 것으로 바꾸어 피조물을 조물주보다 더 경배하고 섬김이라 주는 곧 영원히 찬송할 이시로다 아멘 이 때문에 하나님께서 그들을 부끄러운 욕심에 내버려 두셨으니 곧 그들의 여자들도 순리대로 쓸 것을 바꾸어 역리로 쓰며 그와 같이 남자들도 순리대로 여자 쓰기를 버리고 서로 향하여 음욕이 불 일듯 하매 남자가 남자와 더불어 부끄러운 일을 행하여 그들의 그릇됨에 상당한 보응을 그들 자신이 받았느니라 또한 그들이 마음에 하나님 두기를 싫어하매 하나님께서 그들을 그 상실한 마음대로 내버려 두사 합당하지 못한 일을 하게 하셨으니"(롬 1:21-28).

사람들은 하나님의 존재와 그분의 속성에 관해 스스로가 사실로 알고 있는 기본 진리들을 억누름으로써 죄를 지었다. 그런 고의적인 거부는 심판을 불러들였다. 하나님은 그들을 스스로 부패하도록 버려두셨다. 그들은 진리에 대해 무지하고 그것을 듣는 데 둔감하며 분별력을 상실했다. 그들은 진리를 힘써 가로막았고, 정욕에 온전히 속박되었다.

어떤 사람들은 다른 사람들에 비해 반발심이 더욱 강했다. 그러나 바울의 요점은 타락한 상태에서는 모든 사람이 하나님께 등을 돌리고 죄를 짓는다는 것이다. 자율적인 의지로 하나님을 진정으로 찬양하고, 그분의 주권적인 위엄이 나타나기를 갈망하는 사람은 아무도 없다. 인간 스스로는 하나님의 말씀을 의지하고, 그분 앞에서 살고, 그분의 계명에 복종하고, 그분께 기도하고, 범사에 그분을 신뢰하고, 그분을 찬양하려는 마음을 가질 수 없다. 우리는 아무런 구속도 받지 않고 모든 것을 자유롭게 선택함으로써 이미 우리의 마음속에 있는 하나님을 거부하려는 성향을 여실히 드러냈다.

이처럼 타락한 인류는 절망적인 상태에 처해 있다. 의로운 사람은 아무도 없다. 깨닫는 사람이나 하나님을 구하는 사람도 아무도 없다.

로마서 3장 12절은 다시 시편 14편으로 돌아가서 "다 치우쳐"라고 하며 그 3절을 인용했다. 모든 사람이 예외 없이 다 기준에서 벗어났다. 모두 곁길로 치우쳤다. 이 말의 헬라어 '에크클리노'는 '벗어나다, 피하다.'를 뜻하는 능동태 동사다. 외부로부터 그들에게 일어난 것이 아니라 스스로가 저지른 것이다. 사람들은 진리의 길에서 벗어났다. 그들은 진리로부터 도망쳤다. 이 용어는 고전 헬라어에서는 싸움이 한창일 때 도망치는 탈주병을 가리키는 데 사용되었다.

온 인류가 하나님의 길을 떠났고, 진리의 좁은 길에서 벗어났다. "우리는 다 양 같아서 그릇 행하여 각기 제 길로 갔거늘"(사 53:6).

바울은 거기에서 끝나지 않았다. 그는 로마서 3장 12절의 다음 문구에서 고발 내용을 한층 더 강화시켜 "함께 무익하게 되고"라고 말했다. 시편 14편과 53편 모두 "함께 더러운 자가 되고"라고 말씀한다. '더러운'으로 번역된 히브리어가 두 시편에 똑같이 사용되었다. 이 용어는 우유가 부패된 것을 가리킬 때 사용되었다. 이 용어는 맛과 냄새가 고약한 것을 가리키거나 상처가 감염되어 곪는 것을 가리키기도 한다. 따라서 '역겨운'으로 번역해도 무방하다. 이것이 시편 저자가 도덕적 타락을 묘사한 방식이다. 욥기 15장 16절에도 이와 똑같은 용어가 사용되었다. 엘리바스는 인간을 "악을 저지르기를 물 마심같이 하는 가증하고 부패한" 존재로 묘사했다. 바울은 이런 의미를 지닌 히브리어를 '무익하게 되다.'를 뜻하는 헬라어로 번역했다. 이 용어는 신약 성경에서는 오직 여기에만 사용되었지만, 호메로스의 『오디세이아』에서는 어리석은 사람의 몰상식한 웃음을 가리킬 때 사용되기도 했다. 바울은 이 용어를 수동태로 사용했다(이것은 사람들이 행한 것이 아니라 그들에게 일어난 것을 묘사하는 의미를 지닌다). 인간의 의도적인 반역은 계획에 없었던 결과였다. 인간은 맛을 잃은 소금이나 부패한 우유나 상한 계란처럼 '무익하게' 되었다.

인간의 존엄성을 운운할 계제가 못 된다. 바울의 증언은 전형적인 인류학자나 종교적인 교사들의 말과는 사뭇 다르다.

그러나 바울의 말은 아직도 다 끝나지 않았다.

그는 시편 14편과 53편의 논리를 따르면서 다시 출발점으로 돌아와 "선을 행하는 자는 없나니 하나도 없도다"(롬 3:12)라고 잘라 말했다. 그러나 그 고발 내용은 처음과는 약간 다르다. 10절은 "의인은 없나니"라고 말씀했고, 여기에서의 요점은 도덕적으로 옳은 일을 행하는 사람이 아무도 없다는 것이다.

인간의 인격을 단죄하는 이 여섯 번째 고발 내용은 포괄적이고 중대하며 심각한 단죄의 의미를 지닌다. 타락한 인간은 진정으로 선한 일을 아무것도 할 수 없다. 타락한 인간의 인격은 전적으로 부패했다(신학자들은 성경적인 인간론을 묘사할 때 흔히 이 표현을 사용한다). 이것은 인간이 최대한 악하게 전락했다는 의미라기보다는 죄가 인격의 모든 측면, 곧 생각과 의지와 감정과 육신과 열정과 동기에 깊은 영향을 미쳤다는 의미다. 인간의 행위 가운데 죄의 오염으로부터 온전히 자유로운 것은 아무것도 없다. 인간의 가장 친절한 행위나 이타적인 행위도 예외가 아니다.

아마도 이것은 사람들이 가장 받아들이기 힘든 성경의 교리 가운데 하나일 것이다. 우리는 우리 자신을 근본적으로 선하고, 칭찬할 만하고, 정직하고, 자비롭고, 너그럽고, 고상하다고 생각하고 싶어 한다. 더욱이 성경은 친절을 베푼 선한 사마리아인이나 동정심을 베풀어 어린 모세를 양자로 삼은 바로의 딸의 경우처럼 인간의 선함을 보여준 경이로운 사례들을 소개하고, 또 인정한다.

하나님은 은혜롭게도 인간의 부패함이 발현되지 못하게 억제하신다(창 20:6, 31:7; 삼상 25:26; 살후 2:7). 죄를 억제하고 그 결과를 완화시키는 것은 '일반 은혜'(피조세계를 너그럽게 보살피시는 하나님의 은혜)를 통해 주어지는 혜택이다. 이 타락한 세상에서 상황이 악화될 대로 악화되지 않는 이유는 하나님이 "모든 것을 선대하시며 그 지으신 모든 것에 긍휼을 베푸시기" 때문이다(시 145:9).

그러나 성경은 또한 인간의 가장 훌륭한 선행도 하나님 앞에서 아무런 공로가 될 수 없다고 분명하게 밝힌다. "무릇 우리는 다 부정한 자 같아서 우리의 의는 다 더러운 옷 같으며"(사 64:6). 심지어 우리가 행하는 선한 일도 실제로는 우리의 죄책을 더욱 가중시킬 뿐이다. 왜냐하면 우리의 동기가 이기심이나 위선, 교만이나 칭찬을 받으려는 욕구를 비롯해 여러 가지 그릇된 의도로부터 온전히 자유로울 수 없기 때문이다. 우리 자신이나 우리의 행위를 "선하다."고 말하려면 선한 것을 정의할 때 이것저것 많은 여지를 남겨두어야 한다. 그리고 그렇게 하는 것 자체가 악의적인 위반 행위에 해당한다.

오늘날의 문화는 대부분 "악을 선하다 하며 선을 악하다 하는" 극단에까지 나아간다. 사람들은 "흑암으로 광명을 삼으며…쓴 것으로 단 것을 삼으며 단 것으로 쓴 것을 삼는다"(사 5:20). 그러나 하나님이 받아들이는 선의 기준이 그분의 절대적인 완전함뿐이라는 점을 기억한다면(마 5:48), 성경이 "선을 행하는 자는 없나니 하나도 없도다"(롬 3:12)라고 말씀하는 이유를 쉽게 이해할 수 있다.

인간이 전적으로 타락했다는 것, 이것이 성경적인 인간론의 출발점이다. 인간은 전적으로 부패되었고 근본적으로 사악하다. 인간은 반항적이고, 무지하고, 강퍅하고, 무가치하다. 우리의 인격은 죄로 인해 부패되었고 오염되었다.

그러나 이것이 전부가 아니다.

죄는 우리의 말을 더럽힌다

예수님은 "이는 마음에 가득한 것을 입으로 말함이라"(마 12:34)라고 말씀하셨다. 야고보서 3장 3-10절은 혀를 불, 곧 도처에 멸망과 악을 퍼뜨리는 큰 불에 빗대었고, 잠언 10장 32절은 악인의 입이 패역한 것을 말한다고 말씀했다. 또한 잠언 15장 2절은 "미련한 자의 입은 미련한 것을 쏟느니라"라고 가르친다. 성경은 종종 죄인의 입을 악의 원천으로 묘사한다. 사람의 말이 그의 인격을 드러낸다. 야고보는 "혀는 능히 길들일 사람이 없나니 쉬지 아니하는 악이요 죽이는 독이 가득한 것이라"(약 3:8)라고 말했다.

바울도 바로 그 점을 언급했다. 그는 시편 5편 9절, 140편 3절, 10편 7절을 잇달아 인용해 그런 사실이 보편적인 현상이라고 강조했다. "그들의 목구멍은 열린 무덤이요 그 혀로는 속임을 일삼으며 그 입술에는 독사의 독이 있고 그 입에는 저주와 악독이 가득하고"(롬 3:13, 14).

죄인의 사악함은 그가 입을 여는 순간 분명하게 드러난다. 목구멍에서 혀와 입술을 거쳐 저주와 악독이 가득한 입으로 진행되는 과정에 주목하라. 그리고 나서 다음 구절(롬 3:15)은 발에 초점을 맞춘다. 바울은 마치 토사물을 게워내는 것처럼 인간의 본성으로부터 악이 뿜어져 나오는 것을 생생하게 표현했다.

그는 시편 저자처럼 의도적으로 역겨운 광경을 묘사했다. "그들의 목구멍은 열린 무덤 같고"(시 5:9). 특히 유대인 독자들의 경우에 부패한 시체가 견디기 힘든 악취를 풍기며 열린 무덤 속에 놓여 있는 광경보다 더 혐오스러운 것은 없었을 것이다. 이것은 인간의 영혼과 마음이 전적으로 부패해 심하게 썩었고, 여전히 썩어 가고 있는 현실을 가리킨다. 무덤이 열려 있는 탓에 악이 분명하게 드러나고, 부패하고 더러운 것이 온통 퍼져 있다.

아울러 "그 혀로는 속임을 일삼는다"(롬 3:13). 헬라어 동사의 시제가 의미하는 대로, 사람들은 계속해서 거짓을 말한다. 그들은 과거에만 교활하고 거짓되게 말했던 것이 아니다. 『새 표준역 성경』이 번역한 대로 "그들은 계속해서 속인다." 그들은 위선과 속임을 일삼는다. 여기에는 (시편 5편 9절에 언급된 대로) 아첨에서부터 가장 극심한 속임과 거짓에 이르는 모든 악이 내포되어 있다.

더욱이 입에서 쏟아져 나오는 악은 더러울 뿐 아니라 '독사의 독'처럼 치명적이다. 이것은 시편 140편 3절을 직접 인용한 것이다. 더럽고, 부정직하고, 추잡한 말은 독처럼 몹시 파괴적이다. 이런 표현은 매우 적절하다. 독사의 독니는 물려고 달려들기 전까지는 숨겨져 보이지 않는다. 그러나 그 독니에 물리면 치명적인 해를 입는다. 그와 마찬가지로 아첨과 거짓은 악한 말이 지닌 해악을 은폐하지만, 부정직함으로 위장된 말은 훨씬 더 심각한 파괴력을 발휘한다.

바울의 말은 조금도 과장이 아니다. 말은 실제로 치명적일 수 있다. 나라 간의 전쟁에서부터 가정 파괴에 이르기까지 심각한 대립과 갈등이 말로 인해 시작될 때가 많다.

세상에서 오가는 말들을 들어보면 인간의 입에 "저주와 악독이 가득하다"는 사실을 부인하기 어렵다. 천박하고, 더럽고, 교만하고, 음탕하고, 폭력적이고, 속이고, 파괴적이고, 신성 모독적이고, 분노가 가득한 말들이 난무한다. 말은 인간의 다른 어떤 행위보다 더욱 두드러진 방식으로 대화의 화제와 방향을 통해 인간의 마음이 타락했고 악으로 가득하다는 것, 곧 죄에 의해 철저히 오염되었다는 논박할 수 없는 증거를 제시한다. 어떤 악은 그 결과가 두려워 대다수 사람들이 삼가려고 노력하지만, 입으로는 아무런 제한을 두지 않고 자유롭게 악을 쏟아낸다.

죄는 우리의 행위를 더럽힌다

바울의 기소장은 이번에는 인간의 행위를 다룬다. "그 발은 피 흘리는 데 빠른지라 파멸과 고생이 그 길에 있어 평강의 길을 알지 못하였고"(롬 3:15-17). 바울은 이사야서 59장 7절("그 발은 행악하기에 빠르고 무죄한 피를 흘리기에 신속하며")을 인용해 살인죄에 초점을 맞춰 인류가 그 범죄에 대해 책임이 있다고 고발했다.

살인죄는 인류의 역사 속에서 거듭 되풀이되어 왔다. 아담과 하와가 낳은 첫 아들이 자신의 동생을 죽였다. 피에 굶주린 사악함이 온 인류를 오염시켰다. 살인죄를 예외를 두지 않고 모든 사람에게 적용한 이유가 궁금하다면 살인에 대한 예수님의 가르침을 기억하는 것이 좋다. 그분은 십계명의 여섯 번째 계명("살인하지 말라")을 인용하셨고, 그에 대한 형벌("누구든지 살인하면 심판을 받게 되리라", 마 5:21)을 언급하셨다. 그분은 "나는 너희에게 이르노니 형제에게 노하는 자마다 심판을 받게 되고 형제를 대하여 라가라 하는 자는 공회에 잡혀가게 되고 미련한 놈이라 하는 자는 지옥 불에 들어가게 되리라"(22절)라고 말씀하셨다. 요한 사도도 "그 형제를 미워하는 자마다 살인하는 자니"(요일 3:15)라는 말로 동일한 가르침을 베풀었다.

증오와 폭력을 향한 인간의 성향 때문에 역사 전체에 걸쳐 파괴가 끊임없이 반복되었다. 바울은 다시 이사야서 59장 7, 8절("황폐와 파멸이 그 길에 있으며 그들은 평강의 길을 알지 못하며")을 인용해 그런 사실을 더욱 분명하게 강조했다. '파멸과 고생'은 '파괴적인 불행'을 의미한다. 이 표현은 단지 비참한 상태를 가리키는 데 그치지 않고, 고통스럽고, 실제적인 육체적 고난을 가리킨다. 인간은 스스로 자초한 불행과 재난을 경험할 때가 많다. 19세기 초 스코틀랜드 주석학자 로버트 홀데인은 이렇게 말했다. "가장 야만적인 짐승도 자신의 허기를 채우려고 동족을 해치지는 않는다. 그러나 인간은 자신의 야욕이나 복수심이나 무절제한 탐욕을 채우기 위해 동료 인간을 파괴한다."[3] 그들은 "평강의 길을 알지 못한다."

이것이 열세 가지 고발 내용이다.

바울은 시편의 한 구절을 마지막으로 인용함으로써 인류에 대한 기소장을 간단히 요약하여 이렇게 결론지었다. "그들의 눈 앞에 하나님을 두려워함이 없느니라"(롬 3:18). 다윗이 쓴 시편 36편 1절을 인용한 것이다. 바울은 그곳에서 "악인의 죄에 대한 계시가 내게 주어졌다. 그의 눈 앞에는 하나님을 두려워함이 없다."라고 말했다(『영어 국제 표준역 성경』 참조/역자주). 인간이 죄를 짓는 근본 이유와 그 부패함의 정도를 극명하게 밝힌 말씀이 아닐 수 없다. 인간의 어리석음은 근본적으로 하나님을 두려워하지 않는 데서 비롯한다. "여호와를 경외함이 지혜의 근본이라"(시 111:10; 잠 9:10). "여호와를 경외하는 것은 악을 미워하는 것이라"(잠 8:13). "여호와를 경외함으로 말미암아 악에서 떠나게 되느니라"(잠 16:6). 이런 구약 성경의 말씀들은 모든 악이 인간의 타락한 본성에서 비롯한다고 증언한다. 수치심도 없고, 두려움도 없이 냉담한 태도로 창조주요 재판관이신 하나님을 멸시하는 것보다 더 극악한 죄는 없다. 인간의 타락한 본성을 드러내는 온갖 죄악 가운데 이것이 가장 큰 죄악에 해당한다.

이로써 기소장의 내용이 모두 완결되었다.

판결

그 결과는 너무나도 명백하고 필연적일 수밖에 없다. "우리가 알거니와

---

3) Robert Haldane, *Exposition of the Epistle to the Romans*, 3 vols. (Edinburgh: William Whyte, 1842), 1:240.

무릇 율법이 말하는 바는 율법 아래에 있는 자들에게 말하는 것이니 이는 모든 입을 막고 온 세상으로 하나님의 심판 아래에 있게 하려 함이라"(롬 3:19). 이 유죄 판결은 더 이상 논란의 여지가 없다.

여기에서 일반 법정에서 흔히 발견되는 한 가지가 빠져 있는 것이 눈에 띈다. 그것은 피고인이 스스로를 변호할 수 없다는 것이다. 그 이유는 변호할 근거가 없기 때문이다. "그러므로 율법의 행위로 그의 앞에 의롭다 하심을 얻을 육체가 없나니 율법으로는 죄를 깨달음이니라"(20절). 우리는 유죄 판결을 받았고, 스스로를 변호할 만한 신뢰성 있는 근거를 전혀 제시할 수 없다.

모두 이사야처럼 "화로다 나여 망하게 되었도다 나는 입술이 부정한 사람이요"(사 6:5)라고 부르짖을 수밖에 없다. 이사야는 구약의 가장 훌륭한 선지자 가운데 한 사람이었지만, 자신의 목구멍이 열린 무덤과 같다고 고백해야 했다. 우리 모두는 하나님의 율법과 그분의 정의에 의해 유죄 판결을 받았다. 의로운 재판관은 율법을 집행하는 책임을 다했고, 모든 사람은 그 앞에서 입을 다물 수밖에 없다.

이런 상황은 우리에게 도무지 해결할 수 없는 딜레마를 안겨준다. 율법 수여자요 완전한 재판관이신 하나님은 인류의 죄를 묵과하실 수 없다. "악인을 의롭다 하고 의인을 악하다 하는 이 두 사람은 다 여호와께 미움을 받느니라"(잠 17:15). 하나님은 인간의 죄를 용납하기 위해 자신의 완전한 의라는 절대 기준을 낮추실 수 없다. 죄는 마땅히 징벌을 받아야 하고, 죄의 삯은 죽음이다. 죄인들은 스스로 갚을 수 없는 죄의 빚을 안고 있다.

만일 여기에서 그친다면 복음을 좋은 소식이라고 생각해야 할 이유가 없을 것이다. 그러나 감사하게도 성경은 여기에서 그치지 않는다. 21절에서부터 복음의 참된 영광이 밝히 드러나기 시작한다.

3장
인간은 어떻게 하나님과의 관계를 올바로 회복할 수 있을까?

"여호와여 주께서 죄악을 지켜보실진대 주여 누가 서리이까"(시 130:3).

인간의 타락을 엄격하게 다룬 바울의 기소장은 "모든 입을 막고 온 세상으로 하나님의 심판 아래에 있게 하려 함이라"(롬 3:19)라는 결정적인 판결에서 절정에 달한다. 또한 그는 율법으로는 인간의 불행을 해결할 방법이 없다고 덧붙임으로써 판결의 엄중함을 더욱 강조했다. "율법의 행위로 그의 앞에 의롭다 하심을 얻을 육체가 없나니 율법으로는 죄를 깨달음이니라"(20절).

하나님은 긍휼이 많으시기 때문에 죄인들을 율법대로 처리하지 않고 죄를 묵과하실 것이라고 생각한다면 큰 오산이다. 율법은 절대 그렇지 않다고 강조한다. 하나님은 "노하기를 더디하시고 인자가 많아 죄악과 허물을 사하시나 형벌받을 자는 결단코 사하지 아니하신다"(민 14:18).

하나님도 친히 그런 사실을 종종 상기시켜 주셨다. 예를 들면, 모세가 시내산 위에서 돌에 새긴 율법을 받으려 하는 순간에 하나님이 그의 앞을 지나가시면서 "여호와라 여호와라 자비롭고 은혜롭고 노하기를 더디하고 인자와 진실이 많은 하나님이라 인자를 천대까지 베풀며 악과 과실과 죄를 용서하리라 그러나 벌을 면제하지는 아니하고 아버지의 악행을 자손 삼사 대까지 보응하리라"라고 선포하셨다(출 34:6, 7). 하나님은 출애굽기 23장 7절에서도 "나는 악인을 의롭다 하지 아니하겠노라"라고 분명하게 말씀하셨다. 잠언 17장 15절도 "악인을 의롭다 하고 의인을 악하다 하는 이 두 사람은 다 여호와께 미움을 받느니라"라고 가르쳤다.

영적인 문제를 진지하게 생각하는 사람이면 누구나 죄인이 처한 상황이 얼마나 절망적인지를 즉시 이해할 수 있다. 하나님이 죄를 눈감아 주시거나 묵인하지 않으시고, 죄를 지은 사람들이 스스로의 죄를 속죄할 능력이 없으며, 타락한 사람들이 최선을 다해 하나님의 율법을 지켜 그분의 은혜를 받을 수 있는 공로를 세우는 것이 불가능하다면 과연 희망은 어디에 있는 것일까?

욥의 당혹감

역사상 가장 명예로운 사람 가운데 한 사람이었던 욥은 "인생이 어찌 하나님 앞에 의로우랴"(욥 9:2)라는 질문을 제기한 것으로 유명하다.

욥기는 구약 성경의 중간쯤에 위치하지만 성경에서 가장 먼저 쓰인 책이다.[1] 욥의 질문은 성경 역사의 중요한 순간마다 거듭 부각되었던 난해

---

1) 욥기의 세부 내용을 살펴보면 그가 족장 시대에 살았던 것이 분명한 듯하다. 그가 오래도록 장수하며 산 것이 그가 속한 시대를 암시하는 실마리다. 그의 시련이 처음 시작될 무렵 그는 이미 슬하에 열 명의 장성한 자녀를 둔 상태였다. 그러나 시련이 끝나고 난 뒤에도 그는 여전히 많은 자녀를 낳을 정도로 기력이 왕성했다. 따라서 그가 성경에 처음 등장했을 때의 나이는 서른다섯에서 일흔 살 사이였을 것으로 추정된다. 욥기 42장 6절은 그가 시련이 끝나고 난 뒤에 140년을 살았다고 말씀한다. 그것은 그가 사망 당시에 175세에서 250세 사이였다는 의미다. 성경의 계보를 통해

한 질문의 첫 시작에 해당한다. 이것은 아담과 하와가 무화과나무 잎사귀로 벌거벗은 몸을 가리고 하나님을 피해 숨으려고 했지만 실패한 이유를 설명하는 질문이기도 하다(창 3:7, 8). 구약 성경의 예언서와 시편에서도 다양한 형태로 이와 동일한 질문이 제기되었다. "여호와여 주께서 죄악을 지켜보실진대 주여 누가 서리이까"(시 130:3). "주의 눈 앞에는 의로운 인생이 하나도 없나이다"(시 143:2). "무릇 우리는 다 부정한 자 같아서 우리의 의는 다 더러운 옷과 같으며"(사 64:6).

아마도 가장 절박한 심정으로 이 문제를 다룬 사람이 있다면 바로 미가 선지자일 것이다. 그는 "내가 무엇을 가지고 여호와 앞에 나아가며 높으신 하나님께 경배할까 내가 번제물로 일 년 된 송아지를 가지고 그 앞에 나아갈까 여호와께서 천천의 숫양이나 만만의 강물 같은 기름을 기뻐하실까 내 허물을 위하여 내 맏아들을, 내 영혼의 죄로 말미암아 내 몸의 열매를 드릴까"(미 6:6, 7)라고 부르짖었다.

욥기의 배경을 묘사한 내용은 매우 교훈적이다. 욥기 1장 1절은 "온전하고 정직하여 하나님을 경외하며 악에서 떠난 자"라는 말로 그를 당대의 의인으로 평가했다. 하나님이 친히 두 번이나 욥의 훌륭한 인격을 칭찬하셨다(욥 1:8, 2:3). 그러나 익히 아는 대로 사탄은 하나님을 저주하고 믿음을 부인하게 만들려고 욥을 시험했다. 욥의 자녀들은 모두 비극적인 종말을 고했고, 그의 재산은 남김없이 강탈당했으며, 그의 육신은 "발바닥에서 정수리까지 종기로" 뒤덮였다(욥 2:7). 욥은 "재 가운데 앉아서 질그릇 조각을 가져다가 몸을 긁으면서"(8절) 자신의 모든 불행을 생각하며 인간의 딜레마를 의식했다.

주어진 인간의 수명에 근거해 볼 때 욥은 아브라함과 거의 동시대 인물이었던 것이 분명해 보인다. 아브라함과 모세의 시대는 400년 이상 차이가 난다(갈라디아서 3장 17절은 아브라함의 언약과 시내산의 율법 사이에 430년의 세월이 흘렀다고 증언한다). 따라서 욥기가 그가 살아 있는 동안에 기록되었다면 성경에서 가장 오래된 책이 된다.

욥은 가장 훌륭한 인간이었다. "그와 같이…악에서 떠난 자는" 아무도 없었다(1:8). 이 말은 그가 죄인이라는 것을 부인하지 않는다. 진정으로 영적인 사람들이 모두 그렇듯이 욥도 자신의 부패함을 절실히 의식했다. 그는 죄를 속하는 제사를 드리는 데 신중을 기했고, 생각 없이 저질렀거나 우연히 저지른 죄로 인해 혹시나 가족들에게 하나님의 재앙이 닥칠까봐 극도로 조심했다(1:5).

그러나 욥의 친구들은 그의 고난이 하나님 앞에서 도저히 용납될 수 없는 죄를 지은 탓이라고 생각했다. 그들은 그를 엄히 꾸짖으며 적절하지 않은 조언을 남발했다. 그들은 욥이 은밀하고 흉측한 죄를 회개하지 않고 있다고 확신했다. 그들 가운데 하나인 빌닷이 나서서 모두의 생각을 대변했다. 그는 먼저 "네 자녀들이 주께 죄를 지었으므로 주께서 그들을 그 죄에 버려두셨나니"(8:4)라고 말하고 나서 의심의 화살을 욥에게로 돌려 "네가 만일 하나님을 찾으며 전능하신 이에게 간구하고 또 청결하고 정직하면 반드시 너를 돌보시고 네 의로운 처소를 평안하게 하실 것이라"(5, 6절)라고 말했고, "하나님은…악한 자를 붙들어 주지 아니하시므로"(20절)라고 못 박았다.

그러는 사이 욥은 자신의 양심이 무엇을 말하는지 살피려고 노력했다. 그는 자신이 죄를 회개하지 않았거나 위선적인 행위를 한 적이 없다는 것을 알았다. 또한 그는 자신에게 죄를 지으려는 부패한 성향이 존재한다는 것을 의식했다.

바울도 이와 똑같은 문제로 크게 고심했다. 그는 고린도전서 4장 4절에서 "내가 자책할 아무것도 깨닫지 못하나 이로 말미암아 의롭다 함을 얻지 못하노라 다만 나를 심판하실 이는 주시니라"라고 말했다. 아마도 욥은 위대한 사도였던 바울이 자신의 부패한 본성을 생각하며 "오호라 나는 곤고한 사람이로다 이 사망의 몸에서 누가 나를 건져내랴"(롬 7:24)라고 외친 절망의 탄식에 기꺼이 동의할 것이 틀림없다.

욥도 그런 절망감을 느끼며 "인생이 어찌 하나님 앞에 의로우랴"(욥 9:2)라고 말했다. 욥은 이 질문에 대해 만족스런 대답을 발견할 수 없었기 때문에 마음이 크게 짓눌렸을 것이 분명하다. 그는 나중에 표현만 달리해 동일한 질문을 또다시 제기했다. "누가 깨끗한 것을 더러운 것 가운데에서 낼 수 있으리이까 하나도 없나이다"(14:4).

빌닷도 결국에는 문제의 핵심을 이해한 듯 나중에는 욥의 질문을 되풀이했다. 그는 심지어 사람을 벌레에 비유하며 그 점을 생생하게 묘사하기까지 했다. "그런즉 하나님 앞에서 사람이 어찌 의롭다 하랴 여자에게서 난 자가 어찌 깨끗하다 하랴 보라 그의 눈에는 달이라도 빛을 발하지 못하고 별도 빛나지 못하거든 하물며 구더기 같은 사람, 벌레 같은 인생이랴"(25:4-6). 빌닷은 세상에서 가장 현명한 조언자도 아니었고 가장 겸손한 사람도 아니었지만, 이 질문에 대해서는 스스로 아무런 대답도 줄 수 없다고 기꺼이 인정했다.

인간의 딜레마

욥이 던진 질문, 곧 '우리는 어떻게 하나님과의 관계를 올바로 회복할 수 있을까?'에 대한 대답은 바로 복음에 있다. 이 질문을 주의 깊게 생각할수록 죄의 심각성과 인간의 절망감이 더욱 크게 느껴진다. 진정 죄인들이 하나님과의 관계를 회복하는 것이 가능할까? 만일 가능하다면 어떻게 가능할까?

복음을 가르치는 성경 본문 가운데 어떤 본문을 살펴보아도 동일한 질문이 제기된다. 먼저 인간의 타락이라는 심각한 상황을 깊이 생각하고, 죄가 하나님과 죄인 사이에 극복할 수 없는 장벽을 쌓았다는 사실을 인정하지 않고서는 복음을 이해하기가 불가능하다. 욥의 질문은 앞에서 논의한 몇 가지 부수적인 질문들을 상기시킨다. 익숙한 내용이라는 이유로 이런 질문들을 스치듯 지나가서는 곤란하다. 이것들은 지각이 있는 사람이라면 누구나 반드시 생각할 필요가 있는 질문이다. 우리 모두가 하나님 앞에서 죄인이고, 죄를 변명할 근거가 조금도 없다면 과연 누가 심판을 견딜 수 있을 것인가? 의로운 행위가 우리의 악한 행위를 보상할 수 없다면 어떻게 죄인이 죄책과 죄의 속박으로부터 구원받을 수 있을까? 하나님이 온전한 의를 요구하시고, 우리는 이미 돌이킬 수 없을 정도로 불완전해졌다면 어디에서 우리를 위한 희망을 찾을 수 있을까? 하나님의 정의가 죄의 삯을 온전히 갚으라고 요구한다면 어떻게 하나님은 자신의 의로운 성품을 훼손하지 않고 죄인을 의롭다 하실 수 있을까? 하나님은 "악인을 의롭다 하지 않으신다"(출 23:7). 그렇다면 우리의 운명은 이미 정해진 것이 아닌가? 그런데 어떻게 의로우신 하나님이 불의한 자들을 의롭게 하실 수 있단 말인가?

이런 질문들에 대한 복음의 대답은 주류를 이루는 대중적인 견해와 정면으로 충돌한다. 인간의 생각으로 만들어낸 신앙 체계는 모두 이 중요한 문제들에 대해 그릇된 대답을 제시한다. 세상의 종교들이나 정치적 이데올로기와 사회적 이론들은 어떤 식으로든 행위의 공로를 세워 의롭게 되는 것이 필요하다고 가르친다. 그런 목표를 달성하는 데 활용되는 수단들은 세상이라는 만신전에 있는 많은 우상들의 숫자만큼이나 다양하다. 종교적 의식과 예식을 강조하는 사람들도 있고, 자기부정과 금욕을 강조하는 사람들도 있다. 포스트모던 시대에 들어선 서구 사회에서는 관용이라는 상상의 신을 만들어 놓고 죄가 실제로 그렇게 큰 문제가 아니라고 생각한다. 사람들은 심판이 있더라도 자신들의 선한 행위가 고려될 것이고, 죄는 간과될 것이라고 믿는다. 또 다른 극단에서는 성전(聖戰)을 주장하는 등, 이상한 방식으로 종교적 열정을 표출하려는 사람들도 많다.

구약 시대의 사람들은 때로 몰록에게 어린 자녀들을 산 채로 제물로 바치기도 했다. 그들은 그렇게 하면 냉엄하고, 분노에 찬 신을 달랠 수 있다고 생각했다. 만일 그런 무정하고 이기적인 잔혹 행위가 고대에만 있었다고 생각한다면, 오늘날에도 정치적 공정성이라는 미명 아래 낙태(태아를 의도적으로 살해하는 행위)를 적극적으로 지지하는 사람이 많다는 사실을 기억해야 한다. 그들은 사람들 앞에서 '옳게' 보이기 위해 많은 노력을 기울인다.

이 모든 일은 타락한 인간의 마음속에 숨어 있는 강렬한 충동(스스로를 정당화하려는 악한 욕망)에서 비롯한 결과다. 죄인은 본질상 스스로가 의롭다고 믿고 싶어 하는 그릇된 충동이 매우 강하다(눅 18:9). 심지어는 가장 독단적인 세속주의자들조차도 스스로를 옳다고 믿고 싶어 한다. 따라서 그들은 너그러운 자선을 베풀면 어떤 악이든 상쇄할 수 있을 것이라고 생각하거나 동물 보호, 부의 재분배를 비롯해 '진보적인' 선의 개념들을 주창한다. 그런 생각들(고대의 종교와 새로운 이데올로기들)은 근본적으로 잘못되었다. 그것들은 모두 그릇된 가설(사람들이 스스로 의롭게 될 수 있다는 생각)에 근거한다.

이것은 사람들이 스스로를 속이는 최악의 거짓이다. 어떤 수단을 사용해 우리의 힘으로 의롭게 될 수 있다는 생각은 영원히 이루어질 수 없는 환상에 지나지 않는다. 성경이 분명하게 가르치는 것 가운데 하나는 그 누구도 스스로의 노력으로 하나님의 은혜를 받을 수 없다는 것이다. 하나님은 스스로 의롭다고 생각하는 사람들은 결코 인정하지 않으신다. 바울은 자신의 동포인 유대인들이 불신앙을 고집하고, 하나님의 정죄를 받는 이유가 바로 그 때문이라고 지적했다. 그는 그들이 "하나님의 의를 모르고 자기 의를 세우려고 힘써 하나님의 의에 복종하지 아니하였느니라"(롬 10:3)라고 말했다.

타락한 인간은 자신이 거역한 거룩하신 하나님의 인정을 받기는 고사하고, 죄의 속박과 죄책으로부터 스스로를 구원할 능력이 전혀 없다. 이를 부인하는 사람은 자기 자신을 과신하는 교만 죄를 짓는 것이다. 그런 교만한 태도는 더 큰 정죄를 받게 만들 뿐이다. 이런 현실을 정직하게 직시하든 말든 상관없이 죄인들이 처한 상황은 암울하고, 비참하고, 절망적이다. 인간의 종교는 올바른 해결책을 제시할 수 없다. 심지어 하나님의 영감으로 주어진 율법조차도 죄인들을 구원할 능력이 없다. 율법은 단지 사람들의 죄를 드러내고 그들을 정죄할 따름이다. 바울이 선언한 우주적인 유죄 판결이 그토록 두렵게 느껴지는 이유가 여기에 있다. "율법의 행위로 그의 앞에 의롭다 하심을 얻을 육체가 없나니 율법으로는 죄를 깨달음이니라"(롬 3:20).

죄의 황폐한 결과를 논의한 바울의 주장은 이 구절에서 절정에 달한다. 그는 자신의 독자들이 욥이 물었던 절박한 물음을 묻지 않을 수 없도록 만들었다.

그렇다면 누가 구원받을 수 있을까?

제자들은 부자 관원이 돌아간 후에 예수님께 "그렇다면 누가 구원을 얻을 수 있으리이까"라고 여쭈었다(마 19:25; 막 10:26; 눅 18:26). 지금까지 살펴본 대로 바울이 인간의 죄 문제를 논의한 내용을 보면 구원이 전혀 불가능한 것처럼 느껴진다. 죄인의 관점에서 보면 그럴 수밖에 없다. 제자들의 질문에 대한 예수님의 대답도 죄인의 절망적인 상태를 인정하는 말에서부터 시작했다. 그분은 "사람으로는 할 수 없으나"(마 19:26)라고 말씀하셨다.

바울은 로마서 3장에서 비슷한 방식으로 동일한 가르침을 베풀었다. 그는 죄의 문제를 상세히 논하고 나서 인간의 딜레마가 절망적이라고 선언했다. 그랬던 그가 갑자기 21절에서 말의 내용과 어조를 바꿔 "(그러나) 이제는…"이라고 말하기 시작했다.

로마서의 처음 세 장에 기록된 절망적인 내용이 갑자기 희망적인 내용으로 바뀌었다. 도움이나 용기를 줄 수 있는 것이 전혀 없이 모든 것이 암담하기만 한 것처럼 생각될 시점에 이르자 바울은 갑작스레 말을 바꾸었다. 그 순간, 복음이 그토록 좋은 소식인 이유가 확연히 드러났다. "(그러나) 이제는 율법 외에 하나님의 한 의가 나타났으니"(21절).

심오한 의미를 지닌 이 말씀의 각 문구를 하나씩 깊이 음미해 보라. 이 말씀은 죄로 오염된 더러운 누더기와 같은 우리의 무가치한 행위와 극명하게 대조되는 하나님의 완전한 의를 언급한다. 이것은 율법과는 상관없이 나타난 의다. 이는 율법의 계명들을 또다시 제시하지 않는다. 이것은 율법에 근거한 법적 정의, 곧 죄에 대한 온전한 보상을 요구하는 의를 뛰어넘는다.

"만일 능히 살게 하는 율법을 주셨더라면 의가 반드시 율법으로 말미암았으리라"(갈 3:21). 율법은 우리를 의롭게 하거나 생명을 주지 못한다. 율법은 우리에게 의가 무엇인지를 가르치는 데 필요할 뿐, 죄인에게 아무런 도움도 제공하지 못한다. 율법은 온전한 복종을 요구하고 불순종을 단죄할 뿐 우리를 의롭게 만들 수 없다.

복음은 율법과 상관없는 의, 곧 죄인을 구원할 수 있는 의를 나타낸다. 율법의 조건 아래서는 죄인들을 구원하는 것이 불가능하다. 바울은 신자를 정죄하지 않고 오히려 유익하게 하는 하나님의 의에 관해 설명했다. 창세기 15장 6절, 시편 32편 1, 2절, 이사야서 61장 10절과 같은 구약 성경의 본문에 강하게 암시되어 있던 의가 이제 복음을 통해 온전히 드러났다. 그것은 "예수 그리스도를 믿음으로 말미암아 모든 믿는 자에게 미치는 하나님의 의"(롬 3:22)다.

그 의는 우리의 편에서 하나님께 드린 것이 아니라 우리에게 주어진 것이다. 그 의가 죄를 버리고 그리스도를 구주로 영접한 모든 죄인에게 '전가된다.' 이것이 바울이 말하려는 요점이었다. 그는 로마서 4장 6절에서 시편 32편을 인용해 "일한 것이 없이 하나님께 의로 여기심을 받는 사람의 복에 대하여 다윗이 말한 바"라고 말했다. 또한 그는 그리스도를 믿는 죄인들의 '믿음'이 의로 여김을 받는다고 말했다(5절). '전가하다.'와 '여김을 받다.'와 같은 동사는 법정적인 차원에서 회개한 죄인에게 하나님의 완전한 의가 부여되었다는 것을 의미하는 전문 용어다.

이 전가의 개념은 바울이 전한 복음을 이해하는 데 매우 중요하다. 이 말 자체가 채무의 이전이나 자산의 이동과 같은 법률적 판결을 뜻하는 법정 용어다. 이것은 하나님이 인간의 영혼에 의를 주입하신다는 의미가 아니라, 그분이 그리스도를 믿는 죄인들에게 그들이 지니고 있지 않은 완전한 의를 덧입히신다는 의미의 개념이다. 이것은 인간의 행위를 통해 얻어지거나 만들어지는 의가 아니라 성질이 다른 외부적인 의를 가리킨다. 바울은 이 의를 '하나님의 의'로 일컬었다. 좀 더 구체적으로 말하면, 이것은 예수 그리스도를 통해 나타난 하나님의 완전한 의다. 믿음으로 그리스도와 연합한 자들의 죄가 그리스도에게 전가된 것과 똑같은 방식으로 그분의 의의 공로가 그들에게 고스란히 전가된다(고후 5:21).[2]

---

2) 고린도후서 5장 21절의 의미를 좀 더 자세히 알고 싶으면 이 책 5장을 참조하라.

복음에 관한 바울 서신의 핵심 본문을 살펴보면 단순하면서도 심오한 이 진리가 거듭 언급되어 나타나는 것을 알 수 있다. 이 원리보다 이신칭의의 교리를 이해하는 데 더 중요한 원리는 없다. 칭의의 교리는 바울이 전한 복음의 핵심에 해당한다. 따라서 전가의 의미와 그 원리를 이해하지 못하면 바울의 구원론을 올바로 설명하거나 이해하기가 불가능하다.

나의 공로가 아니다

이 원리를 염두에 두고 다음 구절의 의미를 하나씩 자세히 되새겨보도록 하자. "(그러나) 이제는 율법 외에 하나님의 한 의가 나타났으니 율법과 선지자들에게 증거를 받은 것이라 곧 예수 그리스도를 믿음으로 말미암아 모든 믿는 자에게 미치는 하나님의 의니 차별이 없느니라"(롬 3:21, 22).

"(그러나) 이제는…나타났으니"

바울은 예수 그리스도의 복음이 전에 계시된 것보다 구원의 길을 더욱 온전하고 분명하게 이해할 수 있게 해준다고 말했다. 이 진리는 구약 성경에도 이미 존재했지만, 대부분 예표와 상징으로 표현되었기 때문에 그림자처럼 흐릿했다.

예를 들어, 구약 시대의 희생 제도는 대리 속죄를 실감나게 묘사하는 내용이 가득하다. 가시적인 피의 의식은 충실한 신자들에게 죄의 혹독한 대가가 반드시 치러져야 한다는 것을 일깨워 주었다. 동물 제사는 죄를 대신 짊어진 동물의 죽음을 묘사함으로써 적법한 대리자가 나서면 죄의 형벌을 대신 갚을 수 있다는 원리를 보여주었다. 그러나 그런 제사가 거듭 되풀이되었다는 사실은 동물 제사로는 "죄를 없게 하지 못한다"(히 10:11)는 것을 보여주는 증거였다. 구약 시대의 희생 제도는 참된 효력을 지닌 더 온전하고 더 적합한 희생을 가리키는 상징적 의미가 있다. "이는 황소와 염소의 피가 능히 죄를 없이 하지 못함이라(히 10:4). 그렇다면 진정으로 인정받을 수 있는 대리자는 과연 어디에서 찾을 수 있을까? 이 질문에 대한 대답은 율법 아래에서는 신비에 가려져 있었다.

더욱이 희생 제도는 거의 전적으로 율법이 요구하는 형벌에 초점이 맞춰져 있었다. 그렇다면 율법이 요구하는 복종은 어떻게 된 것일까? 율법이 요구하는 완전한 의는 어떻게 이루어져야 하는 것일까? 구약 시대의 성도들의 경우에는 이 질문에 대한 대답도 알 수 없는 신비로 남고 말았다.

두 질문에 대한 대답이 모두 그리스도의 성육신을 통해 주어졌다. "율법이 육신으로 말미암아 연약하여 할 수 없는 그것을 하나님은 하시나니 곧 죄로 말미암아 자기 아들을 죄 있는 육신의 모양으로 보내어 육신에 죄를 정하사 육신을 따르지 않고 그 영을 따라 행하는 우리에게 율법의 요구가 이루어지게 하려 하심이니라"(롬 8:3, 4).

로마서 3장 21절의 "(그러나) 이제는"은 그리스도의 성육신을 통해 시작된 시대를 가리킨다. 이것은 역사의 신기원을 이루었고 하나님의 구원 계획의 중심축이 되었다. 갈라디아서 4장 4, 5절은 "때가 차매 하나님이 그 아들을 보내사 여자에게서 나게 하시고 율법 아래에 나게 하신 것은 율법 아래에 있는 자들을 속량하시고"라는 말씀으로 이 사실을 묘사했다.

그리스도의 탄생으로 새로운 계시의 시대가 열렸다. 그로써 욥의 의문과 그와 관련된 모든 물음에 대한 대답이 주어졌다. 그리스도의 지상 사역과 하나님의 영감으로 기록된 신약 성경을 통해 구약 시대의 신비들이 베일을 벗었다. 그림자처럼 불분명하던 것들이 갑자기 명확하게 드러났다. 히브리서 저자는 서신의 서두에서 신약 시대 계시의 우월성을 이렇게 강조했다. "옛적에 선지자들을 통하여 여러 부분과 여러 모양으로 우리 조상들에게 말씀하신 하나님이 이 모든 날 마지막에는 아들을 통하여 우리에게 말씀하셨으니 이 아들을 만유의 상속자로 세우시고 또 그로 말미암아 모든 세계를 지으셨느니라"(히 1:1, 2). 바울도 "이 비밀은 만세와 만대로부터 감추어졌던 것인데 이제는 그의 성도들에게 나타났고"(골 1:26), "이제는 우리 구주 그리스도 예수의 나타나심으로 말미암아 나타났으니"(딤후 1:10)라고 말했다.

"하나님의 의"

"이제는 (전례 없는 기이한 방식으로) 율법 외에 하나님의 한 의가 나타났으니 율법과 선지자들에게 증거를 받은 것이라"(롬 3:21). 이 구절에서 '율법과 선지자'는 구약 성경을 간단하게 일컫는 표현이다. 과연 구약 성경을 통해 누가, 또는 무엇이 예언되었을까?

그 대답은 분명하다. 바울은 성육하신 하나님이신 예수 그리스도를 전하고 있다. 그분은 하나님의 의를 온전히 구현하셨다. 구약 성경은 모두 그분에 대해 증언한다(요 1:45, 5:39, 46).

더욱이 예수님은 참 인간으로서 율법 아래 태어나 죄 없는 삶을 사심으로써 인간의 의까지 온전히 구현하셨다. 따라서 오직 예수님만이 하나님과 사람 사이의 '중보자'요 지극히 높은 대제사장이 되기에 합당하시다(딤전 2:5). 자신을 완전한 속죄 제물로 바칠 자격이 있는 분도 오직 예수님뿐이다. 그분은 "세상 죄를 지고 가는 하나님의 (흠 없는) 어린 양"이시다(요 1:29). "오직 그리스도는…영원한 제사를 드리시고…거룩하게 된 자들을 한 번의 제사로 영원히 온전하게 하셨느니라"(히 10:12, 14).

그렇다면 예수님은 자기를 믿는 자들을 어떻게 완전하게 하실까? 그분의 죽음으로 죄의 형벌이 온전히 치러졌기 때문에 신자들의 죄책과 죗값이 완전히 사라졌다. 더욱이 그분의 흠 없는 의(하나님의 완전한 의에 견줄 수 있는 완전한 인간의 의)가 신자들에게 전가되었다.

"예수 그리스도를 믿음으로 말미암아 모든 믿는 자에게 미치는 하나님의 의"

우리의 죄를 해결할 수 있는 길은 오직 이것뿐이다. 한 의, 곧 우리의 것이 아닌 의를 덧입어야만 한다. "하늘이여 위로부터 공의를 뿌리며 구름이여 의를 부을지어다 땅이여 열려서 구원을 싹트게 하고 공의도 함께 움돋게 할지어다 나 여호와가 이 일을 창조하였느니라"(사 45:8).

죄인을 의롭다 할 수 있는 근거는 오직 전가된 의뿐이다. 하나님이 죄인들을 받아주시는 이유는 그들이 선하거나 칭찬할 만한 것을 지니고 있기 때문이 아니다. "무릇 우리는 다 부정한 자 같아서 우리의 의는 다 더러운 옷 같으며"(사 64:6)라는 말씀을 잊지 말라. 우리의 선한 행위는 우리를 의롭게 하는 데 아무런 보탬도 되지 못한다. 우리의 선함을 신뢰한다면 심판을 받을 수밖에 없다(눅 18:8). 하나님은 오직 절대적인 완전함만을 인정하신다. 그런 완전함은 인간의 영역에는 존재하지 않는다. 그것은 오직 그리스도 안에만 존재한다.

그러나 좋은 소식이 있다. 그것은 참 신자들은 믿음으로 그리스도와 연합했기 때문에(엡 3:17) 그분 안에 거할 수 있다는 것이다(롬 12:5; 고전 1:30). 하나님은 그 사실에 근거해 그들을 받아주시고 축복하신다. 하나님은 그런 식으로 "경건하지 아니한 자를 의롭다 하신다"(롬 4:5). 그분은 그들에게 그들의 것이 아닌 의, 곧 이질적인 의를 덧입혀 그것을 그들의 의로 인정하신다.

바울은 개인적인 증언을 통해 이 진리를 강조했다. 그는 "그 안에서 발견되려 함이니 내가 가진 의는 율법에서 난 것이 아니요 오직 그리스도를 믿음으로 말미암은 것이니 곧 믿음으로 하나님께로부터 난 의라"(빌 3:9)라는 말로 자신이 진정으로 바라는 것이 무엇인지를 분명하게 밝혔다.

바울은 하나님이 구원을 베푸셔야만 구원받을 수 있다고 고백했다. 오직 하나님만이 구원을 베푸실 수 있다. 우리를 정죄하는 율법을 허락하신 하나님이 또한 우리의 구원에 필요한 의를 제공하신다. 우리가 하나님 앞에서 의롭다 하심을 받는 데 필요한 공로는 오로지 이것뿐이다.

이것이 "그리스도의 영광의 복음의 광채"(고후 4:4)다. 하나님과의 관계를 올바로 회복할 수 있는 길은 이 길밖에 없다.

4장
의로운 행위가 아니다

"아브람이 여호와를 믿으니 여호와께서 이를 그의 의로 여기시고"(창 15:6).

로마서 3장을 마무리하기 전에 바울이 복음의 핵심을 설명하는 대목(21-26절)을 개괄적으로 살펴보는 것이 필요할 듯하다. 바울이 전한 복음을 정확하게 이해하려면 강력한 메시지가 담겨 있는 이 대목을 반드시 고려해야 한다. 그러나 이 대목은 해석하기가 그렇게 수월하지 않다. 일단 그 내용을 모두 인용하면 다음과 같다.

"(그러나) 이제는 율법 외에 하나님의 한 의가 나타났으니 율법과 선지자들에게 증거를 받은 것이라 곧 예수 그리스도를 믿음으로 말미암아 모든 믿는 자에게 미치는 하나님의 의니 차별이 없느니라 모든 사람이 죄를 범하였으매 하나님의 영광에 이르지 못하더니 그리스도 예수 안에 있는 속량으로 말미암아 하나님의 은혜로 값없이 의롭다 하심을 얻은 자 되었느니라 이 예수를 하나님이 그의 피로써 믿음으로 말미암는 화목 제물로 세 우셨으니 이는 하나님께서 길이 참으시는 중에 전에 지은 죄를 간과하심 으로 자기의 의로우심을 나타내려 하심이니 곧 이 때에 자기의 의로우심 을 나타내사 자기도 의로우시며 또한 예수 믿는 자를 의롭다 하려 하심이 라."

바울의 문체가 지닌 독특한 특징 가운데 하나는 이따금 지엽적인 말을 짧게 삽입하는 방식을 취하는 것이다. 예를 들어, 그는 복음의 좋은 소식("이제는 율법 외에 하나님의 한 의가 나타났으니")을 소개하고 나서 곧바로 나쁜 소식으로 되돌아갔다. 그는 본제에서 벗어난 문장 하나를 삽입해 자신이 두 장 반에 걸쳐 주의 깊게 설명해 온 중요한 요점을 간단히 요약하고, 재차 강조했다. "차별이 없느니라 모든 사람이 죄를 범하였으매 하나님의 영광에 이르지 못하더니"(22, 23절).

복음이 진정으로 좋은 소식인 이유를 설명하는 데로 방향을 틀려는 시점에서 의도적으로 간단한 삽입 문장을 덧붙인 것을 알 수 있다. 그는 자신의 독자들이 복음의 출발점에 해당하는 중요하고도, 어려운 진리를 너무 쉽게 잊어버리는 것을 원하지 않았다.

일단 삽입 문장이 일종의 수사학적인 일탈(바울의 첫 번째 요점을 간결하게 요약한 것)이라는 것을 이해하고 나면 본문의 논리가 명백하게 드러난다. 즉 이 대목에 담겨 있는 진리가 간단하면서도 심오하다는 것을 알 수 있다. "율법 외에 하나님의 한 의"가 나타나 "모든 믿는 자에게" 전가되었기 때문에 그들은 "그리스도 예수 안에 있는 속량으로 말미암아 하나님의 은혜로 값없이 의롭다 하심을 얻은 자가 되었느니라"는 것이 핵심이다.

이것이 바울이 전한 복음의 핵심이자 시금석인 이신칭의의 교리다. 바울은 스스로를 "사도 중에 가장 작은 자"(고전 15:9)로 일컬었지만 성령께서는 신약 성경의 저자들 가운데서 바울을 특별히 선택해 이 원리를 분명하게 선포하고, 철저하게 해설하고, 거짓 교사들과 율법주의자들이 복음을 공격할 때 단호하게 맞서 옹호하게 하셨다. 교회사 초창기에 많은 거짓 교사들과 복음을 부인하는 거짓 교리들이 크게 성행한 것은 주목할 만한 사실이 아닐 수 없다. 그것은 마귀가 알곡들 사이에 가라지를 덧뿌리는 일에 얼마나 큰 공을 들였는지를 잘 보여준다(마 13:24-30).

"의로운 행위로 말미암지 아니하고"

바울은 로마서 3장 21-26절에서 자신이 전하는 복음의 결정적인 특징을 드러냈다. 그는 몇 구절 아래에서 다음과 같은 말로 그 특징을 간결하게 진술했다. "일한 것이 없이 하나님께 의로 여기심을 받는 사람의 복"(4:6). 종교개혁자들은 이 원리를 '오직 믿음으로!'(sola fide)라고 명명했다.

로마 가톨릭교회는 16세기 중엽에 열린 트렌트 공의회 이후로 믿음만이 칭의의 유일한 수단이라는 교리를 공식적으로 단죄했다.[1] 로마 가톨릭교회의 입장을 지지하는 변증학자들은 그런 교리를 성경 어디에서도 발견할 수 없다고 주장한다.

그러나 이 교리는 로마서의 본문 안에 분명하게 나타나 있다. 바울은 인간의 불행에 관한 나쁜 소식으로부터 복음의 좋은 소식으로 옮겨가면서 이 교리를 가장 먼저 언급했다. 하나님은 칭의에 필요한 의를 '믿는 자'들

---

1) 트렌트 공의회 제6차 회기, 9항에 보면 이런 내용이 발견된다. "누구든지 경건하지 못한 사람이 오직 믿음으로만 의롭다 하심을 받는다고 말하면, 곧 칭의의 은혜를 얻는 데 협력할 수 있는 것이 아무것도 요구되지 않고, 개인의 의지를 발동시켜 준비와 성향을 갖추는 것이 조금도 필요하지 않다고 말한다면 그를 파문하라." Philip Schaff, ed., *The Creeds of Christendom*, 3 vols. (New York: Harper, 1877), 2:112.

에게 제공하신다(롬 3:22).

'오직 믿음으로!'를 비판하는 사람들은 바울이 '오직 믿음'이라는 정확한 표현을 사용하지 않았다는 점을 지적하기를 좋아한다. 그러나 그런 의미가 함축되어 있다는 것을 부인하기는 어렵다. 전후 문맥을 보면 그 점이 분명하게 드러난다. 바울은 죄에 대해 길게 논하고 나서 마지막으로 참담한 현실을 상기시켜 주었다. "율법의 행위로 그의 앞에 의롭다 하심을 얻을 육체가 없나니 율법으로는 죄를 깨달음이니라"(20절).

다시 말해 행위는 칭의에 아무런 도움도 되지 못한다. 바울은 다음 구절에서 "예수 그리스도를 믿음으로 말미암아 모든 믿는 자에게 미치는 하나님의 의니"(22절)라고 말했다. 이것은 '오직 믿음으로!'의 원리를 분명하게 확증한다.

대다수의 로마 가톨릭신학자들('오직 믿음으로!'를 부인하는 명목상의 개신교 신자들도 여기에 포함된다[2])은 '율법의 행위'라는 바울의 말이 율법의 의식적인 측면 및 그 다양한 의식(할례, 정결법 등)을 가리킨다고 주장한다.[3] 그러나 바울의

---

[2] '바울에 관한 새 관점'으로 불리는 입장을 주장하는 대표적인 세 명의 학자들(샌더스, 제임스 던, 라이트)은 개신교 신자를 자처하는 범교회주의자들이다. 그들은 지난 20년이 넘도록 미국 복음주의자들 사이에서 상당한 영향력을 발휘해 왔다(라이트의 견해가 특히 그러했다). 그들이 내세우는 가설의 핵심 내용 가운데 하나는 이신칭의에 관한 바울의 가르침이 '오직 믿음으로!'라는 종교개혁의 원리와 일맥상통한다는 것을 부인하려고 애쓰는 것이다. '오직 믿음으로!'는 종교개혁의 공식적인 원리였고, 그 교리를 둘러싸고 처음부터 논쟁이 치열했다. 종교개혁자들과 그들의 전통을 계승한 복음주의자들은 항상 이 원리를 굳게 사수해 왔다. 그와는 대조적으로 '바울에 관한 새 관점'을 지지하는 자들은 이 교리를 무시하거나 부인한다. '바울에 관한 새 관점'이 안고 있는 가장 논쟁적인 측면은 칭의의 교리를 다르게 고치려고 시도하는 것이다. 그런 노력을 기울이는 이유는 주로 교회의 일치만을 무작정 추구하려는 욕망 때문인 듯하다.

[3] 예를 들어, 라이트는 바울이 말한 '율법의 행위'는 "종교개혁의 전통이 거부하기를 좋아하는 도덕적인 '선행'을 가리키는 것이 아니다. 그것은 유대인과 이방인을 구분하는 것들을 가리킨다."라고 말했다. *Justification: God's Plan & Paul's Vision* (Downer's Grove: InterVarsity, 2009), 117. 또한 라이트는 바울에게 칭의는 범교회적인 원리였을 뿐 개인의 구원과는 아무 상관이 없다고 주장하기도 했다. 그는 또한 이렇게 덧붙였다. "로마서를 수백 년 동안 그런 식으로 이해한 탓에 그 진의가 체계적으로 왜곡되어 왔다. …이제는 성경 본문에 새롭게 귀를 기울여야 할 때가 되었다. …사람들이 그리스도 안에서 어떻게 개인적으로 하나님을 알게 되느냐에 관한 문제에 관한 바울의 견해는 아우구스티누스나 루터는 물론, 그 어떤 사람들의 견해와 서로 일치할 수도 있고, 그렇지 않을 수도 있다. 그러나 그는 그런 사건이나 과정을 나타내기 위해 '칭의'라는 용어를 사용하지는 않았다." *What Saint Paul Really Said* (Grand Rapids: Eerdmans, 1997), 117.

이 표현을 그런 식으로 제한하는 것은 옳지 못하다. 그것은 죄인들에게 구원의 공로를 돌리려는 이단적인 시도에 지나지 않는다.

바울은 로마서 7장에서 율법은 죄인들을 의롭게 할 수 있는 능력이 전혀 없다고 말했다. 그는 그 점을 구체적으로 보여주기 위해 "탐내지 말라"(7절)라는 십계명의 열 번째 계명을 예로 들었다(출 20:17 참조). 탐심은 십계명 가운데 가장 작은 죄일 것이 틀림없다. 그 죄를 저지르거나 자제하는 것은 구체적인 행동과는 크게 상관이 없다. 따라서 바울은 '율법의 행위'라는 표현을 폭넓은 의미로 사용한 것이 분명하다.

그가 말하고자 하는 의미는 율법의 의식적인 측면이나 각종 예식에 국한되지 않는다. 오히려 바울이 일관되게 사용한 '율법의 행위'라는 표현은 구약 성경의 613개 계명을 지킴으로써 하나님의 인정을 받으려는 생각과 행동과 태도를 모두 포괄한다. 죄인이 율법을 지키기 위해 아무리 열심히 노력하더라도 그런 식으로 하나님 앞에서 의롭다 하심을 받으려는 것은 무익한 시도에 지나지 않는다.

이 점에 대한 성경의 가르침은 너무나도 분명하다. 선행은 무엇이든 죄인이 하나님 앞에서 의롭다 하심을 받는 공로가 될 수 없다. (성육하신 그리스도의 의 외에) 인간의 모든 의는 타락한 육신에서 비롯하기 때문에 중대한 결함을 지닌다. "무릇 우리는 다 부정한 자 같아서 우리의 의는 다 더러운 옷 같으며"(사 64:6).

바울은 로마서의 이 부분에서부터 이 진리를 거듭 강조했고, 그 후로도 계속해서 언급했다. 우리가 살펴보고 있는 대목과 곧바로 이어지는 구절에서도 그는 이신칭의의 교리가 인간이 자랑할 수 있는 여지를 조금도 남기지 않는다고 주장했다. 그는 행위와 믿음을 분명하게 대조했다. "그런즉 자랑할 데가 어디냐 있을 수가 없느니라 무슨 법으로냐 행위로냐 아니라 오직 믿음의 법으로니라"(롬 3:27). 그리고 나서 그는 "사람이 의롭다 하심을 얻는 것은 율법의 행위에 있지 않고 믿음으로 되는 줄 우리가 인정하노라"(28절)라고 중심적인 요점을 다시금 강조했다. 그는 '오직 믿음'이라는 정확한 표현은 사용하지 않았지만 '오직 믿음으로!'라는 원리를 분명하게 옹호했다.

그는 로마서 4장 5절에서도 동일한 요점을 제시했다. "일을 아니할지라도 경건하지 아니한 자를 의롭다 하시는 이를 믿는 자에게는 그의 믿음을 의로 여기시나니." 바울은 종교개혁자들이 말한 것만큼이나 분명하게 '오직 믿음으로!'라는 원리를 강조했다.

따라서 죄인의 행위가 의롭다 하심을 받는 데 긍정적인 역할을 할 수 있다는 생각은 터무니없다. 스스로를 정당화하려는 인간의 성향은 강철처럼 강하고 강력하기 때문에 깨뜨려지기 어렵다. 이것이 2장과 3장에서 살펴본 대로 로마 가톨릭교회를 비롯해 세계의 주요 종교들이 개인의 선행을 의로움이나 신의 인정을 얻는 데 필요한 수단을 확보하는 공로로 간주해야 한다고 강조하는 이유다.

그러나 바울은 그와는 전혀 다르게 말했다. 그는 "우리를 구원하시되 우리가 행한 바 의로운 행위로 말미암지 아니하고 오직 그의 긍휼하심을 따라"(딛 3:5)를 복음의 핵심으로 간주했다.

교황청의 파문 선언이나 범교회적인 학자들의 의심스런 주장들이 모두 합세해 '오직 믿음으로!'라는 원리를 공격했지만 이것이 바울이 전한 복음의 가장 뚜렷한 특징이라는 명백한 사실을 부인할 수 있는 정당한 근거는 어디에도 없다. "만일 은혜로 된 것이면 행위로 말미암지 않음이니 그렇지 않으면 은혜가 은혜 되지 못하느니라"(롬 11:6). 행위의 공로를 세워 하나님 앞에서 의롭다 하심을 받을 수 있다고 가르치는 종교는 거짓 복음을 전하는 셈이다. 그런 식으로 진리를 오염시키는 사람은 스스로 저주를 자초할 뿐이다(갈 1:8, 9).

오직 믿음으로!

이처럼 이신칭의의 교리는 너무나도 중요하다. 이 교리는 바울이 전한 복음에서 매우 큰 비중을 차지한다. 로마서의 전체 내용이 복음과 그 의미를 체계적으로 설명한다. 처음부터 끝까지 죄인의 칭의에 초점이 맞추어져 있다.

다른 서신들도 바울이 복음을 설명하거나 옹호하는 대목에서는 항상 이 교리를 강조한다. 그 이유는 참 복음을 공격하려는 시도는 무엇이든 궁극적으로는 이신칭의의 교리를 교묘하게 훼손하거나 노골적으로 부인하려는 의도가 깔려 있기 때문이다.

갈라디아 교회를 혼란에 빠뜨렸던 과거의 거짓 교사들에서부터 시작해 오늘날의 로마 가톨릭교회와 개신교 자유주의에 이르는 다양한 형태의 율법주의자들과 성례주의자들은 항상 이 진리를 단호하게 배격했다. 늘 새로운 것을 추구하고 정통주의의 모든 주장들을 경멸하는 교만한 학자들도 학문의 영역에서 이 교리를 종종 공격한다. 그 외에 기독교를 빙자한 사이비 집단도 이 교리를 공격한다. 안타깝게도 복음주의 운동을 이끄는 주류 세력들조차도 이 교리를 무시한다.

그러나 바울은 이 교리를 복음의 핵심 교리로 간주했다. "사람이 의롭다 하심을 얻는 것은 율법의 행위에 있지 않고"(롬 3:28). 개신교 종교개혁자들과 그들의 진정한 영적 후예들은 기독교의 주요 교리 가운데 이신칭의의 교리보다 더 중요한 것은 없다고 한결같이 주장하곤 했다. 마르틴 루터는

"이 교리가 서면 교회도 서고, 이 교리가 무너지면 교회도 무너진다."라고 말했다.[4] 또한 그는 "이 교리를 양보하거나 포기해서는 안 된다. 왜냐하면 그럴 경우에는 하늘과 땅이 무너질 것이기 때문이다."라고 말했다.[5] 존 칼빈은 칭의의 교리를 "기독교 신앙을 떠받치는 근본 원리"라고 일컬었다.[6]

간단히 말해 칭의라는 성경의 교리는 하나님이 은혜롭게도 믿음을 가진 죄인들을 그리스도 때문에 온전히 의롭게 여기신다고 가르친다. 하나님은 그들의 죄를 용서하실 뿐 아니라 그리스도의 흠 없는 의의 공로를 그들에게 전가하신다. 그들은 자신들이 행한, 또 앞으로 행할 선한 행위 때문이 아니라 그들을 대신한 그리스도의 사역 때문에 하나님 앞에서 의롭다 하심을 받는다.

『웨스트민스터 신앙고백』은 1646년에 웨스트민스터 총회에서 인준된 이후로 개신교 신앙고백 가운데서 가장 중요하고, 가장 영향력 있는 위치를 차지해 왔다. 이 신앙고백은 이 중요한 교리를 다음과 같이 설명한다.

> 하나님은 유효하게 부르신 이들을 또한 값없이 의롭게 여기신다. 칭의는 그들에게 의를 주입하시는 것이 아니라 그들의 죄를 용서하시고, 그들을 의롭게 여겨 받아들이시는 것으로 이루어지며, 그들 안에서 이루어진 것이나 그들이 행한 일 때문이 아니라 오직 그리스도 때문이다. 하나님은 믿음 자체나 믿는 행위나 그 외의 다른 복음적인 순종을 그들의 의로 여기지 않으시고, 그리스도의 복종과 구속을 그들에게 전가시켜 그들로 하

---

[4] "Quia isto articulo stante stat Ecclesia, ruente ruit Ecclesi," The Weimar edition of Martin Luther's Works 40/III.352.1-3.
[5] 다음 자료에서 인용했다. Oswald Bayer, *Martin Luther's Theology: A Contemporary Interpretation*, trans. Thomas H. Trapp (Grand Rapids: Eerdmans, 2008), 98.
[6] *Institutes*, 3.11.1. John Calvin, *Institutes of the Christian Religion*, trans. Henry Beveridge (Edinburgh: T&T Clark, 1863), 37에서 인용.

여금 그분과 그분의 의를 의지하게 하신다. 이 믿음은 그들에게서 난 것이 아니라 하나님의 선물이다.[7]

이것은 죄인이 "하나님의 은혜로 값없이 의롭다 하심을 얻는다"라는 바울의 말과 정확하게 일치한다(롬 3:24). 바울은 항상 그렇듯이 복음의 풍성한 은혜를 강조했다. 칭의는 대가나 보상이 아닌 선물이다.

우리가 성경적인 구원론을 통해 옳게 배울 수 있는 교리는 모두 죄인의 자부심이 아닌 하나님의 영광을 지향한다. 우리가 살펴본 로마서 3장의 본문은 오직 믿음으로 말미암아 은혜로 주어지는 죄인의 칭의가 네 가지 측면에서 하나님의 영광을 드높인다고 가르친다.

칭의는 하나님의 의를 나타낸다

모든 피조물은 하나님의 영광, 곧 "그의 영원하신 능력과 신성"을 선포한다(롬 1:20). 다시 말해, 양심이 조금이라도 남아 있는 사람들에게는 하나님의 전능하신 능력과 신성을 통해 "하나님을 알 만한 것"이 자연의 증언을 통해 분명하게 드러난다. 왜냐하면 하나님이 "이를 그들에게 보이셨기" 때문이다(19절).

그렇다면 그분의 완전한 의는 어떨까? 도덕법의 기본 원리가 인간의 마음에 새겨져 있기 때문에 인간의 의식 속에는 하나님의 의를 어느 정도 지각하는 능력이 내재되어 있는 것은 사실이다(롬 2:14, 15). 그러나 자연 계시만으로는 하나님이 악을 극도로 증오하실 뿐 아니라 은혜와 긍휼을 사랑

---

7) *Westminster Confession of Faith* 11:1.

하신다는 사실은 물론, 그분의 깊고, 풍성한 의를 온전히 다 헤아리기 어렵다. 물론 그런 진리들은 구약 성경에 부분적으로 계시되었다. 그러나 (앞 장에서 살펴본 대로) 율법의 시대에는 많은 것이 신비에 가려져 있었다.

바울은 "(그러나) 이제는 율법 외에 하나님의 한 의가 나타났으니"(롬 3:21) 라고 말했다. 복음은 율법 아래에서 신비로 남은 모든 것을 제거하고, 하나님의 의를 밝히 드러낸다. 어떤 점에서는 이상하리만큼 역설적으로 들릴지 몰라도 하나님은 죄인들을 의롭다 하심으로써 자신의 의를 극명하게 드러내신다.

신약 성경의 '의롭게 하다.'라는 동사는 '의롭다고 선언하다.' 또는 '옳다고 하다.'를 뜻하는 헬라어 '디카이오오'를 번역한 것이다. 동일한 어근에서 파생한 단어들 가운데는 '의', 또는 '칭의'를 뜻하는 '디카이오수네'라는 명사와 '의로운, 옳은'을 뜻하는 '디카이오스'라는 형용사가 있다. 바울이 복음을 논의하는 내용 곳곳에는 이런 용어들이 종종 나타난다. 로마서 3장에는 특별히 더 많이 사용되었다. 이 동사는 법정적, 또는 법률적인 의미를 지닌다. 다시 말해 재판관이 법정에서 '무죄' 판결을 선고할 때처럼 법률적 선언의 의미를 띤다.

지금까지 살펴본 대로 믿는 죄인은 하나님이 그리스도의 의가 그에게 전가되었다고 여기시기 때문에 의롭다고 선언된다. 죄인의 선행은 무가치한 배설물처럼 간주된다(빌 3:7, 8). 칭의와 관련해서는 죄인을 높여 칭찬할 것이 아무것도 없다.

"예수는 하나님으로부터 나와서 우리에게 지혜와 의로움과 거룩함과 구원함이 되셨으니 기록된 바 자랑하는 자는 주 안에서 자랑하라 함과 같게 하려 함이라"(고전 1:30, 31). "그런즉 자랑할 데가 어디냐 있을 수가 없느니라"(롬 3:27).

그러나 하나님의 의는 그런 행위를 통해 영광스럽게 빛난다. 이 의는 율법이 나타낼 수 없는 하나님의 의를 밝히 드러낸다(21절). 우리의 구원과 관련된 영광은 모두 하나님께 돌아간다. 우리는 우리의 선행이 아니라 하나님의 의에 전적으로 의존한다. "우리(구원받은 죄인들)는 그가 만드신 바라 그리스도 예수 안에서 선한 일을 위하여 지으심을 받은 자니 이 일은 하나님이 전에 예비하사 우리로 그 가운데서 행하게 하려 하심이니라"(엡 2:10).

칭의는 하나님의 은혜를 드높인다

죄인의 칭의는 하나님의 "은혜의 영광을 찬송함으로써" 그분을 높이 찬양한다(엡 1:6).

바울은 복음을 전할 때마다 항상 하나님의 은혜를 강조한다. 그는 로마서 3장에서도 우리 모두는 하나님의 영광에 이르지 못하지만 믿음으로 그분 앞에 나가는 사람들은 "은혜로…의롭다 하심을 얻은 자 되었느니라"라고 말했다(24절). '은혜'는 대개 하나님의 너그러운 호의를 의미한다. 그러나 이 용어는 그 의미가 매우 풍성하기 때문에 하나의 영어 단어로 그 깊은 의미를 다 전달하기가 불가능하다.

헬라어 '카리스'는 때로 '특별한 사랑'을 뜻하는 의미로 번역되기도 한다(눅 1:30, 2:52; 행 7:46). 또한 이 용어는 선물이나 은전을 뜻하기도 하고, 선한 의도에서 비롯하는 친절, 즐거움, 자비를 뜻하기도 한다. 신학적이고 전문적인 표준 용법과 신약 성경의 일반적인 용례에 따르면, 이 용어는 그런 모든 의미 가운데서도 특별히 하나님의 긍휼, 곧 진노와 의로운 보응 외에는 아무것도 받을 자격이 없는 죄인들에게 믿음을 통해 값없이 주어지는 은혜를 가리킨다.

앞으로 살펴보겠지만 은혜는 역동성을 지닌다. 은혜는 우리에게 "신중함과 의로움과 경건함으로" 살아갈 수 있는 능력을 준다(딛 2:12; 빌 2:13). 나는 다른 곳에서 은혜를 "아무 자격이 없는 죄인들의 삶 속에서 주권적으로 역사하는 거룩하신 하나님의 너그럽고 자비로운 영향력"으로 정의했다.[8]

바울은 로마서 3장 24절에서 '값없이'라는 부사를 첨가해 하나님의 은혜는 구원받은 죄인의 공로와 무관하게 주어진다는 사실을 강조했다. '오직 믿음으로!'의 원리를 거부하는 것은 곧 죄인들이 '값없이 의롭다 하심을' 받는다는 사실을 부인하는 것이다. '오직 믿음으로!'의 원리를 거부하면 행위로 의롭다 하심을 받으려고 노력하는 길밖에 없다. 그 결과는 비참할 것이다. 그렇게 하는 사람들은 "그리스도에게서 끊어지고 은혜에서 떨어진다"(갈 5:4).

죄인의 행위가 칭의의 공로가 될 수 있다는 생각은 교만하고 마귀적인 개념이다. 그것은 단지 잘못된 교리가 아니라 복음을 무효화시키는 반기독교적인 생각이다. 그런 생각은 하나님의 은혜를 훼손하고, 죄인을 부당하게 격상시킨다. 그 결과는 칭의가 아닌 정죄다(갈 1:8, 9). 이것은 바울이 갈라디아서에서 가르친 주된 요점이다. "내가 하나님의 은혜를 폐하지 아니하노니 만일 의롭게 되는 것이 율법으로 말미암으면 그리스도께서 헛되이 죽으셨느니라"(갈 2:21).

복음이 좋은 소식인 이유는 모든 것이 은혜이기 때문이다. 바울이 "유대인이나 헬라인이나 다 죄 아래에 있다고" 선언하기 위해 그토록 많은 지면을 할애한 이유가 바로 여기에 있다(롬 3:9). 바울은 나쁜 소식을 강조하면서 병적인 희열을 느끼지 않았다. 그가 죄와 타락을 그렇게 길게 논한 이

---

[8] John MacArthur, *The Gospel According to the Apostles* (Nashville: Nelson, 1993), 260.

유는 칠흑 같은 배경을 만들어 복음의 영광이 무한히 밝게 빛나게 보이도록 하기 위해서였다.

죄의 절망적인 현실은 오직 하나님의 은혜만을 유일한 소망으로 삼도록 신자들을 독려한다(눅 18:13, 14 참조). "성경이 모든 것을 죄 아래에 가두었으니 이는 예수 그리스도를 믿음으로 말미암는 약속을 믿는 자들에게 주려 함이라"(갈 3:22). 이처럼 하나님의 은혜가 크게 두드러져 나타난다.

물론 하나님이 회개하는 자들에게 용서와 사랑과 긍휼을 베푸신다는 것은 구약 성경의 주요 주제이기도 하다. 그러나 은혜의 모든 측면을 강력한 확대경을 사용해 크게 두드러져 보이게 만들고, 새로운 빛으로 그 영광을 드러나게 만드는 것은 복음이다.

앞서 말한 대로 구약 시대에는 의로우신 하나님이 어떻게 죄인들을 의롭게 하시는지를 분명하게 알기 어려웠다. 우리는 욥의 고난을 통해 제기된 문제들을 생각해 보았다. 욥이 욥기 9장 2절에서 제기한 질문("인생이 어찌 하나님 앞에 의로우랴")에 대한 대답이 죄의 용서와 하나님의 의의 전가를 통해 분명하게 제시되었다.

그렇다면 이 질문의 또 다른 측면에 대한 대답도 마찬가지일까? 정의가 죄에 대한 보응을 요구하는데 어떻게 의로우신 하나님이 경건하지 않은 자들을 의롭게 하실 수 있는가? 하나님이 우리를 의롭게 하시면 그분은 과연 의로우실 수 있을까? 의인을 불의하다 하고, 악인을 의롭다 하는 것이 가증스러운 일이라면 죄인들의 칭의가 하나님의 율법을 훼손하는 것은 아닐까?

우리는 1장과 3장에서 이런 문제들을 생각해 보았다. 이 질문들이 복음에 관한 바울의 가르침에 자주 등장하는 이유는 그것이 그가 거듭나지 않은 바리새인이었을 때 그를 혼란스럽게 만들었던 문제들이었기 때문이다.

당시 그는 율법의 요구에 복종함으로써 하나님의 은혜를 얻으려고 힘써 노력했다. 신자가 된 그는 그런 질문들에 대한 대답을 발견하고 놀라움과 기쁨을 느꼈다. 바울은 회심을 통해 그 모든 질문들이 칭의의 교리에 의해 온전하고 만족스럽게 해결되었다는 사실을 발견했다.

칭의는 하나님의 의를 옹호한다

앞서 언급한 대로 구약 성경을 읽으면서 하나님이 어떻게 자신의 의를 축소하거나 타협하지 않고서 신자들의 죄를 너그럽게 봐주시고, 죄를 지은 영혼들을 용서하시며, 그릇된 행위를 관대하게 덮어주시는지를 고민한 사람은 바울 혼자만이 아니었다. 성경의 놀라운 특징 가운데 하나는 성경의 신앙 위인들의 허물을 가감 없이 사실대로 전한다는 것이다. 성도들의 미덕은 물론 그들의 죄까지도 솔직하게 언급되었다. 구약 성경의 주요 인물들이 저지른 죄가 구체적으로 명시되었다.

그들 가운데는 엄청난 죄를 지은 이들이 많았다. 심지어 '믿음의 전당'(히 11장)에도 충격적인 불의를 저지른 사람들이 등장한다. 모세는 애굽인을 살해했고(출 2:12), 라합은 창녀였으며(수 2:1), 삼손은 종종 육신의 정욕에 이끌렸을 뿐 아니라 어리석은 행위로 인해 전혀 쓸모없는 사람으로 전락할 위기에 처하기도 했다(삿 16장). 다윗은 밧세바와 간음을 저질렀고, 그의 남편 우리아를 살해했다(삼하 11:15). "하나님은 의로우신 재판장이시고 매일 분노하시는 하나님이신데"(시 7:11), 어떻게 그런 사람들이 의도적으로 저지른 부도덕한 행위를 간과하실 수 있단 말인가?

더욱이 하나님은 때로 의롭게 사는 신자들은 고난을 받게 하시고, 믿지 않는 악인들은 형통하게 하신다. 하박국 선지자는 절실한 심정으로 그런 수수께끼와 같은 사실을 언급했다. 그는 "주께서는 눈이 정결하시므로 악을 차마 보지 못하시며 패역을 차마 보지 못하시거늘 어찌하여 거짓된 자들을 방관하시며 악인이 자기보다 의로운 사람을 삼키는데도 잠잠하시나이까"(합 1:13)라고 말했다. 심지어 말라기 시대에는 불신자들조차도 불공평한 현실을 목격하고, "모든 악을 행하는 자는 여호와의 눈에 좋게 보이며 그에게 기쁨이 된다 하며 또 말하기를 정의의 하나님이 어디 계시냐"라고 말했다(말 2:17).

히브리서 11장도 하나님의 축복을 받을 자격이 있어 보이는 사람들이 종종 시련과 박해를 받는 사실을 인정했다. 성경에서 가장 충실한 신자들 가운데 많은 사람이 심한 고난을 당했다.

"어떤 이들은 더 좋은 부활을 얻고자 하여 심한 고문을 받되 구차히 풀려나기를 원하지 아니하였으며 또 어떤 이들은 조롱과 채찍질뿐 아니라 결박과 옥에 갇히는 시련도 받았으며 돌로 치는 것과 톱으로 켜는 것과 시험과 칼로 죽임을 당하고 양과 염소의 가죽을 입고 유리하여 궁핍과 환난과 학대를 받았으니…그들이 광야와 산과 동굴과 토굴에 유리하였느니라 이 사람들은 다 믿음으로 말미암아 증거를 받았으나 약속된 것을 받지 못하였으니"(35-39절).

그런 사실들은 심지어 신실한 자들 사이에서도 어떻게 하나님이 궁극적으로 정의라는 저울의 균형을 맞추실 것인지에 관한 진지한 물음을 제기한다. 메시아가 오면 악인들을 정복하고, 나라를 세워 온전한 의로 통치하실 것이라는 기대가 지배적이었다. 그때가 되면 잘못된 모든 것이 옳게 바로 잡힐 것이라고 믿었다.

이것이 사람들이 그리스도께서 나타나셨을 때 그분이 그런 자격을 모두 갖추고 계신다는 것을 알고는 "억지로 붙들어 임금으로 삼으려고" 했던 이유다(요 6:15). 그분은 병자를 치유하고, 죽은 자를 살리고, 귀신들을 쫓아내고, 군중을 먹이고, 원수들을 침묵하게 하는 등, 절대적인 능력을 보여 주셨다. 그분은 참된 의를 구현하셨다. 베드로와 제자들이 그런 주님이 "죄인의 손에 넘겨져 십자가에 못 박혀" 죽으실 것이라는 사실을 이해하지 못했던 것은 지극히 당연했다(눅 24:7).

그리스도의 십자가는 무법한 자들이 저지른 가장 악한 행위였다. 그들은 무죄한 하나님의 독생자, 곧 하나님이 "이는 내 사랑하는 아들이요 내 기뻐하는 자라"(마 3:17)라고 친히 증언하신 분을 불의하게 살해했다. 그분은 무고하게도 말로 다할 수 없는 고통과 감당하기 어려운 수치를 겪으셨고, 근거 없는 조롱과 부당한 죽음을 당하셨다. 죽음은 "죄의 삯"(롬 6:23)이었다. 그러나 그리스도께서는 "거룩하고 악이 없고 더러움이 없고 죄인에게서 떠나 계신다"(히 7:26).

그러나 그리스도의 십자가는 하나님이 재앙을 내려 세상에서 악을 모두 제거하시는 것보다 그분의 의를 더욱 분명하게 드러냈다.

어떻게 그럴 수가 있고, 또 그 이유는 무엇일까?

바울은 우리에게 낯익은 몇 마디 말로 이 질문에 대해 "하나님이 그의 피로써 믿음으로 말미암는 화목 제물로 세우셨으니"(롬 3:25)라고 대답했다. 1장에서 이 말에 관해 논의한 내용을 기억하라. 이 말은 진노한 하나님의 분노를 달래기 위해 바쳐진 제물을 가리킨다. 그리스도의 십자가는 하나님의 진노와 의를 온전히 만족시키는 형벌의 대가였다. 그로써 믿는 죄인들이 스스로의 공로와 상관없이 의롭다 하심을 받을 수 있게 되었다.

'화목'이라는 말은 일부 진영에서는 격한 논쟁을 불러일으킬 수도 있다. 이 교리는 그리스도의 십자가를 "걸림돌과 거치는 바위"로 만드는 요인들을 내포하고 있다(롬 9:33; 고전 1:23). 자유주의 신학자들은 이 개념을 싫어한다. 성경이 아닌 인본주의에 근거해 생각하는 사람들은 이 개념을 혐오한다. 성경의 권위를 부인하는 사람들이 가장 먼저 거부하는 첫 번째 원리 가운데 하나는 히브리서 9장 22절("피 흘림이 없은즉 사함이 없느니라")이다.

성경적인 속죄의 교리를 이해하지 못하거나 믿지 않는 사람은 이 진리를 받아들이기를 어려워한다. 분노한 신을 달랜다는 개념은 고대 근동지역의 이방 종교들의 두드러진 특징이었다. 신의 분노를 달래는 방식이 극악무도할 때가 많았다. 예를 들어, 몰록을 숭배하는 자들은 유아를 산 채로 불살라 바쳐야만 신의 분노를 달랠 수 있다고 믿었다. 성경은 그런 행위를 미신으로 단죄한다. 또한 구약 성경은 참 하나님의 성품과 블레셋을 비롯한 이방 족속의 신들의 흉포하고 변덕스런 속성을 분명하게 구별했다.

그럼에도 불구하고 피의 희생은 구약 시대의 신앙 체계에서 본질적이고 핵심적인 비중을 차지했다. "피 흘림이 없은즉 사함이 없느니라"(히 9:22). 이것은 하나님이 분노가 가득하고, 용서하기를 싫어하고, 피를 좋아하시기 때문이 아니다. 오히려 구약 성경은 하나님이 기꺼이 용서를 베푸신다고 강조한다. "여호와는 은혜로우시며 긍휼이 많으시며 노하기를 더디 하시며 인자하심이 크시도다 여호와께서는 모든 것을 선대하시며 그 지으신 모든 것에 긍휼을 베푸시는도다"(시 145:8, 9).

하나님은 시내산에서 율법을 돌에 새겨주며 언약을 공식적으로 체결하실 때도 "여호와께서 그의 앞으로 지나시며 선포하시되 여호와라 여호와라 자비롭고 은혜롭고 노하기를 더디하고 인자와 진실이 많은 하나님이라

인자를 천대까지 베풀며 악과 과실과 죄를 용서하리라"라고 말씀하셨다 (출 34:6, 7).

이처럼 화목이 필요한 이유는 하나님이 기꺼이 용서를 베푸시게 만들기 위해서가 아니었다. 그분은 자신을 달래줄 무엇인가를 필요로 하는 분노한 신이 아니시다. 죄에 대한 그분의 진노는 모든 악에 대한 증오심에서 비롯된 것이다. 하나님의 나쁜 기분을 적당히 달래야 할 필요성은 조금도 없다. 속죄를 통해 주어진 '만족'은 죄에 대한 법적 형벌의 대가를 의미한다. 그것은 정의에 대한 죄인의 채무를 없애고, 용서를 방해하는 모든 장애 요인을 제거한다. 그로 인해 하나님은 자신의 의를 타협하거나 율법의 요구를 무시하지 않으면서 죄인에게 은혜를 베푸실 수 있게 된다. 이것이 로마서 본문이 그리스도의 화목 사역이 하나님의 의를 나타내 "자기도 의로우시며 또한 예수 믿는 자를 의롭다 하려 하심이라"(3:26)라고 말씀하는 이유다.

이런 사실은 '어떻게, 왜 온전히 의로우신 하나님이 "길이 참으시는 중에 전에 지은 죄를 간과하실" 수 있는가(25절)?'라는 의문을 해결해 준다.

하나님은 구약 시대에 선택받은(용서받은) 자들의 허물만이 아니라 악인들이 저지른 대부분의 죄를 "오래 참으심으로 관용하셨다"(롬 9:22). 바울이 아덴의 철학자들에게 설명한 대로 하나님은 "알지 못하던 시대에는" 죄를 간과하셨다(행 17:30).

"오직 하나님은 긍휼하시므로 죄악을 덮어주시어 멸망시키지 아니하시고 그의 진노를 여러 번 돌이키시며 그의 모든 분을 다 쏟아내지 아니하셨으니 그들은 육체이며 가고 다시 돌아오지 못하는 바람임을 기억하셨음이라"(시 78:38, 39). 그분은 악인들에 대한 심판을 연기하셨고, 충실한 자들의 죄를 용서하셨다. 하나님은 어떻게 진정으로 의로우신 재판관이 그렇게 관대하실 수 있는지가 분명하지 않았던 시대에도 큰 긍휼과 오래 참으심을 나타내셨다.

그러나 이제는 "그리스도 예수 안에 있는 속량으로 말미암아" 하나님의 의가 온전하게 드러났다(롬 3:24). 그리스도의 십자가는 하나님의 인내("전에 지은 죄를 간과하신" 것)가 항상 법적 정의에 근거한다는 것을 분명하게 보여준다. 왜냐하면 하나님이 친히 화목 제물이 되신 그리스도의 희생을 통해 온전한 속죄가 이루어질 수 있는 계획을 미리 세우셨기 때문이다. 이것이 아담으로부터 시작해 마지막으로 구원받은 영혼에 이르기까지 선택받은 모든 자를 위한 구원 신앙의 근거다. 이것은 심지어 유기된 자들을 위한 일반 은혜의 근거이기도 하다. 하나님의 심판이 그토록 자주 연기되는 이유가 여기에 있다.

"하나님이 그의 피로써 믿음으로 말미암는 화목 제물로 세우셨으니"(롬 3:25)라는 바울의 말을 주의 깊게 생각해 보라. 그리스도께서 치르신 희생은 단지 하나님께 바쳐진 것이 아니라 그분에 의해 계획되어 실행된 것이다. "하나님의 사랑이 우리에게 이렇게 나타난 바 되었으니 하나님이 자기의 독생자를 세상에 보내심은 그로 말미암아 우리를 살리려 하심이라…하나님이 우리를 사랑하사 우리 죄를 속하기 위하여 화목 제물로 그 아들을 보내셨음이라"(요일 4:9, 10).

분노하는 신을 억지로 달랠 필요는 없다. 우리가 구원받는 것은 먼저 사랑을 베푸신 하나님께 전적으로 의존한다. 십자가는 (심지어 신성에 무한한 희생이 뒤따르는데도) 기꺼이 용서를 베푸시려는 하나님의 마음을 생생하게 보여 준다. 아울러 십자가는 하나님의 거룩하심을 여실히 드러낸다. 하나님은 죄의 속량을 이루게 하심으로써 자신의 의도 완전하게 유지하시고, 죄인들도 의롭다 하실 수 있게 하셨다("자기도 의로우시며 또한 예수 믿는 자를 의롭다 하려

하심이라"- 롬 3:26).

하나님의 의가 온전히 옹호되었다. "인애와 진리가 같이 만나고 의와 화평이 서로 입맞추었으며"(시 85:10). 하나님은 지극히 은혜로우시고, 또한 지극히 정의로우시다. 이것이 '화목'이라는 기독교 교리의 결론이다.

칭의는 하나님의 율법을 굳게 세운다

'화목'의 교리는 십자가를 많은 사람들을 넘어지게 하는 장애 요인으로 만드는 주된 원인 가운데 하나이지만, 신자들은 이 교리를 외면하거나 무시하거나 아무렇게나 얼버무리려 해서는 안 된다. 사람들은 대부분 하나님의 용서를 무조건적인 절대적 사면의 의미로 생각한다(안타깝게도 그런 사람들 가운데는 그리스도인을 자처하는 사람들도 많이 포함되어 있다). 그들은 하나님이 율법의 요구를 무시하셨거나 폐지하셨다고 믿는다. '하나님이 기꺼이 용서를 베푸신다면 속죄는 필요하지 않다.'는 것이 그들의 생각이다. 그들은 용서와 희생이 서로 양립할 수 없다고 주장한다. 다시 말해 죄는 용서를 받거나 속죄를 하거나 둘 중에 하나일 뿐, 둘 다가 될 수 없다는 것이다.

그런 주장은 정의의 의미를 언뜻 생각하면 그럴듯하게 들릴 수도 있지만 성경의 가르침과는 명백히 다르다. 그것은 "피 흘림이 없은즉 사함이 없느니라"(히 9:22)라는 말씀에 간단하게 요약되어 있는 대로 속죄에 관한 성경의 모든 가르침과 정면으로 충돌한다.

속죄 없는 용서는 율법의 완전한 폐지를 요구한다. 앞서 논의한 대로 그리스도의 속죄 사역은 율법을 옹호하고 굳게 확립할 수 있는 방식으로 값없이 주어지는 온전한 용서를 가능하게 만든다. 로마서 3장은 바로 이 점을 강조하는 말씀으로 끝을 맺는다. 바울은 "그런즉 우리가 믿음으로 말미암아 율법을 파기하느냐 그럴 수 없느니라 도리어 율법을 굳게 세우느니라"(롬 3:31)라고 말했다.

모두들 (칼빈이 말한 대로) 이신칭의가 기독교 신앙의 근본 원리이자 바울이 전한 복음의 핵심 주제인 이유를 분명하게 이해하기를 바란다. 이 교리는 복음의 중요한 요소들(하나님의 의, 은혜, 정의, 율법)을 하나로 집약할 뿐 아니라 분명하게 드러낸다. 이것은 하나님의 의를 나타내고, 죄에 대한 진노와 긍휼을 조화시키고, 율법의 요구를 온전히 충족시키면서 값없이 주어지는 용서를 가능하게 한다. 이 진리와 관련된 것은 무엇이든 깊은 경외심과 숭앙심을 불러일으킨다.

그리스도의 십자가가 죄인들을 위해 성취한 것을 생각하면 참으로 감사하다. 그러나 하나님의 관점에서 그분의 십자가가 성취한 것을 생각하면 더더욱 감사하고 감격스럽기 그지없다. 그분의 십자가는 하나님의 사랑과 의를 나타내고, 은혜의 장엄함을 드높이며, 하나님의 의를 옹호하고, 그분의 율법을 굳게 세운다. 이것이 바울이 전한 복음이다.

5장
위대한 교환

"성경이 무엇을 말하느냐 아브라함이 하나님을 믿으매 그것이 그에게 의로 여겨진 바 되었느니라…그에게 의로 여겨졌다 기록된 것은 아브라함만 위한 것이 아니요 의로 여기심을 받을 우리도 위함이니 곧 예수 우리 주를 죽은 자 가운데서 살리신 이를 믿는 자니라 예수는 우리가 범죄한 것 때문에 내줌이 되고 또한 우리를 의롭다 하시기 위하여 살아나셨느니라"(롬 4:3, 23-25).

바울은 고린도전서 서두에서 "그리스도께서 나를 보내심은 세례를 베풀게 하려 하심이 아니요 오직 복음을 전하게 하려 하심이로되"(고전 1:17)라고 말했다. 그리고 나서 그는 몇 구절 아래에서 "우리는 십자가에 못 박힌 그리스도를 전하니"(23절)라고 말했고, 다시 두어 단락 뒤에 가서는 "내가 너희 중에서 예수 그리스도와 그가 십자가에 못 박히신 것 외에는 아무것도 알지 아니하기로 작정하였음이라"(2:2)라고 말했다.

바울은 그렇게 복음의 요점(그리스도의 속죄 사역을 선포하는 것)을 간단하게 요약했다.

그리스도와 사도들이 전한 복음은 항상 회개와 믿음을 요구하는 데 초점을 맞추었다. 그러나 그것은 단지 선한 행위를 하라거나 종교적인 의식과 성례와 같은 예전을 거행하라는 의미와는 무관하다. 또한 그것은 인간의 자긍심과 존엄성을 독려하는 것과도 아무런 관련이 없고, 문화 건설가나 정치에 열성을 기울이는 사람들을 위한 구호나 헌장도 아니며, 세상을 지배하라는 명령과도 거리가 멀고, 지식인들의 찬사와 인정을 구하는 정교한 도덕 철학이나 문화적 분열과 인종적 편 가르기와 같은 악을 논하는 강좌와도 무관하다. 그것은 '사회 정의'의 실현을 요구하는 데 초점을 맞추지도 않고, 성별에 관한 문제를 논하지도 않으며, '문화 구원'을 위한 해결책을 제시하지도 않고, 이것저것 따지지 않고 그저 순진하고 붙임성 좋은 태도로 온 세상을 향해 '쿰바야'를 부르는 것으로 만족하는 것도 아니다.

나는 지난 5년 동안 다양한 책이나 블로그나 설교를 통해 그런 것들 가운데 하나를 '복음'으로 제시하는 것을 종종 목격해 왔다. 그것들은 모두 바울이 전한 참된 복음에서 벗어난 것이다.

예수 그리스도의 십자가는 바울이 전한 복음의 핵심이자 초점이다. "우리는 십자가에 못 박힌 그리스도를 전하니"(고전 1:23). "그러나 내게는 우리 주 예수 그리스도의 십자가 외에 결코 자랑할 것이 없으니"(갈 6:14). 바울 신학에서 십자가는 속죄를 상징한다. '십자가에 못 박힌 그리스도'는 죄인들의 구원에 관한 메시지다.

이 진리가 얼마나 중요한가. 복음 전도자들이 이 진리를 굳게 붙잡는 것이 얼마나 중요한 일인가. 복음을 다른 것으로 변질시키는 것은 성경적인 기독교를 등지는 것이다. 바울은 이 점에 대해 조금도 애매한 태도를 취하지 않았다. 그는 '나의 복음'이라고 말할 때 바로 이 진리를 염두에 두었다. 간단히 말해 복음이란 타락한 인류를 위한 좋은 소식으로 어떻게 죄가 속량되었고, 어떻게 죄인들이 용서를 받고, 어떻게 신자들이 하나님 앞에서 의롭다 하심을 받는지를 분명하게 보여준다.

십자가의 거리끼는 것

이런 말은 그렇게 멋지거나 우아하게 들리지 않을 수도 있다. 현 시대의 문화적 관심사나 경박한 취향에 잘 어울리지 않는 메시지인 것은 분명하다. 그러나 주님은 제자들에게 시대가 바뀔 때마다 다시 뜯어 고쳐야 할 필요가 있는 메시지를 전하라고 명령하지 않으셨다. 교회의 임무는 세상의 찬사를 이끌어내는 것이 아니었다.

요즘의 저명한 복음 전도 전략가들과 '선교' 방법론을 앞장서서 전하는 사람들 가운데는 이 단순한 요점을 이해하지 못하는 사람들이 많은 듯하다. 그들은 젊은 복음주의자들에게 '교회의 참여'를 독려하고, 정치적 공정성이라는 규칙을 존중하라고 강조한다. 그런 조언에 따라 구체적인 행동 지침을 마련하는 순간, 마치 멋있어 보이는 것이 효과적인 사역의 지름길인 양 결국에는 유행에 보조를 맞추려고 애쓰는 결과가 종종 나타난다.[1]

그러나 바울이 젊은 사역자들을 권고했던 말 가운데는 그런 내용이 전혀 발견되지 않는다. 앞서 말한 대로 바울은 오히려 복음이 "유대인에게는 거리끼는 것이요 이방인에게는 미련한 것"(고전 1:23)이라는 사실을 솔직하게 인정했다. 그는 "십자가의 도가 멸망하는 자들에게는 미련한 것이요 구원을 받는 우리에게는 하나님의 능력이라"(18절)라고 말했다. 따라서 그는

---

[1] 여기에 해당하는 전형적인 사례를 한 가지 소개하면 다음과 같다. 『크리스천 포스트』에 실린 기사다. "최근에 뉴저지의 한 대형교회는 대중문화 속에서 가장 큰 인기를 누리는 노래를 도입함으로써 문화에 더 깊이 참여하려고 시도했다. …'리퀴드 교회'는 '대중을 위한 하나님'이라는 연속 설교의 일환으로 아델의 '롤링 인 더 딥'과 브루노 마스의 '그러네이드'와 같은 노래를 불렀다." Brittany Smith, "Secular Music in the Church Endangers Sacredness?" Christianpost.com, February 15, 2012, http://www.christianpost.com/news/secular-music-in-the-church-endangers-sacredness-69590/. 이것은 결코 새롭거나 이례적인 일이 아니다. 최신 영화(또는 대중문화에서 빌려온 다른 여러 가지 주제들)를 근거로 한 연속 설교가 흔히 이루어진다. 복음주의 진영에서 무엇이 가장 큰 인기와 관심을 끌고 있는지를 살펴보면, 문화 현상을 다루는 깊이 없는 설교가 성경 강해에 초점을 맞춘 진지한 설교를 크게 압도하고 있는 것을 알 수 있다. 문화적 유행에 사역의 초점을 맞추는 교회들은 문화를 '속량하거나' 문화에 '참여하는 것'이 아니라 문화적 유행과 가치를 흡수하고 있다.

"십자가에 못 박힌 그리스도를 전했다"(23절).

그렇다면 '십자가의 도'는 정확히 무엇을 가리킬까? 그리스도의 죽음이 어떻게 죄를 속량할까? 그릇된 견해를 지닌 신학자들은 역사적으로 이 질문에 대한 올바른 대답을 논박하려고 애썼다. 그들에 의해 몇 가지 그릇된 속죄설이 제기되었다.[2]

분명히 말하지만 나는 이 교리와 관련해 '설'이라는 용어를 사용하는 것이 마뜩하지 않다. 왜냐하면 성경이 속죄의 교리를 선택적이거나 가설적인 의미로 제시하지 않기 때문이다. 앞서 논의한 대로 속죄에 관한 성경의 가르침은 생생하고도 강력하다. "거의 모든 물건이 피로써 정결하게 되나니"(히 9:22). 신약 성경은 구약 시대의 피의 희생이 그리스도의 십자가 사역을 상징하고 예고하는 의미를 지녔다고 거듭 강조한다. "제사장마다 매일 서서 섬기며 자주 같은 제사를 드리되 이 제사는 언제나 죄를 없게 하지 못하거니와 오직 그리스도는 죄를 위하여 한 영원한 제사를 드리시고 하나님 우편에 앉으사"(히 10:11, 12). "헛된 행실에서 대속함을 받은 것은 은이나 금같이 없어질 것으로 된 것이 아니요 오직 흠 없고 점 없는 어린 양 같은 그리스도의 보배로운 피로 된 것이니라"(벧전 1:18, 19).

이런 성경 구절들의 의미는 너무나도 분명하다. 그리스도의 죽음은 하나님의 백성의 죄를 속량했다. 그러나 피의 속죄라는 개념은 스스로가 성경보다 더 교양적이라고 생각하는 사람들의 점잖은 척하는 감수성이 수용하기에는 무척이나 꺼림칙하다(소위 '진보적인' 생각을 지닌 사람들이 화목 제물이라는 용어를 탐탁하지 않게 생각하는 이유도 스스로 세련된 척하는 태도 때문이다). 그런 이유로 몇몇 저술가들과 신학자들은 거짓 속죄설을 만들어냈다. 그들은 가능한

---

[2] 이 책의 부록 1을 참조하라. 아울러 다음 자료를 참조하라. John MacArthur, "How Are We to Understand the Atonement?" *The Freedom and Power of Forgiveness* (Wheaton: Crossway, 1998), 193-204.

한 의도적으로 십자가의 거리끼는 것을 제거하려고 노력했다. 그들은 그리스도의 죽음이 죄에 대한 그분의 의로운 분노를 달래고 만족시키기 위한 제물이었다는 진리에 어긋나는 거짓 이론을 제시했다.

그렇다면 그런 거짓된 속죄설 가운데는 어떤 것들이 있을까?[3] 첫째는 '도덕적 영향설'이다. 이것은 그리스도의 죽음이 개인적인 희생과 이타적인 사랑의 본보기일 뿐 구원의 대가를 위한 속전이 아니라는 견해다. 대다수 자유주의 신학자들이 이 견해를 주장한다. 속죄에 관한 그런 관점은 행위 지향적인 종교로 귀결될 수밖에 없다. 그리스도의 사역이 대리적 희생이 아닌 본받아야 할 본보기일 뿐이라면 인간의 노력으로 구원을 얻으려고 힘쓰는 길밖에는 없다.

둘째는 '사탄 배상설'(1세기 속사도 시대에 흔했던 견해다)이다. 이 견해는 그리스도의 죽음을 충실한 신자들의 구원을 위해 사탄에게 그 대가를 치른 것으로 간주한다. 물론 이런 견해를 뒷받침해 줄 성경의 증거는 어디에도 없다. 이 견해는 '구원의 대가'를 뜻하는 '대속물'이라는 성경 용어를 그릇 이해한 데서 비롯했다. 이 견해는 성경의 모든 증거를 주의 깊게 고려하지 않는다. 성경은 그리스도의 죽음이 하나님께 드린 '제물과 희생'이라고 분명하게 가르친다(엡 5:2; 히 9:14).

셋째는 17세기 초에 네덜란드 법률 전문가인 휴고 그로티우스가 제기한 '통치설'이다. 그는 십자가가 대속물이 아니라 죄에 대한 하나님의 진노를 생생하게 보여주는 상징이기 때문에 하나님의 도덕적인 통치를 공개적으로 옹호하는 의미를 지니는 것으로 이해해야 한다고 주장했다. 미국 부흥 강사 찰스 피니가 그로티우스의 견해를 채택했고, 18, 19세기에 '뉴잉글랜

---

[3] 여러 가지 속죄설과 그것에 관한 다양한 견해들의 역사에 관해 좀 더 자세히 알고 싶으면 다음 자료를 참조하라. Archibald Alexander Hodge, *The Atonement* (Philadelphia: Presbyterian Board of Publication, 1876).

드'의 유력한 신학자들도 그 뒤를 따랐다. 최근에는 급진적인 아르미니안주의자들이 이 견해를 다시 부각시켰다. 그들이 이 견해를 지지하는 이유는 그리스도께서 다른 사람을 대신해 죽으셨다는 것을 인정하고 싶지 않기 때문이다. (성경이 그리스도께서 자원해서 그 역할을 감당하셨다고 가르치는데도) 그들은 이 진리를 부당하다고 생각한다.

지난 25년 동안 줄곧 인기를 누려온 또 하나의 견해는 '승리자 그리스도 속죄설'이다. 지금은 실패로 돌아간 이머징 운동의 대다수 지도자들을 비롯해 많은 신세대 신학자들이 이 견해를 선호한다.[4] 그들은 그리스도의 죽음과 부활이 타락한 인류의 원수들(죄, 죽음, 마귀, 그리고 특히 하나님의 율법)을 제압하고 승리를 거둔 것을 의미할 뿐이라고 생각한다. 그들은 그리스도의 속죄 사역의 의미를 축소시켜 그분이 실제로 이루신 것 가운데 일부만을 채택하기 원한다. 물론 그리스도께서는 "우리를 거스르고 불리하게 하는 법조문으로 쓴 증서를 지우셨고", "통치자들과 권세들을 무력화하셨다"(골 2:14, 15). 그러나 인류의 원수들에 대한 승리라는 주제는 성경이 십자가에 관해 가르치는 모든 것을 옳게 고려하지 않는다. 이것은 속죄의 의미를 인위적으로 심각하게 축소시킨 속죄설에 지나지 않는다.

'승리자 그리스도 속죄설'을 채택하는 사람들은 승리를 나타내는 표현을 좋아할 뿐, 죄를 위한 희생이나 화목과 같은 성경 용어들은 탐탁하지 않게 생각한다. 그런 견해를 주장하는 사람들은 대부분 그리스도께서 십자가에서 자신을 하나님께 드리셨다는 것을 강하게 부인한다. 결국 이것은 정의에 대한 율법의 요구를 무시하고 배제함으로써 하나님의 사랑을 높이고

---

[4] "특히 이 속죄설은 폭발적인 인기를 끌었다." Mark Galli, "The Problem with Christus Victor," *Christianity Today*, April 7, 2011. 이머징 운동을 설명하고 비판한 내용을 살펴보고 싶으면 다음 자료를 참조하라. John MacArthur, *The Truth War* (Nashville: Nelson, 2007).

존귀하게 여기는 척하는 모양새만 갖춘 또 하나의 비성경적인 견해에 지나지 않는다.

이 모든 속죄설은 '화목'이라는 성경적 원리를 무시한다. 대다수 사람들은 의도적으로 그렇게 한다. 그 이유는 하나님의 사랑을 왜곡된 시각으로 바라보기 때문이다. 사람들이 이런 견해들에 이끌리는 이유는 하나님의 긍휼이 그분의 정의와 근본적으로 양립할 수 없다는 그릇된 통념을 지니고 있기 때문이다. 그들은 하나님이 용서를 베풀려면 정의의 요구를 무시하셔야 한다고 생각한다. 그들은 하나님의 의가 만족을 필요로 하지 않는다고 결론짓고, 그분이 자신의 의를 주장하지 않고 죄로 인해 야기된 의의 채무를 요구하지 않으신다고 믿는다. 이런 그릇된 가설들은 정의의 보응이라는 개념을 모두 배제한 채 그리스도의 죽음을 설명해야 한다고 주장한다.

죄의 속죄에 관한 성경의 가르침을 온전히 포괄하는 견해는 '형벌적 대리 속죄론'밖에 없다. 나는 앞서 1장에서 속죄를 다루면서 이 문구를 한 차례 사용했지만 그때에는 그 의미를 충분히 설명하지 않았다. '형벌적 대리 속죄론'은 뭔가 비의적인 의미가 담긴 전문 용어처럼 들릴지도 모르지만 사실은 매우 간단하다. '형벌적'이라는 수식어는 곧 죄를 지었기 때문에 주어지는 징벌을 의미하고, '대리'는 말 그대로 '대신, 대체'를 의미한다. 따라서 '형벌적 대리 속죄론'은 교환의 의미, 곧 한 사람이 다른 사람이 받아야 할 형벌을 대신 감당한다는 의미를 지닌다. 그리스도의 죽음은 형벌을 대신 당한 것이다. 그분은 자기 백성의 죄를 위해 죄책과 형벌을 감당하셨다.

이것은 하나의 '설'이 아니라 성경의 명백한 가르침이다. 신약 성경의 저자들이 그리스도의 죽음의 적절성을 언급한 성경 본문을 살펴보면 거의 모든 곳에서 대리 속죄의 표현이 두드러져 나타나는 것을 알 수 있다. "그리스도께서 경건하지 않은 자를 위하여 죽으셨도다"(롬 5:6). "우리가 아직 죄인 되었을 때에 그리스도께서 우리를 위하여 죽으심으로"(8절). 예수님은 "우리가 범죄한 것 때문에 내줌이 되고 또한 우리를 의롭다 하시기 위하여 살아나셨느니라"(롬 4:25). "성경대로 그리스도께서 우리 죄를 위하여 죽으시고"(고전 15:3). "그리스도께서…우리 죄를 대속하기 위하여 자기 몸을 주셨으니"(갈 1:4). "우리는 그리스도 안에서…그의 피로 말미암아 속량 곧 죄 사함을 받았느니라"(엡 1:7). "이와 같이 그리스도도 많은 사람의 죄를 담당하시려고 단번에 드리신 바 되셨고"(히 9:28). "친히 나무에 달려 그 몸으로 우리 죄를 담당하셨으니"(벧전 2:24). "그리스도께서도 단번에 죄를 위하여 죽으사 의인으로서 불의한 자를 대신하였으니 이는 우리를 하나님 앞으로 인도하려 하심이라"(3:18). "그는 우리 죄를 위한 화목 제물이니"(요일 2:2). "그가 우리를 위하여 목숨을 버리셨으니"(3:16). "사랑은 여기 있으니 우리가 하나님을 사랑한 것이 아니요 하나님이 우리를 사랑하사 우리 죄를 속하기 위하여 화목 제물로 그 아들을 보내셨음이라"(4:10). 이렇듯 신약 성경의 저자들이 모두 한목소리로 그리스도께서 무죄한 대리자로서 우리의 죄를 위해 대신 형벌을 당해 죽으셨다고 증언한다.

형벌적 대리 속죄론을 입증하는 핵심 본문

신약 성경의 서신서에 기록된 복음에 관한 성경 본문 가운데 내가 좋아하는 대목은 고린도후서 5장 18-21절이다. 바울이 복음의 메시지를 한두 구절로 압축해 표현한 내용 가운데 이 대목의 마지막 문장보다 더 강력한 의미를 전하는 문장은 아마도 거의 없을 것이다.

"모든 것이 하나님께로서 났으며 그가 그리스도로 말미암아 우리를 자기와 화목하게 하시고 또 우리에게 화목하게 하는 직분을 주셨으니 곧 하나님께서 그리스도 안에 계시사 세상을 자기와 화목하게 하시며 그들의 죄를 그들에게 돌리지 아니하시고 화목하게 하는 말씀을 우리에게 부탁하셨느니라 그러므로 우리가 그리스도를 대신하여 사신이 되어 하나님이 우리를 통하여 너희를 권면하시는 것같이 그리스도를 대신하여 간청하노니 너희는 하나님과 화목하라 하나님이 죄를 알지도 못하신 이를 우리를 대신하여 죄로 삼으신 것은 우리로 하여금 그 안에서 하나님의 의가 되게 하려 하심이라."

마지막 문장은 바울이 속죄를 어떻게 이해했는지를 분명하게 보여준다. 이 말씀은 형벌적 대리 속죄의 원리를 굳게 확립한다. 칭의의 교리가 복음을 옳게 이해하는 데 그토록 중요한 이유도 여기에서 발견된다. 또한 이 말씀은 신자들에게 전가된 의가 어디에서부터 비롯한 것인지를 보여줄 뿐 아니라, 그리스도의 죽음은 물론 그분의 삶이 지닌 의미를 명확하게 드러낸다.

이 대목의 핵심 용어는 '화목'이다. 위의 세 구절 안에 화목과 그 관련어가 다섯 차례나 사용되었다. 그것이 그리스도께서 세상에 오신 목적이었다. 그분이 오신 목적은 "잃어버린 자를 찾아 구원하고"(눅 19:10), "자기 백성을 그들의 죄에서 구원하기"(마 1:21) 위해서였다. 이 구원의 목적이 죄인들을 하나님과 화목하게 하는 사역을 통해 이루어졌다. 이것은 사탄에게 속전을 지불한 것과도 아무 상관이 없고, 잃어버린 자들에게 새로운 지침이나 본받아야 할 좋은 본보기를 제시하는 것과도 거리가 멀다. 이 문맥에서 '화목'은 인종적, 민족적, 종교적 장벽을 무너뜨리는 것을 의미하지 않는다. 이것은 "하나님께서 그리스도 안에 계시사 세상을 자기와 화목하게 하신" 것을 의미한다(고후 5:19).

앞의 본문은 우리에게 익숙한 진리를 다시금 상기시킨다. 복음의 요지에 해당하는 본문의 주제는 (죄인들이 하나님을 위해 이룬 것이 아니라) 하나님이 죄인들을 위해 이루신 것이 무엇인지를 밝힌다. 하나님은 성육하신 성자의 인격을 통해 죄를 지은 인류를 대신해 자기로부터 멀어진 그들을 다시 회복하셨다. 바울은 다른 곳에서 "전에 악한 행실로 멀리 떠나 마음으로 원수가 되었던 너희를 이제는 그의 육체의 죽음으로 말미암아 화목하게 하사"(골 1:21, 22)라고 말했다.

바울은 그리스도의 속죄 사역을 증언했다.

그는 그 과정에서 복음의 핵심을 놀랍도록 잘 요약했다. 그는 로마서에서는 좀 더 길게 체계적으로 복음을 증언했지만, 여기에서는 그와는 다르게 복음의 원리를 압축적으로 다루었다. 그런데도 복음의 근본 진리가 어떤 것은 분명하게, 어떤 것은 암묵적으로 하나도 빠짐없이 모두 담겨 있다. 예를 들어, 앞의 본문은 죄의 문제를 전제한다. 바울이 로마서 1-3장에서 인간의 타락에 대해 자세히 논했기 때문에 우리는 모든 인류가 타락하고 부패해 하나님과 반목하게 되었다는 사실을 분명하게 알 수 있다. 여기에도 인간의 전적 부패라는 끔찍한 진리가 함축되어 있다. 이 문제는 앞에서 논의했기 때문에 여기에서는 더 이상 다루지 않겠다.

아울러 우리는 여기에서 전가의 원리를 확실하게 언급한 내용을 발견할 수 있다. 이 주제는 19절에서 다른 표현으로 언급되었다. 바울은 하나님이 자신과 화목하게 된 사람들의 죄를 그들에게 돌리지 않으셨다고 말했다(이 말씀은 시편 32편 2절과 로마서 4장 6-8절과 일맥상통한다). 그리고 나서 그는 21절에서 신자의 죄가 그리스도께 전가되었고, 그리스도의 의가 신자의 의로 간주되었다고 명확하게 밝혔다. 비록 전가를 뜻하는 전형적인 표현이 사용되지는 않았지만 바울이 이 구절에서 말한 것은 모두 전가의 교리에 초점을 맞추고 있다(이 점은 본문의 그 부분을 다룰 때 다시 살펴볼 생각이다).

이번에는 본문에서 가장 두드러져 나타난 것이 무엇인지를 잠시 생각해 보기로 하자.

하나님의 뜻

구원은 죄인이 스스로 이루는 것이 아니라 하나님의 창조적인 사역에 해당한다는 것이 본문의 핵심 주제라는 것을 잊지 말라. 고린도후서 5장 17절은 이 점을 입증하기 위한 구절로 종종 인용된다. "그런즉 누구든지 그리스도 안에 있으면 새로운 피조물이라 이전 것은 지나갔으니 보라 새 것이 되었도다." 이 말씀의 요점은 분명하다. 그것은 구원은 전적으로 하나님의 주권적인 사역을 통해 이루어진다는 것이다. '새로운 피조물'을 만드는 것은 하나님이 하시는 일이다. 그것은 죄인의 자기 개선에 의한 결과물이 아니다. "우리는 그가 만드신 바라 그리스도 예수 안에서 선한 일을 위하여 지으심을 받은 자니"(엡 2:10).

바울은 그 진리를 분명하게 강조함으로써 형벌적 대속을 다루는 이 본문을 시작했다. "모든 것이 하나님께로서 났으며 그가 그리스도로 말미암아 우리를 자기와 화목하게 하시고"(고후 5:18). 하나님이 먼저 행동을 취해 자기와 반목하는 타락한 피조물의 구원을 이루신다. 하나님의 주권적인 개입이 없으면 아무도 구원받을 수 없다. 하나님은 그들이 스스로 할 수 없는 일을 그들을 위해 대신해 주신다.

이것이 신자들에게 어떤 의미가 있는지 생각해 보자. 그리스도인들은 전에는 하나님의 원수였지만 이제는 그분과 올바른 관계를 회복했다. "우리가 원수 되었을 때에 그의 아들의 죽으심으로 말미암아 하나님과 화목하게 되었은즉"(롬 5:10). 우리의 구원은 우리 자신이 이룬 것이 아니다. 구원은 우리가 스스로 이루는 것이 아니다. 심지어 우리의 믿음도 우리 자신의 자유의지에 의한 독립적인 선택이 아닌 하나님의 선물이다. "그리스도를 위하여 너희에게 은혜를 주신 것은…그를 믿을 뿐 아니라"(빌 1:29). 하나님은 죄인들에게 "회개함을 주사 진리를 알게" 하신다(딤후 2:25). 바울은 열심히 믿는 사람들에게 그들의 삶에 활력을 주는 믿음조차도 하나님의 은혜로운 선물이라는 사실을 상기시켜 주었다. "너희 안에서 행하시는 이는 하나님이시니 자기의 기쁘신 뜻을 위하여 너희에게 소원을 두고 행하게 하시나니"(빌 2:13).

성경은 항상 구원을 하나님의 주권적인 사역으로 강조한다. 신자들은 "혈통으로나 육정으로나 사람의 뜻으로 나지 아니하고 오직 하나님께로부터 난 자"들이다(요 1:13). 하나님은 "자기의 뜻을 따라 진리의 말씀으로 우리를 낳으셨다"(약 1:18). 예수님도 구원을 하나님의 주권적인 사역으로 거듭 강조하셨다. 그분은 구원받은 자들이 믿는 이유는 그들이 선택되었기 때문이라고 말씀하셨다(믿기 때문에 선택된 것이 아니다). 예수님은 제자들에게는 "너희가 나를 택한 것이 아니요 내가 너희를 택하여 세웠나니"(요 15:16)라고 말씀하셨고, 강퍅한 불신자들에게는 "너희가 내 양이 아니므로 믿지 아니하는도다"(10:26)라고 말씀하셨다. 그분은 또 "아버지께서 내게 주시는 자는 다 내게로 올 것이요"(6:37)라고 말씀하셨다.

신약 성경의 저자들 가운데 하나님의 주권을 바울 사도보다 더 자주, 더 분명하게 강조한 사람은 없다. 그것은 그가 복음을 언급할 때마다 다루었던 주된 주제 가운데 하나였다. 이것이 그가 종종 죄의 문제에서부터 말을 시작했던 이유다. 그는 타락한 상태에 있는 사람들을 "그리스도 밖에 있었고 이스라엘 나라 밖의 사람"이자 "약속의 언약들에 대하여는 외인이요 세상에서 소망이 없고 하나님도 없는 자"로 일컬었다(엡 2:12). 거듭나지 않은 사람들은 죄에 속박된 종이다(롬 6:20; 요 8:34). 그들은 하나님을 거역함으로써 그분의 원수가 되었다. 따라서 그들 스스로는 죄를 속량할 방법이 없다. "육에 속한 사람은 하나님의 성령의 일들을 받지 아니하나니 이는 그것들이 그에게는 어리석게 보임이요, 또 그는 그것들을 알 수도 없나니 그러한 일은 영적으로 분별되기 때문이라"(고전 2:14).

죄인들이 구원을 받는다면 그것은 순전히 하나님의 사역 덕분이다. 구원은 그들의 노력이나 그들 자신의 공로와 전혀 무관하다. "그런즉 원하는 자로 말미암음도 아니요 달음박질하는 자로 말미암음도 아니요 오직 긍휼히 여기시는 하나님으로 말미암음이니라"(롬 9:16).

바울은 죄인들이 이런 가르침을 무시하거나 부인하려는 성향을 지니고 있다는 것을 잘 알면서도 그렇게 말하는 것을 조금도 주저하지 않았다. 사실, 그는 기회가 있을 때마다 이 진리를 강조했다. 바울은 복음을 옳게 이해하려면 죄인들의 구원이 하나님의 주권적인 뜻에 따라 이루어진 그분의 사역에 전적으로 의존한다는 확신이 반드시 필요하다고 믿었다.

"우리도 전에는 어리석은 자요 순종하지 아니한 자요 속은 자요 여러 가지 정욕과 행락에 종노릇한 자요 악독과 투기를 일삼은 자요 가증스러운 자요 피차 미워한 자였으나 우리 구주 하나님의 자비와 사람 사랑하심이 나타날 때에 우리를 구원하시되 우리가 행한 바 의로운 행위로 말미암지 아니하고 오직 그의 긍휼하심을 따라 중생의 씻음과 성령의 새롭게 하심으로 하셨나니 우리 구주 예수 그리스도로 말미암아 우리에게 그 성령을 풍성하게 부어주사"(딛 3:3-6).

바울은 구원을 하나님과 죄인의 협력 사역으로 가르친 적이 없다. "육신의 생각은 하나님과 원수가 되나니 이는 하나님의 법에 굴복하지 아니할 뿐 아니라 할 수도 없음이라 육신에 있는 자들은 하나님을 기쁘시게 할 수 없느니라"(롬 8:7, 8). 죄인들 스스로에게만 맡겨두면 언제까지나 계속해서 죄를 지을 뿐이다. 타락한 피조물의 강퍅한 고집과 스스로를 속이는 마음은 자기를 개선할 능력이 없다. 구스인이 피부색을, 표범이 반점을 변하게 할 수 없는 것처럼 죄인도 자신의 마음을 변화시킬 수 없다(렘 13:23). 예수님도 "나를 보내신 아버지께서 이끌지 아니하시면 아무도 내게 올 수 없으니…내 아버지께서 오게 하여 주지 아니하시면 누구든지 내게 올 수 없다"(요 6:44, 65)라는 말씀으로 그런 사실을 강조하셨다. 죄인을 그리스도께로 이끄는 결정적인 요인은 하나님의 뜻이다.

화목의 말씀

그럼에도 불구하고 복음은 모든 사람을 공개적으로 초청한다. 믿음으로의 부름은 복음을 듣는 모든 사람에게 차별 없이 적용된다. 사실, 바울은 '부름'이나 '초청'보다 더 강력한 표현을 사용했다. 그는 "하나님이 우리를 통하여 너희를 권면하시는 것같이 그리스도를 대신하여 간청하노니 너희는 하나님과 화목하라"(고후 5:20)라고 말했다.

'권면하시는'으로 번역된 헬라어는 '파라칼레오 파라칼레'이다. 이 말은 권고, 부탁, 권유를 의미한다. 그보다는 '간청하노니'(데오마이)로 번역된 말이 더 강한 뜻이다. 간청의 의미를 담고 있는 이 말은 성경에 흔히 등장하며, 간절한 기도를 묘사할 때 종종 사용되었다. 귀신들린 아들을 둔 아버지가 누가복음 9장 38절에서 이 말을 사용했다. 그는 "선생님 청컨대 내 아들을 돌보아 주옵소서"라고 예수님께 도움을 간구했다.

이것이 복음 초청이 이루어질 때의 기본적인 어조다. 바울은 그것을 "화목하게 하는 말씀"(고후 5:19)으로 일컬었다. "그리스도를 대신하여 간청하노니 너희는 하나님과 화목하라"(20절)라는 말씀처럼, 하나님은 자신의 사자들이 그런 심정으로 복음을 전하기 원하신다. 복음 초청은 열의가 없는 제안이나 엄한 명령이 아니라 하나님의 권위에 근거한 간절하고도 진지한 호소, 곧 죄인들에게 회개하는 믿음을 촉구하는 간곡한 권유다.

이 메시지를 온 세상에 전하는 것이 모든 신자의 의무다. 하나님은 "우리에게 화목하게 하는 직분을 주셨다"(18절). 이것이 그리스도인들이 복음을 정확하게 이해해 분명하고 설득력 있게 전할 수 있는 능력을 갖추는 것이 매우 중요한 이유다. 하나님이 우리를 자신의 사자로 불러 세우신 이유는 "하나님께서 그리스도 안에 계시사 세상을 자기와 화목하게 하신다"(19절)는 사실을 전하고, "하나님과 화목하라"(20절)고 간절히 권유하게 하시기 위해서다. 우리는 "그리스도를 대신하여…하나님이 우리를 통하여…권면하시는 것같이" 말하는 '그리스도의 사신'이다.

'사신'이라는 말에 담겨 있는 풍부한 의미를 간과하지 않도록 주의하라. 사신은 공식적으로 파견된 대리자로 자신이 대표하는 정부를 대신해 메시지를 전하는 임무를 수행한다. 그가 말하는 것은 곧 한 나라의 합법적인 수장의 권위에 근거해 말하는 것이다. 그는 자신이나 청중의 취향이나 성격에 적합하게 메시지를 변경시키지 않는다. 그는 편집자나 대본 개작 전문가가 아니다. 그에게는 전해야 할 메시지가 주어진다. 그는 그것을 고쳐 쓰거나 축소하거나 수정하거나 어떤 식으로든 변경시킬 권한이 없다. 그는 자기의 마음에 들지 않는다는 이유로 메시지의 일부를 생략할 권한도 없고, 개인적인 의견을 전할 수도 없다. 그의 임무는 자신에게 주어진 메시지를 정확하게 전하는 것이다.

우리가 이 중요하고도 극도로 긴급한 임무를 성실히 수행해야 할 이유는 충분하다. 무엇보다 그리스도의 십자가가 하나님의 무서운 심판을 분명하게 보여준다. "우리는 주의 두려우심을 알므로 사람들을 권면하거니와"(고후 5:11). 또한 "그리스도의 사랑이 우리를 강권한다"(14절). 그 어떤 위협이나 역경이나 거절이나 박해나 경멸도 우리를 좌절시킬 수 없다. 우리는 가능한 한 설득력 있게 죄인들에게 '하나님과 화목하라.'고 간청해야 한다.

'화목'(reconciliation)은 헬라어 '카탈라그'를 번역한 것이다. 이 말은 전에 갈등 관계에 있는 양측이 호의와 선의와 우정의 관계를 다시 회복하는 것을 의미한다. 이 헬라어는 약간 다른 의미로 상거래의 관계에서 주로 사용되었다. 그런 상황에서 이 말은 교환의 의미를 지닌다. 모든 거래는 교환을 통해 이루어진다. 고객은 상인에게 돈을 주고, 돈의 가치에 상응하는 상품이나 용역을 제공받는다. 그런 식으로 거래가 완료되면 양측이 "화목되었다."라고 말했다. 이 말을 옮긴 영어도 그와 비슷하게 수지결산을 맞춘다는 의미(예를 들면, 수표 등록부의 내역이 일치하는지를 확인하는 경우)로 사용되기도 한다.

하나님이 죄인을 자신과 화목하게 하실 때 사용하시는 교환 방식은 참으로 놀랍다. 거기에는 인간의 생각으로는 상상조차 하지 못할 거래가 포함되어 있다. 그것은 '죄인이 어떻게 하나님과 화목하는가?'에 대한 인간의 모든 생각을 완전히 뒤엎는다. 지금까지 거듭 살펴본 대로 죄인이 선행을 비롯해 스스로가 제시하는 그 어떤 것을 통해 하나님의 호의를 획득하는 것이 아니다. 죄인은 제쳐놓고, 하나님이 "세상을 자기와 화목하게 하신다"(고후 5:19).

물론 죄책은 반드시 처리되어야 한다. 왜냐하면 그것이 죄인과 하나님과의 관계가 단절된 이유이기 때문이다. 앞서 말한 대로 하나님은 교묘한 속임수를 사용해 용서를 베풀지 않으신다. 하나님의 의와 거룩한 율법의 명예를 위해 실질적인 형벌을 포함하는 진정한 처리가 이루어져야 한다. 하나님이 무작정 죄인들의 죄를 그들에게 돌리지 않으시는 것은 의롭지 못하다(19절 참조). 죄의 삯, 곧 사망의 형벌이 반드시 집행되어야 한다(롬 6:23). 하나님의 거룩하신 본성이 죄에 대한 진노가 온전히 만족되기를 요구한다.

그것은 유한한 인간으로서는 도저히 갚을 수 없는 대가였다. 죄인은 지옥에서 영원히 형벌을 받는다고 해도 죗값을 다 치를 수 없다. 따라서 무한히 거룩하신 하나님의 아들이 자원해서 죄인들을 대신해 그 무한히 큰 대가를 갚아주셨다.

바울은 고린도후서 5장 21절에서 어떻게 그런 거래가 이루어졌는지를 설명했다. 그의 말은 진정 놀랍기 그지없다. "하나님이 죄를 알지도 못하신 이를 우리를 대신하여 죄로 삼으신 것은 우리로 하여금 그 안에서 하나님의 의가 되게 하려 하심이라." 이것이 신자들과 하나님과의 화목을 성사시킨 교환이다. 그리스도께서 우리의 죄와 자신의 의를 맞교환하셨다.

언뜻 생각하면 이해하기가 쉽지 않다. 하나님이 자신의 무죄한 아들을 '죄로 삼으셨다.' 이 말은 과연 무슨 의미일까?

이 말은 그리스도께서 죄가 있거나 어떤 식으로든 개인적인 죄에 오염되었다는 의미와는 전혀 거리가 멀다. 하나님은 자신의 사랑하는 아들을 죄인으로 만들지 않으셨다. 사실 그리스도께서는 죄를 지을 능력이 없으시다. 그분은 하나님이시다. 그분은 인간이 되기 위해 신성을 포기하지 않으셨다. 성경은 "주께서는 눈이 정결하시므로 악을 차마 보지 못하시며"(합 1:13)라고 말씀한다. 이것은 하나님이 죄를 인정하거나 묵인하지 않으신다는 뜻이다. "하나님이 거짓말을 하실 수 없는…"(히 6:18). 그분은 "자기를 부인하실 수 없다"(딤후 2:13). 따라서 하나님은 결코 죄를 지으실 수 없다.

그리스도께서 죄를 짓지 않으셨다는 것은 명백한 사실이다. 성경은 그리스도께서 "흠 없는 자기를 하나님께 드렸다"고 말씀한다(히 9:14). 그분은 "거룩하고 악이 없고 더러움이 없고 죄인에게서 떠나 계신다"(7:26). 그분은 "죄를 범하지 아니하시고 그 입에 거짓도 없으시다"(벧전 2:22). 고린도후서 5장 21절도 그리스도께서 "죄를 알지도 못하셨다"고 말씀했다.

물론 이것은 예수님이 개인적인 경험을 통해 죄를 알지 못하셨다는 뜻이다. 그분은 사실 죄에 관한 모든 것을 알고 계신다. 그분은 죄로 인해 저주받은 세상에서 사셨다. 그분의 가르침에는 죄를 짓지 말라고 권고하는 내용이 많다. 그분은 "땅에서 죄를 사하는 권세"를 가지고 계신다(눅 5:24). 그러나 그리스도께서는 세상에 거하시는 동안 죄로부터 온전히 자유로우셨다. 그분이 십자가의 고난을 당한 것도 죄를 지으셨기 때문이 아니었다.

하나님이 그리스도를 '죄로 삼으신 것'은 단지 전가에 의한 결과였다. 바울은 고린도후서 5장 19절에서 "하나님께서 그리스도 안에 계시사 세상을 자기와 화목하게 하시며 그들의 죄를 그들에게 돌리지 아니하시고"라고 말했다. 앞서 말한 대로 하나님은 죄를 묵인하거나 간과하지 않으신다. 따라서 바울의 말에 담긴 의미는 간단하고도 분명하다. 그것은 죄책에서 비롯한 법적 책임이 그리스도께 전가되었고, 그분이 그 형벌을 온전히 감당하셨다는 것이다.

엄숙한 법률적 의미에서 그리스도께서는 전가를 통해 믿기로 작정된 모든 사람의 죄책을 짊어지셨다. 그분은 그들의 비행과 우연한 잘못만이 아니라 의도적으로 저지른 가장 극악한 죄까지 모두 짊어지셨다. 그분은 수많은 음행하는 자, 우상숭배자, 간음하는 자, 탐색하는 자, 남색하는 자, 도둑, 탐욕을 부리는 자, 술 취하는 자, 모욕하는 자, 속여 빼앗는 자들을 대신하셨다(고전 6:9, 10). 그분은 그런 죄를 위해 형벌을 받으셨다. 그런 모든 죄가 하나의 고발장에 적시되었다고 상상해 보라. 그리스도께서는 하나님의 정의로운 법정에서 "만민의 심판자이신 하나님"(히 12:23) 앞에 자기 백성의 대리자로 나섰다. 그분은 그들에 대한 모든 고발 내용을 인정하시고, 죄인으로 판결받아 그 모든 형벌을 온전히 감당하셨다.

"그가 찔림은 우리의 허물 때문이요 그가 상함은 우리의 죄악 때문이라 그가 징계를 받으므로 우리는 평화를 누리고"(사 53:5). 그분은 인간이 상상할 수 있는 모든 불법을 저지른 악의 화신이 되셨다. 그분은 우리의 대리자로서 '우리를 위해 죄'가 되셨다. 이것이 "그리스도께서 우리 죄를 위하여 죽으시고"(고전 15:3)라는 성경 말씀의 의미다. '형벌적 대리 속죄론'은 이 모든 성경 본문의 의미를 옳게 드러내는 유일한 교리다.

그리스도의 사역

오늘날의 복음 전도자들은 복음이 마치 우리의 목적을 발견하는 수단이자 행복하고 형통하게 사는 법에 관한 지침이자 인간관계나 사업에서 성공을 거두는 방법에 관한 비결인 것처럼 말하는 경향이 있다. 많은 사람들이 "하나님은 당신을 사랑하시고, 당신을 위한 멋진 계획을 가지고 계십니다."라고 말하는 것을 가장 좋은 복음 전도의 출발점이라고 생각한다.

복음을 그런 식으로 전하는 것이 요즘의 그리스도인들 사이에서 상투적인 관행처럼 되었다. 오늘날의 교인들은 그런 식으로 복음을 전하는 말을 들어도 전혀 우려하지 않는다. 그들은 그런 말들이 바울이 전하고 옹호했던 복음에서 얼마나 크게 벗어난 것인지 알지 못한다. 그런 사람들의 문제는 복음을 인간의 삶과 목적과 행복에 관한 메시지로 바꾸는 것에 있다. 인간이 이야기의 중심이자 주제가 된다.

바울이 그런 말들을 들었더라면 깜짝 놀라며 분노했을 것이 틀림없다. 우리가 지금까지 살펴본 모든 성경 본문 가운데 두드러지게 나타나는 한 가지 사실은 "예수 그리스도와 그가 십자가에 못 박히신 것"(고전 2:2)이 바울이 전한 복음의 주제였다는 것이다. 바울 사도는 복음이 그릇된 방향으로 치우치지 않도록 극도로 조심했다.

바울은 고린도후서 말씀(5:18-21)을 통해 어떻게 하나님이 "그리스도로 말미암아 우리를 자기와 화목하게 하셨는지"를 설명하기 원했다(18절). 그는 모든 구절에서 하나님과 그리스도를 함께 언급했다. 그는 그 네 구절에서 '하나님'을 각각 최소한 한 번 이상 언급했다(모두 5회). 그는 또한 대명사('그분 자신'과 '그분')를 사용해 하나님을 세 차례나 더 언급했고, 그리스도라는 메시아적 칭호를 네 차례 사용했다. 그는 마지막 구절에서는 대명사('그분을')를 사용해 그리스도를 두 차례 더 일컬었다. 본문 전체가 인간 중심적이 아닌 하나님 중심적이었다. 복음에 관해 말할 때는 항상 그래야 한다. 복음은 그리스도의 사역을 통해 나타난 하나님의 목적에 관한 메시지다. 죄인인 인간의 목적은 부차적이다. 이것(복음은 그리스도의 속죄 사역에 관한 선언이라는 것)이 곧 이번 장에서 우리가 처음에 다루었던 주제다.

그럼에도 불구하고 이 주제는 마지막까지 여전히 계속된다. "하나님이 죄를 알지도 못하신 이를 우리를 대신하여 죄로 삼으신 것은"(고후 5:21). 그리스도께서 이 이야기의 주체이시고, 그분의 백성들은 객체들이다. 본문에서 구원받은 신자들을 가리키는 대명사가 모두 아홉 차례 사용되었다. 각 방언과 종족과 민족으로부터 온 사람들, 곧 그리스도께서 하나님과 화목하게 하신 사람들이 19절의 '세상'을 구성한다.[5] 그리스도께서 우리를 대신해 모든 것을 이루셨다.

그 목적은 무엇일까? 그것은 우리를 위로하거나 높이기 위해서가 아니라 그분의 영광을 위해서다. 바울은 "우리로 하여금 그 안에서 하나님의 의가 되게 하려 하심이라"(21절)라고 말했다.

신자들이 '의가 된다.'는 것은 무슨 의미일까? 그 대답도 간단하고도 분명하다. 이것은 마치 거울에 비친 상처럼 그리스도께서 '죄가 되신 것'과 반대를 이룬다. 즉 신자들의 죄가 그리스도께 전가된 것처럼 그분의 의가 그들에게 전가된다. 그들은 그리스도와 연합한 덕분에 전가를 통해 "하나님의 의가 된다."

고린도후서 5장 21절의 "그 안에서"라는 문구에 주목하라. 이것은 "그런즉 누구든지 그리스도 안에 있으면 새로운 피조물이라"는 17절과 일맥상통한다. 이 표현은 구원을 통해 일어나는 영적 연합을 가리킨다. 성령께서 신자 안에 거하심으로써 그리스도와의 영적 연합이 이루어진다. "우리가 유대인이나 헬라인이나 종이나 자유인이나 다 한 성령으로 세례를 받아 한 몸이 되었고 또 다 한 성령을 마시게 하셨느니라"(고전 12:13). 이 말씀은 모든 신자에게 적용된다. 우리는 '그리스도 안에' 있다. 바울이 에베소서 5장 30절에서 말한 대로 "우리는 그 몸의 지체이다." 교회, 곧 참 신자들의 공동체는 그리스도의 몸에 비유된다.[6] "교회는 그의 몸이니 만물 안에서

---

5) 바울은 이 세상에서 살았던 모든 사람들이 다 하나님과 화목할 것이라고 가르치지 않는다. 예수님과 바울 모두 소위 '보편구원론'을 단호히 배격했다(마 7:21-23; 롬 2:5-9). 이 문맥에서 '세상'은 성이나 계급이나 인종의 구별 없이 예수님 안에서 하나가 된 인류를 가리킨다(갈 3:28).
6) 『킹제임스 성경』과 『새 킹제임스 성경』은 에베소서 5장 30절 마지막에 "그의 살과 뼈로 된"이라는 문구를 덧붙인

만물을 충만하게 하시는 이의 충만함이니라"(엡 1:23). 그런 점에서 신자들은 하나님의 의를 구체적으로 드러낸다.

이처럼 고린도후서 5장 21절은 이중 전가(신자들의 죄가 그리스도께 전가되었고, 그분이 그에 상응하는 형벌을 온전히 감당하셨다는 것과 그분의 의가 그들에게 전가되었고, 그들은 그로 인해 의롭다 하심을 받게 되었다는 것)의 진리를 전한다. 주님의 완전한 의는 신자들의 불완전함을 가려주어 그들이 하나님 앞에서 의롭다 하심을 받을 수 있게 만드는 영광스런 옷과 같다. "그가 구원의 옷을 내게 입히시며 공의의 겉옷을 내게 더하심이 신랑이 사모를 쓰며 신부가 자기 보석으로 단장함 같게 하셨음이라"(사 61:10).

하나님은 그리스도께서 모든 신자들의 죄를 지은 것처럼 그분을 대하셨고, 신자들이 마치 그리스도의 완전한 삶을 산 것처럼 그들을 대하셨다. 이것이 고린도후서 5장 21절의 의미다. 그리스도께서는 우리의 완전한 대리자로서 우리의 죄를 위해 죽으심으로 "우리를 거스르고 불리하게 하는…증서를 지우시고 제하여 버리셨을"(골 2:14) 뿐 아니라, 하나님이 천국에 들어가는 조건으로 요구하시는 완전한 의를 이루셨다(마 5:20). 따라서 그분의 삶과 죽음이 모두 대리적인 차원에서 그분을 통해 하나님과 화목하게 된 사람들의 것으로 간주된다.

구원의 길

앞에서 구원이 하나님의 주권적인 사역이라고 강조했다. 그 이유는 이

다. 이 문구는 가장 초기의 헬라어 사본에서는 발견되지 않는다. 아마도 이 문구는 필사자가 창세기 2장 23절("아담이 이르되 이는 내 뼈 중의 뼈요 살 중의 살이라")을 염두에 두고 난외주를 기록할 의도로 덧붙인 해설인 듯하다. 물론 우리가 그리스도의 몸에 속한 지체라는 것은 살과 뼈의 물리적인 연합을 의미하지 않는다.

교리가 본문에 선명하게 드러나 있기 때문이다. 이것은 직관에 반하는 놀라운 진리임에 틀림없다. 하나님은 우리의 죄로 인해 분노하셨지만 주권적으로 제공한 속죄를 통해 먼저 죄인들과의 화목을 시도하셨다.

바울이 사용한 표현도 하나님의 구원 사역이 지니는 효율성을 강조한다. 하나님은 죄인들이 완수해야 할 사역을 시작하지 않으셨다. 하나님이 우리가 남은 일을 잘 처리하기를 바라는 마음으로 우리의 일에 개입하시는 것이 아니다. "모든 것이 하나님께로서 났으며 그가…우리를 자기와 화목하게 하시고"(고후 5:18). 죄인들의 구원은 전적으로 하나님의 사역에 의존한다. 그리스도께서는 "믿음의 주요 또 온전하게 하시는 이"(히 12:2)이시다. 죄인들이 스스로의 죄를 없애거나 공로를 세우기 위해 할 수 있는 일은 아무것도 없다.

그러나 죄인들은 그 과정에서 수동적이지 않다. 복음은 모든 죄인에게 의무를 촉구한다. 고린도후서 본문에도 간절한 호소가 담겨 있다. "그리스도를 대신하여 간청하노니 너희는 하나님과 화목하라"(고후 5:20).

하나님의 주권은 인간의 책임을 배제하지 않는다. 하나님은 우리가 하는 일과 하지 않는 일에 대한 책임을 물으신다. 그분이 그렇게 하는 것은 지극히 정당하다. 그분은 인간의 행위를 강제로 통제하지 않으신다. 『웨스트민스터 신앙고백』은 "그러나 하나님은 죄의 원인자가 아니시다. 또한, 피조물의 의지가 강압적으로 침해되지도 않는다."고 진술한다.[7] "왕의 마음이 여호와의 손에 있음이 마치 봇물과 같아서 그가 임의로 인도하시느니라"(잠 21:1)는 말씀은 사실이지만, 하나님은 인간의 의지를 강압이나 강제로 통제하지 않으신다. 그분은 꼭두각시를 조종하듯 인간의 행위를 조종

---

7) 『웨스트민스터 신앙고백』 3:1

하지 않으신다. 우리가 죄를 짓는다면 그것은 우리가 원해서 짓는 것이다. 하나님이 죄인을 그리스도께로 인도하실 때는 강제가 아닌 이끄심으로 하신다. 그분은 인간의 마음과 영혼을 거듭나게 해 그리스도를 거부할 수 없도록 이끄신다. 따라서 죄인이 구원받는다면 그 공로는 모두 하나님의 것이다. 그러나 우리가 죄를 지으면 그 책임과 죄책은 전적으로 우리에게 있다.

이것은 인간의 생각으로 납득하기 가장 어려운 진리 가운데 하나인 것처럼 들린다. 우리는 선한 일을 했을 때는 칭찬을 받고 싶어 하지만 죄를 지었을 때는 비난을 면하고 싶어 한다. 위대한 19세기 침례교 설교자 찰스 스펄전은 이 딜레마와 관련해 도움이 될 만한 말을 남겼다.

하나님의 예정과 인간의 책임은 인간이 분명하게 이해하기 어려운 두 가지 사실이다. 사람들은 이 두 사실이 서로 모순되고, 일관성이 없다고 생각한다. 만일 내가 성경의 한 곳을 근거로 모든 것이 예정되었다고 가르친다면 그것은 사실이다. 또 내가 성경의 또 다른 곳을 근거로 인간은 자신의 모든 행위를 책임져야 한다고 가르친다면 그 또한 사실이다. 이 두 진리가 서로 모순일 수 있다고 생각하는 것은 순전히 나의 어리석음 때문이다. 세상의 관점에서 보면 이 둘을 하나로 결합시킬 방도가 없지만 영원의 관점에서 보면 이 둘은 하나이다. 이 둘은 서로 밀접하게 붙어 있는 평행선과 같아서 인간의 마음으로는 아무리 살펴보고, 또 살펴보아도 서로 합쳐지는 것을 식별하기가 불가능하지만, 영원한 어느 지점, 곧 모든 진리가 흘러나오는 하나님의 보좌 가까운 곳에서는 서로 만나 하나로 합쳐져 있을 것이 틀림없다.[8]

---

8) Charles Spurgeon, "A Defense of Calvinism," *The Autobiography of Charles H. Spurgeon*, eds. Susannah Spurgeon and Joseph Harrald, 4 vols. (London: Passmore & Alabaster, 1899), 1:177.

하나님의 주권이 죄인의 책임을 면제하지 않는 것처럼, 죄인들에게 "하나님과 화목하라"고 권고하는 것도 하나님이 그런 권고를 듣고 반응하는 사람들을 주권적으로 이끄신다는 사실과 아무런 모순을 일으키지 않는다.

바울은 그 어떤 사람 못지않게 하나님의 주권을 강하게 확신했다. 그러나 그가 여기에서 말하려는 요점은 그런 권고의 말이 복음의 본질적인 특성 가운데 하나라는 것이다. 하나님은 타락한 인류의 불행에 무관심하지 않으시다. 그분은 악인이 죽는 것을 기뻐하지 않으신다(겔 18:23, 32, 33:11). 따라서 간절하고 열정적인 권고("간청하노니…하나님과 화목하라")를 하지 않는 것은 복음을 마땅히 전해야 할 방식대로 전하지 않는 것과 같다.

그러면 죄인은 어떻게 하나님과 화목할 수 있을까? 빌립보의 간수는 바울에게 "내가 어떻게 하여야 구원을 받으리이까"(행 16:30)라고 물었다.

그의 질문에 대한 바울의 대답은 그가 복음을 요약한 모든 성경 본문에서 발견되는 가르침과 동일했다. 그는 "주 예수를 믿으라 그리하면 너와 네 집이 구원을 받으리라"(31절)라고 말했다.

바울은 간수에게 자유로운 의지로 믿음을 선택함으로써 죄인이 구원을 얻기 위한 공로를 세워야 한다고 말하지 않았다. 앞서 말한 대로 믿음 자체가 선물이다. 하나님이 "지혜와 계시의 영을…주사 하나님을 알게 하신다"(엡 1:17). 루디아의 마음을 열어 바울의 말을 듣게 하신 분도 하나님이셨다(행 16:14).

그럼에도 불구하고 하나님은 "어디든지 사람에게 다 명하사 회개하라"고 명령하신다(행 17:30). 그분이 화목하라고 권고하지 않으시는 사람은 아무도 없다. 다음 장에서 하나님의 주권과 예정이라는 이 어려운 주제를 좀 더 자세히 살펴볼 생각이다. 여기에서 한 가지 분명하게 밝히고 싶은 요점은 억지로나 강제로 복음을 거부하도록 강요받는 사람은 아무도 없다는 것이다. 불신앙으로 등을 돌리는 사람들은 하나님의 심판을 받게 될 텐데 그 책임은 전적으로 그들 자신에게 있다(요 3:18). 그들은 "그 죄를 핑계할 수 없다"(요 15:22). "이는 하나님을 알 만한 것이 그들 속에 보임이라 하나님께서 이를 그들에게 보이셨느니라 창세로부터 그의 보이지 아니하는 것들 곧 그의 영원하신 능력과 신성이 그가 만드신 만물에 분명히 보여 알려졌나니 그러므로 그들이 핑계하지 못할지니라"(롬 1:19, 20).

불신앙은 물론, 무관심도 죄이기는 마찬가지다(요 16:9; 히 2:3, 12:25). 더욱이 "하나님을 믿지 아니하는 자는 하나님을 거짓말하는 자로 만드나니 이는 하나님께서 그 아들에 대하여 증언하신 증거를 믿지 아니하였음이라"(요일 5:10)라는 말씀대로 불신앙은 하나님을 모욕하는 행위이기도 하다.

복음의 권고를 받아들이는 사람은 모두 그리스도 안에서 하나님과 온전히 화목한다. 사랑하는 독자들이여, 스스로가 죄에 속박되어 있기 때문에 하나님의 은혜가 절실히 필요하다는 사실을 깨달았거든 구하고, 찾고, 두드려라. 예수님은 "구하라 그리하면 너희에게 주실 것이요 찾으라 그리하면 찾아낼 것이요 문을 두드리라 그리하면 너희에게 열릴 것이니 구하는 이마다 받을 것이요 찾는 이는 찾아낼 것이요 두드리는 이에게는 열릴 것이니라"(마 7:7, 8)라고 말씀하셨다. 하나님께 나오는 사람은 결코 거절당하지 않을 것이다(요 6:37).

6장
그리스도와 함께 살아나다

"잠자는 자여 깨어서 죽은 자들 가운데서 일어나라
그리스도께서 너에게 비추이시리라"(엡 5:14).

바울이 복음을 간단하게 요약한 본문 중에서 에베소서 2장 8, 9절만큼 자주 인용되는 구절은 거의 없다. 이것은 많은 새 신자들이 처음 암기하는 성경 구절 가운데 하나다. "너희는 그 은혜에 의하여 믿음으로 말미암아 구원을 받았으니 이것은 너희에게서 난 것이 아니요 하나님의 선물이라 행위에서 난 것이 아니니 이는 누구든지 자랑하지 못하게 함이라."

이 구절의 전후 문맥은 그렇게 널리 알려져 있지는 않지만 그 전체 단락(엡 2:1-10)은 바울이 전한 복음을 연구하는 데 매우 큰 도움과 교훈을 제공한다. 복음의 중요한 몇 가지 주제를 하나로 결집시킨 이 성경 본문은 그 의미가 무척이나 풍부하다. 바울은 이 짧은 성경 본문에서 인간의 타락, 하나님의 은혜, 하나님의 주권, 중생, 칭의, 성화, 참 신자의 삶에 관한 심오한 진리를 가르쳤다.

그러나 이 본문의 중심 주제는 간단명료하다. 바울은 에베소 신자들에게 그들이 그리스도를 믿게 된 것은 그리스도께서 죽은 자 가운데서 부활해 하늘로 승천하신 것과 유사한 기적이라고 설명했다.

이 주제는 에베소서 첫 장, 곧 바울이 에베소 교회를 위해 기도한 내용이 기록된 대목에 처음 등장한다(엡 1:17-23). 그의 구체적인 간구 내용 가운데 하나는 "그의 힘의 위력으로 역사하심을 따라 믿는 우리에게 베푸신 능력의 지극히 크심이 어떠한 것을 너희로 알게 하시기를 구하노라 그의 능력이 그리스도 안에서 역사하사 죽은 자들 가운데서 다시 살리시고 하늘에서 자기의 오른편에 앉히사"(19, 20절)이었다.

에베소서 2장의 첫 단락은 방금 강조한 구절을 상세히 설명하는 내용이다. 바울은 자신이 기도한 내용을 해설했다. 그는 "'믿는 우리에게 베푸신 능력의 지극히 크심이' 어떠한가?"라고 물을 독자들을 위해 그 대답을 제시했다. 그리스도를 무덤에서 다시 살려 하늘에 오르시게 만든 능력, 곧 죽음을 정복할 뿐 아니라 세상의 모든 권세를 초월하는 기적적인 능력에 초점이 맞춰져 있다. "부활의 권능"(빌 3:10)은 '믿는 우리에게', 곧 단지 마지막 부활의 때가 아닌 우리의 현재적인 경험 가운데서 어떤 적절성을 지니고 있을까?

바울은 이 질문에 대답하기 위해 복음 전도의 첫 단계(인류의 죄라는 나쁜 소식)로 거슬러 올라간다. 그는 에베소서 2장 처음 세 구절에서 죄인이 처한 암담하고 두려운 현실을 적나라하게 묘사했다. 그는 이번에는 죄의 사악하고 부패한 속성이나 죄인의 끔찍한 속박 상태에 초점을 맞추지 않고, 불신자를 죽은 사람에 빗대어 인간의 상황이 얼마나 절망적인지를 보여주었다.

이것은 가볍게 흘려들을 수 있는 비유가 아니다. 사실, 이것은 비유라고 할 수 없다. 죄는 인류에게 치명적인 상처를 입혔고, 타락한 상태에 있는 죄인들은 영적으로 죽었다. 그들은 하나님의 일에 무감각하고, 의로운 충동을 전혀 느끼지 못할 뿐 아니라 "세상에서 소망이 없고 하나님도 없는 자"이다(엡 2:12). 이처럼 바울은 2장의 처음 세 구절에서 "허물과 죄로 죽었던"(1절)과 같은 두려운 표현들을 사용했다.

그러나 바울의 어조는 죄인의 유기된 상태를 되돌릴 희망이 전무해 보이는 시점에서 로마서 3장 21절에서처럼 갑작스레 바뀌기 시작한다. 바울은 하나님이 구원받은 자들을 영적으로 죽은 상태에서 어떻게 살려내어 고귀한 특권(영원하신 재판관 앞에서 온전히 의롭다 하심을 받은 상태)을 허락하셨는지를 설명했다. 그것은 마치 그들이 하늘에 올라가서 그리스도의 곁이라는 영예의 자리에 앉는 것과 같았다(엡 2:6).

에베소서 본문에는 지금쯤 매우 익숙해졌을 주제들이 가득하다. 그 이유는 그것들이 바울이 전한 복음의 핵심 주제에 해당하기 때문이다. 바울은 죽음과 부활, 죄와 은혜, 행위가 아닌 믿음, 하나님의 값없는 선물로 주어지는 구원, 신자가 아무것도 자랑할 것이 없는 이유를 강조했다. 따라서 성경 본문은 바뀌었지만 이미 살펴본 몇 가지 주제를 한 번 더 살펴보는 것이 필요하다. 이것들은 매우 중요한 교리들이기 때문에 반복해서 살펴보면 이해하는 데 도움이 될 것이다. 사실, 이 진리들은 그 의미가 너무나도 풍부하기 때문에 몇 번이고 거듭 살펴보는 것이 당연하다. 더욱이 바울이 기록한 복음에 관한 본문들 가운데 에베소서 2장 1-10절은 중요한 주제들을 한데 모아 명쾌하게 드러내고 있기 때문에 그것들은 새로운 관점으로 다시 살펴볼 수 있는 좋은 기회를 제공한다. 에베소서 본문을 인용하면 다음과 같다.

"그는 허물과 죄로 죽었던 너희를 살리셨도다 그때에 너희는 그 가운데서 행하여 이 세상 풍조를 따르고 공중의 권세 잡은 자를 따랐으니 곧 지금 불순종의 아들들 가운데서 역사하는 영이라 전에는 우리도 다 그 가운데서 우리 육체의 욕심을 따라 지내며 육체와 마음의 원하는 것을 하여 다른 이들과 같이 본질상 진노의 자녀이었더니 긍휼이 풍성하신 하나님이 우리를 사랑하신 그 큰 사랑을 인하여 허물로 죽은 우리를 그리스도와 함께 살리셨고 (너희는 은혜로 구원을 받은 것이라) 또 함께 일으키사 그리스도 예수 안에서 함께 하늘에 앉히시니 이는 그리스도 예수 안에서 우리에게 자비하심으로써 그 은혜의 지극히 풍성함을 오는 여러 세대에 나타내려 하심이라 너희는 그 은혜에 의하여 믿음으로 말미암아 구원을 받았으니 이것은 너희에게서 난 것이 아니요 하나님의 선물이라 행위에서 난 것이 아니니 이는 누구든지 자랑하지 못하게 함이라 우리는 그가 만드신 바라 그리스도 예수 안에서 선한 일을 위하여 지으심을 받은 자니 이 일은 하나님이 전에 예비하사 우리로 그 가운데서 행하게 하려 하심이니라."

이 본문의 요지를 성급히 건너뛰지 말라. 죄인이 구원받으려고 그리스도께로 돌이킬 때마다 하나님이 행하시는 영적 부활의 기적이 일어난다. 이 기적을 가리키는 신학 용어는 '중생' 또는 '새 탄생'이다. 예수님이 니고데모에게 말씀하신 것도 이 기적을 가리킨다. 그분은 "진실로 진실로 네게 이르노니 사람이 거듭나지 아니하면 하나님의 나라를 볼 수 없느니라"(요 3:3)라고 말씀하셨다. 주님은 구원받은 백성(모든 참된 신자)을 "성령으로 난 사람"으로 일컬으셨다(8절). 그분은 다른 곳에서도 "살리는 것은 영이니"(요 6:63)라고 말씀하셨다. 그와 마찬가지로 바울도 신자들이 "중생의 씻음과 성령의 새롭게 하심으로" 구원받았다고 말했다(딛 3:5).

중생은 '영적으로 죽은 영혼을 살리기 위해 성령께서 행하시는 기적'으로 간단하게 정의할 수 있다. 생명을 주시는 하나님의 사역은 온전한 영적 재탄생을 일으켜 영생을 얻게 만든다. 이것은 물리적인 육체가 죽은 상태에서 다시 부활하는 것과 다름없는 기적이다.

이런 점에서 부활과 새 탄생은 매우 유사한 개념이다. 성경은 부활하신 그리스도를 언급할 때 이 두 가지 표현을 모두 사용했다. 그리스도께서는 "죽은 자들 가운데서 먼저 나신 이"이시다(골 1:18; 계 1:5). "그리스도께서 죽은 자 가운데서 다시 살아나사 잠자는 자들의 첫 열매가 되셨도다"(고전 15:20). 이처럼 새 탄생과 부활은 하나님이 영적으로 죽은 죄인을 거듭나게 해 구원의 선물을 허락하실 때 일어나는 기적을 묘사하기에 매우 적절하다.

이제 이 간단한 본문을 통해 이 주제를 좀 더 구체적으로 생각해 보고, 바울이 가르친 중생에 관한 중요한 진리를 몇 가지 주의 깊게 살펴보기로 하자.

우리는 죽음으로부터 다시 살아났다

죄에 속박된 죄인을 묘사하는 바울의 말은 참으로 두렵기 그지없다. 그는 "허물과 죄로 죽었던 너희"(엡 2:1)라고 말했다. 그의 말은 전에 특별히 극악무도한 죄를 저지른 악인들에게만 적용되지 않는다. 그의 말은 우리 모두를 묘사한다. 그의 말은 에베소 교회의 모든 신자들에게 적용된다. 바울은 이런 암담한 표현을 '다른 이들'(곧 모든 인류)에게 적용했다(3절. 『영어 표준역 성경』참조). 타락한 인간은 모두 '본질상 진노의 자녀'이다.

물론 바울의 말은 참 신자의 경우에는 믿기 이전의 상태를 묘사한다. 그러나 불신자의 경우에는 진정 심각하고도 두렵지 않을 수 없는 그들의 현재 상태를 묘사한다. 그들은 이 말씀을 듣는 순간, 떨리는 마음으로 스스로를 진지하게 살펴야 마땅하다. 불신자는 모든 면에서 하나님에 대해 죽은 상태다. 불신자는 영적 생명이 없다. 그들은 온전히 정죄된 상태에 처해 있다(요 3:18). 바울은 이 엄중한 진리를 얼버무리거나 말하기를 겁내지 않았다. 그는 에베소서 4장 17-19절에서 이 진리를 훨씬 더 단호한 어조로 재차 언급했다. 그는 그곳에서 "이방인이 그 마음의 허망한 것으로 행함같이 행하지 말라 그들의 총명이 어두워지고 그들 가운데 있는 무지함과 그들의 마음이 굳어짐으로 말미암아 하나님의 생명에서 떠나 있도다 그들이 감각 없는 자가 되어 자신을 방탕에 방임하여 모든 더러운 것을 욕심으로 행하되"라는 말로 불신자를 묘사했다.

"하나님의 생명에서 떠나 있도다"라는 표현에 주목하라. 이 말은 영적 죽음을 또 다른 방식으로 묘사한 것이다. 불신자들은 생명의 근원이신 하나님과의 관계가 단절된 상태이기 때문에 영적 생명력과 이해력을 조금도 갖추고 있지 못하다.

죽은 사람은 어떤 자극에도 반응하지 않는다. 시체는 고통을 느끼지 못하고, 사랑하는 사람의 간절한 호소를 듣지 못한다. 내가 목격한 가장 가슴 아픈 광경 가운데 하나는 한 젊은 어머니가 젖먹이 자녀가 침대에서 죽은 채로 발견된 것을 보고 애절한 슬픔을 토해냈던 것이다. 그녀는 어린 자녀의 몸을 붙든 채 뭐라고 계속 말을 하면서 눈물을 흘렸다. 그녀는 아이의 얼굴을 부드럽게 어루만지면서 다시 살아나게 하려고 필사적인 노력을 기울였다. 장례사가 도착했는데도 그녀는 아이를 넘겨주려 하지 않고, 마치 좀 더 간절하게 노력하면 아이를 살려낼 수 있을 것처럼 행동했다. 그러나 하나님의 기적 없이는 죽은 아이를 다시 살리는 것은 불가능했다. 슬퍼하는 어머니가 사랑으로 아무리 어루만지고 애타게 말을 해도 그 아이는 아무것도 느끼지 못했고 아무런 반응이 없었다.

영적으로 죽은 사람도 이와 똑같다. 그들은 말씀의 진리나 복음의 관대한 초청에 반응하기는 고사하고, 그것을 인지할 능력조차 남아 있지 않다. "육에 속한 사람은 하나님의 성령의 일들을 받지 아니하나니 이는 그것들이 그에게는 어리석게 보임이요, 또 그는 그것들을 알 수도 없나니 그러한 일은 영적으로 분별되기 때문이라"(고전 2:14). 더욱이 "이 세상의 신이 믿지 아니하는 자들의 마음을 혼미하게 하여 그리스도의 영광의 복음의 광채가 비치지 못하게 한다"(고후 4:4).

죽음은 생각하기에 유쾌한 주제가 못 된다. 현대 서구 사회는 죽음의 현실을 애써 외면하려고 힘쓴다. 내가 사역하는 이 나라에서는 요즘 누군가가 죽으면 가족들은 묘지에서 장례식 예배를 드리는 것보다 간단한 추도예배를 드리는 것을 선호한다. 관도 보이지 않고, 시체도 보이지 않고, 열을 지어 묘지까지 행진하는 일도 없다. 유족과 조객들이 죽음이라는 가혹한 현실을 최대한 보지 않도록 처리된다.

충분히 이해할 수 있는 일이다. 인간은 본성상 죽은 자를 기리고 싶어 하는 속성이 있지만, 우리 자신의 유한성이라는 냉엄한 현실을 끊임없이 상기시켜 주는 죽음을 눈으로 직접 확인하고 싶어 하지는 않는다. 아브라함은 사랑하는 아내의 마지막 안식처를 마련하기 위해 헷 족속에게 작은 땅을 구하면서 "당신들 중에서 내게 매장할 소유지를 주어 내가 나의 죽은 자를 내 앞에서 내어다가 장사하게 하시오"(창 23:4)라고 말했다.

죽음은 참로 불쾌한 현실이다. 모든 사람이 죽음보다 더 두려워하고, 더 증오하고, 더 슬퍼하는 것은 없다. 우리는 죽음 앞에서 너무나도 무력하다. 죽은 사람은 아무것도 느끼지 못하고, 아무것도 듣지 못하며, 어떤 자극에도 반응하지 못한다. 더욱이 우리 모두에게는 죽음이 예약되어 있다. "한번 죽는 것은 사람에게 정해진 것이요 그 후에는 심판이 있으리니"(히 9:27). 우리는 죽음을 피할 수도 없고, 변경할 수도 없다. 일단 죽음이 찾아오면 받아들일 수밖에 없다. 인간의 능력으로는 죽음을 되돌릴 수 없다.

영적으로 죽은 사람들도 인간의 능력으로 해결할 수 없는 절망적인 상태에 처해 있다. 그들은 영적인 일을 감지하지 못하기 때문에 진리의 빛이 그들에게 아무런 영향도 미치지 못한다(마 13:13). 하나님의 인자하심을 알면 진정으로 부끄러워하며 회개해야 마땅하지만(롬 2:4), 영적으로 죽은 자는 어떤 반응도 나타낼 수 없다. 왜냐하면 육신적인 생각은 하나님께 옳게 반응할 능력이 없기 때문이다(롬 8:6-8).

그러나 물리적으로 죽은 사람과는 달리 불신자들은 살아 움직인다. 그들은 살았으나 죽은 자이다(딤전 5:6). 그들은 영적으로 죽었지만 "이 세상 풍조를 따라" 행한다(엡 2:2).

19세기 스코틀랜드 장로교 신자였던 한 주석학자는 "이 죽음의 잠은 마치 몽유병처럼 의식이 없는 상태로 걸어 다니게 만든다."라고 말했다.[1] 이를 좀 더 현대적으로 표현한다면, 바울의 말은 일종의 영적 좀비들(감사할 줄 모르는 죽은 자들)을 묘사한다. 그들은 심지어 자신이 죽었다는 사실조차 알지 못하고, 여전히 살아 있는 것처럼 움직이며 활동한다.

바울은 거듭나지 못한 사람들이 "본질상"(엡 2:3) 그런 상태에 처해 있다고 말했다. 그들이 그런 상태로 전락한 이유는 죄에 오염되지 않고 온전히 결백한 상태로 태어나서 옳고 그른 것을 깨닫고 난 연후에 고집스럽게 죄를 지었기 때문이 아니다. 그들은 살아가는 과정에서 어느 시점에 죄인이 된 것이 아니다. 그들은 태어날 때부터 죄인이었다. 그들은 타락한 인류의

---

1) John Eadie, *A Commentary on the Greek Text of the Epistle of Paul to the Ephesians* (Edinburgh: T. & T. Clark, 1883), 121.

일원이다. 영적 현실에 둔감하고, 영적 진리에 아무런 감동도 느끼지 못하는 것은 그들의 타고난 본성이다. 모든 인류가 아담의 죄로 인해 그런 부패한 상태에 처하게 되었다. "한 사람이 순종하지 아니함으로 많은 사람이 죄인 된 것같이"(롬 5:19). 이것이 바울이 로마서 5장 12-19절에서 길게 설명한 '원죄' 교리이다.[2] 그는 고린도전서 15장 22절에서 세 개의 헬라어 단어로 이 교리를 요약했다. 이 세 개의 단어는 '아담 안에서 모든 사람이 죽었다.'로 번역된다.

이 교리는 기독교의 주요 교파들이 역사적으로 인정해 온 정통 교리에 해당한다. 그럼에도 불구하고 한 사람의 행위 때문에 온 인류가 정죄를 당하는 것이 과연 정당한지를 묻는 물음이 항상 제기되어 왔다. 하나님의 율법을 의도적으로 거부하지 않는 사람이 그런 질문을 제기한다면 어느 정도는 일리가 있는 주장일 수도 있다. 그러나 죄를 지을 때마다 우리는 아담의 불순종에 의도적으로 가담하는 것이나 마찬가지다. 예수님 외에는 아무도 무죄한 삶을 산 사람이 없기 때문에 우리는 원죄의 교리를 부당하게 생각하기는커녕 의심할 입장조차 되지 못한다.

체스터턴은 원죄를 "실제로 입증될 수 있는 기독교 신학의 유일한 교리"라고 말했다.[3] 그는 "꿈에서조차 이해할 수 없는 이론들은 입으로 잘 떠벌리면서 정작 일상 속에서 흔히 볼 수 있는 인간의 죄는 부인한다."는 말로 교회 안에 있는 자유주의자들의 비상식적인 논리를 비판했다.[4] 죄의 사악함과 보편성을 보여주는 증거가 우리 주위에 차고 넘친다. 우리는 인류가

---

[2] 원죄 교리에 대해 좀 더 자세히 알고 싶으면 다음 자료를 참조하라. John MacArthur, "A Sin of Historic Proportions," chapter 13, *What Happened in the Garden? The Reality and Ramifications of the Creation and Fall of Man*, ed. Abner Chou (Grand Rapids: Kregel, 2016), 287-98.
[3] G. K. Chesterton, *Orthodoxy* (London: John Lane, 1908), 24.
[4] Ibid.

얼마나 심하게 타락하고 부패했는지를 보여주는 뉴스를 통해 매일 밤마다 그 사실을 확인한다.

하나님의 크신 사랑과 풍성한 긍휼이 없었다면 인류는 완전히 절망적인 곤경에 처하고 말았을 것이다. 바울의 어조는 4절에 이르자 갑자기 바뀌었다. 그는 "긍휼이 풍성하신 하나님이…우리를…살리셨고"라고 말했다(엡 2:4-6). 하나님이 우리의 구원을 시작하셨고, 계획하셨고, 실행하셨다는 사실이 또다시 확인되는 대목이다.

런던 웨스트민스터 채플에서 1943년부터 1968년까지 목회자로 일했던 로이드존스는 8년 동안 에베소서를 한 구절씩 강해했다. 그는 그 서신을 주제로 약 230편의 설교를 전했다. 그 설교와 그것을 토대로 만든 주석은 20세기 성경 강해의 가장 훌륭한 본보기 가운데 하나로 손꼽힌다. 그의 에베소서 강해는 뛰어난 통찰력과 명확성으로 명성이 높다. 그 가운데 가장 많이 언급되는 설교는 에베소서 2장 4절에 관한 설교다. 그는 "(그러나) 하나님이…"라는 처음 두 단어에 한 편의 설교를 할애했다. 그는 그 설교에 "세상을 향한 기독교의 메시지"라는 제목을 붙였다.[5] 그는 이렇게 말했다.

> 이 두 단어("그러나 하나님이")는 기독교의 메시지, 곧 기독교 신앙이 우리에게 제공하는 독특하고도, 특별한 메시지의 서론에 해당한다. 어떤 점에서 보면 이 두 단어 안에 복음 전체가 포함되어 있다고 해도 과언이 아니다. 복음은 하나님이 행하신 일, 곧 그분의 간섭에 관해 말한다. 복음은 전적

---

5) 로이드 존스가 직접 출판을 위해 편집한 이 설교는 다음 자료에서 발견할 수 있다. *The Christ-Centered Preaching of Martyn Lloyd-Jones*, eds. Elizabeth Catherwood and Christopher Catherwood (Wheaton: Crossway, 2014), 117-30.

으로 우리 밖에서 비롯한 것으로 바울 사도가 이어지는 구절들을 통해 계속해서 묘사하고 정의하는 하나님의 놀랍고, 경이롭고, 불가사의한 사역을 증언한다.[6]

이것이 정확히 바울이 말하는 요점이다. 죄인의 구원은 우리에게서 난 것이 아니다(엡 2:8). 그것은 전적으로 하나님의 사역이다. 구원은 오직 그분만이 이루실 수 있는 영적 부활에서부터 시작된다. 우주를 창조하신 하나님의 능력이 영적으로 죽은 영혼에 생명을 부여하고, 영적으로 막힌 귀를 열어 듣게 하고, 영적으로 닫힌 눈을 열어 보게 한다. 앞서 말한 대로 중생은 그리스도께서 죽은 자 가운데서 살아나신 것에 조금도 뒤떨어지지 않는 초자연적인 사건이다. "그리스도 안에서 역사하사 죽은 자들 가운데서 다시 살리시고 하늘에서 자기의 오른편에 앉히신" 것과 동일한 하나님의 능력에 의해 중생이 이루어진다(엡 1:20).

중생은 죄인이 그리스도의 부활과 승천에 참여한 결과로서 발생하고, 그 후로 계속해서 그 사실을 상기시켜 주는 역할을 한다. 하나님은 "우리를 그리스도와 함께 살리셨고…또 함께 일으키사 그리스도 예수 안에서 함께 하늘에 앉히셨다"(엡 2:5, 6). 바울이 여기에서 미래 시제를 사용하지 않은 것에 주목하라. 그리스도와 함께 하늘에 앉는다는 그의 말은 아직 이루어지지 않은 미래의 보상이 아니다. 그것은 모든 신자에게 적용되는 현재적 현실, 곧 하나님의 구원 사역의 즉각적인 결과다. 물론, 이것은 영적 현실에 해당한다. 바울은 우리가 그리스도와 영적으로 연합했고, 칭의를 통해 높은 영예의 자리에 오른 사실을 묘사한다.

---

6) Ibid., 119.

이 점을 염두에 두고 5, 6절을 이해해야 한다. 중생, 칭의, 신자와 그리스도와의 연합이라는 진리가 이 두 구절에 집약되어 있다. 하나님은 중생을 통해 우리를 살리셨고, 칭의를 통해 가장 높은 특권을 누리는 자리에 앉히셨다(그분은 우리를 '하늘'이라는 가장 영예로운 자리에 앉히셨다). 우리가 그리스도의 부활에 참여하고, 그분과 함께 하나님 앞에 설 수 있게 된 것은 '그리스도 예수 안에서' 그분과 영적 연합을 이루었기 때문이다.

우리는 은혜로 다시 살아났다

바울은 에베소서 2장 1-10절에서 '은혜로 구원을 받았다.'는 문구를 두 차례나 사용했다(5, 8절). 간단히 말해 이것이 에베소서 본문의 주제이자 바울이 전한 복음의 핵심이다. 바울 사도가 복음을 설명한 모든 본문에서 하나님의 은혜가 핵심 주제로 다루어진 것을 보지 않았는가? 그것은 조금도 놀랍지 않다. 은혜는 우리의 구원과 관련된 모든 것이 흘러나오는 원천이다. 스펄전은 이렇게 말했다.

> 죄인들의 용서와 회개와 정화와 구원이 가능한 이유는 하나님이 은혜로우시기 때문이다. 그들이 구원받는 것은 그들 안에 있는 무엇이나 또 있을 수 있는 어떤 것 때문이 아니라 하나님의 무한한 사랑과 선하심과 긍휼과 동정심과 은혜 때문이다. 은혜의 샘물이 있는 곳에 잠시 머물면서 하나님과 어린 양의 보좌로부터 흘러나오는 맑은 생명의 강수를 바라보라. 하나님의 은혜는 너무나도 깊다. 누가 그 깊이를 헤아릴 수 있겠는가?[7]

---

7) Charles Haddon Spurgeon, "Faith: What Is It? How Can It Be Obtained?" Sermon #1609 *The Metropolitan Tabernacle Pulpit*, vol 27 (London: Passmore & Alabaster, 1881), 401.

에베소서 2장에서 분명하게 알 수 있는 한 가지 진리는 우리의 공로나 자격 때문에 구원받는 것이 아니라는 사실이다. 구원은 하나님이 죄인에게서 발견하신 선한 것에 대한 보상이 아니다. 오히려 정확히 그 반대다. 하나님은 정죄밖에 받을 수 없는 죄인에게 값없이 구원의 사랑을 베푸신다. 잘 알다시피, 이것이 곧 은혜의 정의(定義)다.

"긍휼이 풍성하신 하나님이 우리를 사랑하신 그 큰 사랑을 인하여 허물로 죽은 우리를 그리스도와 함께 살리셨고"(4, 5절). 하나님의 은혜가 중생을 일으키는 원인이고, 죄인의 믿음은 그로 인한 즉각적인 결과다.

안타깝게도 이와 다르게 생각하고 말하는 그리스도인들이 많다. 그들은 믿음이라는 자유의지에 의한 행위가 하나님을 움직여 구원 은혜를 베풀게 하는 요인이라고 생각한다. 그들은 믿음이 원인이고, 중생이 결과라고 믿는다. 그러나 바울 사도는 에베소서 2장에서 그와 정반대로 말했다. 그는 하나님의 은혜가 죄인의 영적 부활의 근본 원인이라고 강조했다. 바울의 말은 조금도 모호하지 않다. 영적으로 죽은 사람은 믿음을 가질 능력이 없다.

동일한 요점을 표현을 달리해 말하면 이렇다. 부패한 인간의 절망적인 상태가 하나님의 은혜가 절대적으로 필요한 이유를 보여준다. 또한 이것은 하나님의 주권과 선택의 교리를 상기시킨다. 하나님이 선택받은 자들을 구원하기 위해 개입하지 않으시면 아무도 구원받지 못할 것이다. 시체는 스스로 살아날 수 없다.

하나님의 선택이라는 말과 개념을 탐탁하지 않게 생각하는 그리스도인들이 많다. 그러나 선택의 교리는 성경의 가르침에 철저히 근거한다. 성경은 신자들을 '하나님께서 택하신 자들'로 일컫는다(골 3:12; 눅 18:7; 롬 8:33). 하나님이 어떤 사람들을 선택하신 이유는 누가 자신의 은혜를 받기에 합당한 자격을 갖추고 있는지를 미리 아셨기 때문이 아니다. 오히려 그들은 "모든 일을 그의 뜻의 결정대로 일하시는 이의 계획을 따라…예정을 입었다"(엡 1:11). 바울은 "선택받은 자들이 어떻게 선택을 받게 되었느냐?"라는 질문에 하나님의 자유롭고, 주권적인 뜻에 의해 선택되었다고 대답했다. 그는 "그 기쁘신 뜻대로 우리를 예정하사 예수 그리스도로 말미암아 자기의 아들들이 되게 하셨으니"(5절)라고 말했다.

하나님의 은혜가 아닌 죄인의 자유의지에 의한 선택이 구원을 결정하는 요인이라면 아무도 구원받지 못할 것이다. "그런즉 원하는 자로 말미암음도 아니요 달음박질하는 자로 말미암음도 아니요 오직 긍휼히 여기시는 하나님으로 말미암음이니라"(롬 9:16). 이것이 누가가 비시디아 안디옥에서 이방인들이 회심한 일을 기록하면서 믿는 자들이 영생을 얻었다고 말하지 않고, "영생을 주시기로 작정된 자는 다 믿더라"(행 13:48)라고 말했던 이유다. 성경은 중생의 원인과 이유가 죄인의 믿음이 아니라 전적으로 하나님의 은혜에 있다고 거듭해서 강조한다. 원인과 결과를 혼동해서는 안 된다.

선택의 교리와 하나님의 주권을 선뜻 인정하지 않는 것은 인간의 부패함이 얼마나 끔찍한지, 또 '허물과 죄로 죽었다.'는 것이 무슨 의미인지를 옳게 이해하지 못했다는 증거다. 죄인을 그런 상태에서 구원해 하늘에 있는 영예의 자리에 앉히는 일은 하나님 외에는 아무도 할 수 없다. 하나님 외에 누가 과연 그런 일을 할 수 있겠는가? 영적으로 죽은 영혼의 부활과 새 탄생은 창조 사역에 해당한다.

말씀으로 모든 것을 창조하신 하나님 외에 누가 창조할 수 있으며, 그분 외에 누가 죽은 자를 살릴 수 있겠는가? …다시 살아난 영혼은 새로운 빛을 받는다. 어두운 데에 빛이 비치라 말씀하셨던 하나님 외에 누가 우리의 생각 속에 "예수 그리스도의 얼굴에 있는 하나님의 영광을 아는 빛"을 비출 수 있겠는가(고후 4:6)?[8]

죄인의 구원과 관련해 하나님의 은혜가 차지하는 중요성은 아무리 강조해도 지나치지 않다. 구원의 모든 과정(중생에서 시작해 죄인의 믿음과 선행에 이르는 모든 것)이 전적으로 은혜에 의해 이루어진다. 구원은 값없이 우리에게 주어진다. "이것은 너희에게서 난 것이 아니요 하나님의 선물이라 행위에서 난 것이 아니니 이는 누구든지 자랑하지 못하게 함이라"(엡 2:8, 9). 하나님의 은혜는 구원의 과정을 시작해 놓고, 나머지는 우리가 마무리하도록 남겨두지 않는다. 영원 전의 예정, 현세에서의 부르심과 칭의, 영원한 영광이 있는 무한한 미래 등, 구원의 모든 단계마다 하나님은 은혜가 승리하도록 주권적으로 이끄신다(롬 8:29, 30). "그런즉 이 일에 대하여 우리가 무슨 말 하리요 만일 하나님이 우리를 위하시면 누가 우리를 대적하리요"(31절).

우리가 받아야 마땅한 것을 받는다면 영원한 정죄뿐이라는 사실을 잊어서는 안 된다. 그러나 하나님은 우리가 받아야 마땅한 심판을 면제해 주는 데 그치지 않고, 그리스도 안에서 우리에게 지극히 높은 지위를 허락하신다. 더욱이 이것은 일시적인 은전이 아닌 영원한 축복이다. "이는 그리스도 예수 안에서 우리에게 자비하심으로써 그 은혜의 지극히 풍성함을 오는 여러 세대에 나타내려 하심이라"(엡 2:7). 죄인들을 향한 하나님의 긍휼은 너무나도 풍성하다(4절).

'나 같은 죄인 살리신'이라는 찬송가를 들을 때는 그 은혜를 생각하라. 하나님의 은혜는 우리의 유한한 생각으로 상상할 수 있는 것보다 무한히

---

8) William Paxton, "Salvation as a Work," *Princeton Sermons* (New York: Revell, 1893), 83.

더 놀랍기 그지없다. 에베소서 2장 4절의 "풍성하신"은 원어의 의미를 조금만 드러낼 뿐이다. 이 말은 차고 넘칠 만큼 엄청나게 풍성한 상태를 의미한다(이 말의 명사형이 7절에 사용되었다. 그곳에는 하나님의 은혜의 넘치는 풍성함을 강조하기 위해 '지극히'라는 최상급이 덧붙여졌다). 인간의 언어로는 그 개념을 충분히 표현하기 어렵다. 은혜는 참으로 놀랍다. 하나님은 무가치한 죄인들을 구원해 그들을 '그리스도 예수 안에서' 영원히 영예롭게 하신다.

우리는 믿음을 통해 다시 살아났다

우리가 우리의 구원에 조금이라도 기여한 것이 있다면 그 영광을 조금은 나눠가질 수 있을 것이다. 그러나 우리의 구원을 얻는 데 필요한 사역은 모두 그리스도를 통해 온전히 이루어졌다. 그 사역은 완전하기 때문에 죄인이 더 보탤 것은 아무것도 없다. 이것이 예수님이 십자가에서 운명하기 직전에 "다 이루었다"라고 말씀하신 이유다(요 19:30).

에베소서 본문에서도 바울은 구원은 "너희에게서 난 것이 아니요…이는 누구든지 자랑하지 못하게 함이라"라고 분명하게 말했다(엡 2:8, 9). 본문의 어떤 문구를 살펴보더라도 한결같이 구원이 "하나님의 선물"(8절)이라는 하나의 분명한 진리를 가르치고 있는 것을 알 수 있다. 구원은 죄인의 행위나 자격과는 아무런 상관이 없다.

그렇다면 죄인은 구원의 과정에서 전적으로 수동적이라는 의미일까?

그렇지 않다. 구원받은 죄인이 의롭다 하심을 받으려면 믿음이라는 수단이 필요하다. 믿음은 구원을 위한 공로가 아니다. 그것은 단지 구원의 축복을 받는 통로일 뿐이다.

그러나 어느 정도의 실질적인 의는 구원 신앙의 필연적인 결과다. 믿음은 말로만 하는 동의가 아니다. 믿음은 생각과 마음과 의지가 모두 관련된 전인적인 행위다.[9] 죄인이 구원받은 목적은 아무것도 하지 않고 소극적으로 머물기 위해서가 아니라 "선한 일"을 행하기 위해서다(엡 2:10). 하나님은 죄인들을 변화시켜 자기 아들의 형상을 닮게 하신다(롬 8:29; 고후 3:18). 참 믿음을 소유한 신자는 아무 열매 없이 전적으로 수동적인 삶을 살지도 않고, 또 궁극적으로 믿음을 저버리지도 않는다(마 7:17-19; 눅 6:44; 약 2:14-20; 요일 2:19; 벧전 1:5).

이 문제는 이번 장을 마무리하고 나서 다시 살펴볼 생각이다. 여기에서는 단지 믿음이 수동적인 태도를 독려하는 것과는 전혀 무관하다는 점을 간단히 밝혀 두고 싶다.

그러나 믿음은 인간의 사역이 아니다. 이 점을 옳게 이해하는 것은 매우 중요하다. 5장에서 말한 대로 믿음은 하나님의 선물이다. 바울은 에베소서 2장 8, 9절에서 "믿음으로 말미암아 구원을 받았으니 이것은 너희에게서 난 것이 아니요…행위에서 난 것이 아니니"라고 말했다. 바울은 믿음과 행위를 대조했을 뿐 아니라 믿음이 죄인의 자유의지에 의해 이루어진 것이 아니라고 강조했다.

"너희에게서 난 것이 아니요 하나님의 선물이라"는 문구를 둘러싸고 신학자들과 주석학자들 사이에서 격렬한 논쟁이 많이 벌어졌다. 대부분의 영어 성경은 '이것'이라는 지시대명사를 바로 앞에 나오는 명사를 가리키는 것으로 이해해 번역했다. 따라서 "이것(믿음)은 너희에게서 난 것이 아니요 하나님의 선물이라"라는 뜻이 된다. 이것은 충분한 근거가 있다. 왜냐

---

9) 믿음은 지식과 동의와 신뢰로 구성된다. 생각과 감정과 의지가 어떻게 믿음에 개입하는지에 관해 좀 더 자세히 알고 싶으면 다음 자료를 참조하라. John MacArthur, *The Gospel According to the Apostles* (Nashville: Nelson, 1993), 44-45.

하면 이미 살펴본 대로 로마서 12장 3절("오직 하나님께서 각 사람에게 나누어 주신 믿음의 분량대로")은 신자의 믿음이 하나님의 은혜에서 비롯했다고 분명하게 밝히고 있기 때문이다.

그러나 '이것'을 뜻하는 헬라어 대명사 '투토'의 성은 중성이고, '믿음'을 뜻하는 선행 명사의 성은 여성이다. 따라서 두 명사의 성이 일치하지 않는다는 이유로 이 대명사가 '믿음'을 가리키지 않는다는 주장이 종종 제기된다. 그런 주장에 따르면 믿음은 '하나님의 선물'이 아니다.

이에 대해 두 가지로 대답할 수 있다. 하나는 헬라어 문법에서 중성 지시대명사가 때로 여성 명사를 가리키기도 한다는 것이다(바울 서신에서도 그런 사례들이 나타난다). 예를 들어, 바울은 빌립보서 1장 28절에서 "구원의 증거니 이는 하나님께로부터 난 것이라"라고 말했다. 이 구절의 문법은 에베소서 2장 8절의 문법과 똑같다. '이는'이라는 중성 명사는 여성 명사인 '구원'을 가리킨다. 이것은 그렇게 이례적인 문법 구조가 아니다. 심지어는 좀 더 형식적인 고전 헬라어에서도 그런 구조가 발견된다.

또 하나는 에베소서 2장 8절의 '이것'에 선행하는 중성 명사가 존재하지 않는다는 것이다. 만일 그 지시대명사가 '믿음'을 가리키지 않는다면, 남아 있는 유일한 해결책은 '이것'을 그 앞에 있는 전체 구절을 가리키는 의미로 해석하는 것뿐이다. 그럴 경우에는 바울이 구원의 모든 요소가 죄인에게 주어진 하나님의 선물이라는 의미로 말한 것이 된다. 다시 말해 1-8절에 분명하게 언급되었거나 암시된 죄인의 변화(중생, 칭의, 은혜, 믿음, 궁극적인 영화)가 모두 '하나님의 선물'에 해당한다고 이해할 수 있다. 이 해석은 에베소서 본문의 요점과 완벽하게 일치한다. 바울은 10절에서 믿음의 열매인 선행도 '하나님이 전에 예비하신' 것이라고 말했다.

따라서 바울이 구원 신앙을 인간의 행위가 아닌 하나님의 선물로 간주했다는 사실을 부인할 수 있는 근거는 어디에도 없다.

바울의 요점을 가능한 한 간단하게 요약하면 이렇다. 우리가 영적으로 숨을 쉬게 된 이유는 하나님이 우리를 흔들어 깨워 숨을 쉬게 하셨기 때문이고, 우리가 믿음의 귀로 들을 수 있는 이유는 하나님이 우리의 귀를 열어 주셨기 때문이다.

만일 우리가 신자라면 우리의 믿음은 우리의 자유의지에 의한 결과가 아니다. 이것은 우리의 구원이 입교나 세례, 교회 출석이나 등록, 헌금이나 자선 행위, 십계명 준수나 선한 이웃이 되는 것, 또는 존경받는 삶을 사는 것의 결과가 아닌 것과 같다. 그런 것들은 우리의 구원에 아무런 공로도 보탤 수 없고, 어떤 역할도 할 수 없다. 우리는 '은혜에 의하여 믿음으로 말미암아 구원을 받았다.'

참 믿음에 생각, 의지, 감정 등, 전인적 기능이 참여하는 것은 사실이다. 우리를 대신해 믿어 줄 사람은 아무도 없다. 그 누구도 우리의 의지를 거슬러 믿음을 강요할 수는 없다. 다른 사람의 믿음을 우리의 믿음으로 간주하는 일은 더더욱 있을 수 없다. 그러나 우리가 믿는다고 해서 그 믿음이 우리의 공로가 되는 것은 아니다. 우리가 그리스도를 믿는 믿음조차도 하나님의 선물이다. "행위에서 난 것이 아니니 이는 누구든지 자랑하지 못하게 함이라"(엡 2:9).

바울은 자랑하기를 원하는 사람에게 "누가 너를 남달리 구별하였느냐 네게 있는 것 중에 받지 아니한 것이 무엇이냐 네가 받았은즉 어찌하여 받지 아니한 것같이 자랑하느냐"(고전 4:7)라고 물었다. 우리의 믿음을 비롯해 우리에게 있는 선한 것은 모두 다 하나님의 선물이다. 따라서 우리가 신자가 되었다고 해서 자화자찬할 필요는 없다. 교만은 복음의 가르침과 정면으로 배치된다.

우리는 한 가지 목적을 위해 다시 살아났다

우리가 구원받은 것은 우리 자신의 영광이 아닌 하나님의 영광을 위해서다. 우리가 하나님의 영광에 참여하게 된 것은 그리스도와 영적으로 연합한 덕분이다. "그리스도 예수 안에서 함께 하늘에 앉히시니"(엡 2:6)라는 바울의 말대로 우리는 그리스도와의 연합을 통해 지극히 높은 영예의 자리에 올랐다. 우리가 그곳에서 하나님의 영광을 보고, 즐거워할 수 있는 이유는 "어두운 데에 빛이 비치라 말씀하셨던 그 하나님께서 예수 그리스도의 얼굴에 있는 하나님의 영광을 아는 빛을 우리 마음에 비추셨기"(고후 4:6) 때문이다. 가장 영예로운 일은 그 영광을 반사하는 것이다. 바울은 고린도후서 3장에서 그 영광을 모세가 시내산에서 하나님의 영광을 어렴풋이 목격하고 나서 그의 얼굴에서 빛나던 영광스런 빛과 비교했다. 그 반사된 영광은 이스라엘 자손들이 그 얼굴을 주목하지 못할 정도로 밝았다. 그러나 그것은 "없어질 영광"이었다(7절). 모세는 그 영광이 없어질 때까지 수건으로 얼굴을 가려야 했다. 그러나 그리스도의 영광은 그리스도인의 내면에서부터 빛난다. 그것은 없어지지 않고, 갈수록 더 밝아진다. "우리가 다 수건을 벗은 얼굴로 거울을 보는 것같이 주의 영광을 보매 그와 같은 형상으로 변화하여 영광에서 영광에 이르니"(18절).

다시 말하지만 그것은 우리 자신의 영광이 아닌 하나님의 영광이다. 하나님의 영광이 우리가 창조된 궁극적인 목적이다. 그것은 또한 우리가 구원받은 목적이요 모든 것의 목적이다.[10]

오직 육신적인 사람만이 바울이 인간이 자랑할 근거를 모두 없앤 탓에 죄인을 위한 구원의 축복과 유익이 줄어들었다고 생각할 것이 틀림없다.

---

10) 부록 3, '모든 것의 궁극적 목적'을 참조하라.

하나님의 영원한 계획이 우리의 구원을 위해 어떻게 실현되었는지 생각해 보라. 하나님이 우리를 구원하신 이유는 "그리스도 예수 안에서 우리에게 자비하심으로써 그 은혜의 지극히 풍성함을 오는 여러 세대에 나타내기" 위해서다(엡 2:7). 하나님은 그런 식으로 자신의 영광을 영원히 나타내신다. 우리가 그 영광을 누리는 이유는 오로지 그분의 놀라운 은혜 때문이다.

우리는 선한 일을 위해 다시 살아났다

바울이 에베소서 본문에서 마지막으로 제시한 요점을 간과하거나 무시해서는 안 된다. 우리 안에서 역사하는 은혜를 통해 이루어진 의로운 행위는 하나님을 영화롭게 한다. "우리는 그가 만드신 바라 그리스도 예수 안에서 선한 일을 위하여 지으심을 받은 자니 이 일은 하나님이 전에 예비하사 우리로 그 가운데서 행하게 하려 하심이니"(엡 2:10). 우리는 앞에서 이 구절을 잠시 다루었다. 이 구절의 의미를 좀 더 자세히 살펴보면 다음과 같다.

많은 사람이 에베소서 2장 8, 9절을 인용해 칭의를 통해 값없이 주어지는 온전한 용서를 강조한다. 그들은 그것을 우리가 믿음으로 받는 많은 축복의 시작이 아닌 목적인 것처럼 생각한다. 또한 사람들은 '은혜'라는 말을 마음대로 죄를 지어도 좋다는 의미로 오용하기도 한다. 양의 탈을 쓴 늑대와 같은 사람들이나 거짓 믿음이나 형식적인 믿음을 지닌 사람들이 그런 견해를 주장한다.

유다서는 그리스도인들에게 참 신자들의 공동체에 몰래 숨어 들어온 위험한 거짓 교사들을 조심하라고 경고하기 위해 쓰였다. 유다는 그들을 "우리 하나님의 은혜를 도리어 방탕한 것으로 바꾸는" 자들로 묘사했다

(유 4절). 베드로는 그들에 대해 "그들에게 자유를 준다 하여도 자신들은 멸망의 종들이니"(벧후 2:19)라고 말했다. 그는 그리스도인들에게 자유를 악을 가리는 데 사용하지 말라고 당부했다(벧전 2:16).

바울도 신자들에게 "그 자유로 육체의 기회를 삼지 말라"고 경고했다(갈 5:13). 바울은 은혜를 대담하게 죄를 지어도 좋다는 의미로 받아들이는 사람들을 종종 목격했던 것이 틀림없다.[11] 그는 그런 생각을 전혀 터무니없는 것으로 간주했다. "그런즉 우리가 무슨 말을 하리요 은혜를 더하게 하려고 죄에 거하겠느냐 그럴 수 없느니라 죄에 대하여 죽은 우리가 어찌 그 가운데 더 살리요"(롬 6:1, 2).

바울은 에베소서 2장의 처음 아홉 구절에서 선행은 믿음의 공로나 전제 조건이 아니라고 거듭 강조했다. 그러고 나서 그는 10절에서 선행이 중생의 필연적인 열매라는 사실을 분명하게 가르쳤다.

바울이 말하려는 요점은 사실상 그보다 훨씬 더 강한 의미를 지닌다. 하나님은 주권자이시기 때문에(이것은 본문의 핵심 주제 가운데 하나다) 구원받은 사람들의 삶에는 선행이 반드시 뒤따르기 마련이다. 선행은 우리가 '그리스도 예수 안에서 지으심을 받은' 목적에 해당한다. 하나님이 친히 "우리로

---

11) 여기에서 '대담하게 죄를 짓다.'는 표현은 마르틴 루터가 바르트부르크 성에 숨어 지낼 당시 1521년 8월에 멜란히톤에게 보낸 편지와 관계가 있다. 당시는 루터가 자신을 논박하는 교황의 교서를 불태우고 파문된 지 1년이 채 안 된 때였다. 이신칭의의 교리를 새롭게 발견한 루터는 로마서 8장 38, 39절("어떤 피조물이라도 우리를 우리 주 그리스도 예수 안에 있는 하나님의 사랑에서 끊을 수 없으리라")의 진리로 멜란히톤을 격려했다. 그는 "죄를 지어라. 대담하게 죄를 지어라. 그러나 죄보다 믿음을 더 크게 가져라. …우리가 하루에 수천 번 음행과 살인을 저지른다고 하더라도 죄는 우리 안에 있는 어린 양의 통치를 무력화시킬 수 없다."라고 언뜻 생각하면 분별없어 보이는 말을 했다. 다음 자료에서 인용했다. Jean Marie Vincent Audin, *History of the Life, Writings, and Doctrines of Martin Luther* (Philadelphia: Kelly, 1841), 178. 그의 말을 옳게 이해하려면 문맥이 중요하다. 루터가 멜란히톤에게 편지를 쓴 목적은 독신의 문제에 대한 자신의 견해에 동의하기를 거부하는 그를 꾸짖기 위해서였다. 루터는 바울 사도가 강제적인 독신은 마귀의 교리라고 가르쳤다고 지적했다(딤전 4:1-3). 그는 멜란히톤에게 가톨릭 사제의 독신 서원은 구속력이 없다고 말했다. 멜란히톤이 확신을 갖지 못하자 루터는 그의 두려움을 미신으로 간주했다. 따라서 루터는 멜란히톤에게 자신이 죄로 생각하지 않는 것을 실제로 해보라고 권고했던 것이다. 그의 말은 그런 맥락에서 이해해야 한다. 불행히도 루터의 말은 칭의를 마음껏 죄를 지어도 좋다는 의미로 받아들이는 율법폐기론자들에 의해 종종 인용된다.

그 가운데서 행하게 하시려고" 우리의 선행을 "전(곧 영원한 과거)에 예비하셨다"(엡 2:10). 따라서 바울이 전한 복음에서 선행은 배제되지 않는다. 선행은 그 안에서 고유한 위치를 차지한다.

10절의 요점은 처음에 믿는 믿음이 은혜에서 비롯한 것처럼 참 신자가 행하는 선행도 은혜에서 비롯한다는 것이다. 어떤 선행도 공로가 될 수 없다. 복음에 나타난 의로운 공로는 오직 그리스도의 공로뿐이다. 신자들은 믿음으로 그리스도와 그분의 의로운 공로를 의지한다. 하나님이 미리 작정하고 예비하신 그리스도인의 선행은 믿음의 필연적인 결과다. 심지어 그런 행위의 동기와 능력조차도 하나님이 은혜로 공급해 주신다(빌 2:13). 따라서 참 신자는 열심히 선을 행해야 한다.

다음 장에서 우리가 살펴볼 본문은 이 진리를 더욱 강조하고 자세히 설명한다.

7장
은혜와 율법은 서로 적대하지 않는다

"밤이 깊고 낮이 가까웠으니 그러므로 우리가
어둠의 일을 벗고 빛의 갑옷을 입자"(롬 13:12).

바울은 산헤드린 의회 앞에서 심문을 받으면서 "나는 바리새인이요 또 바리새인의 아들이라"라고 말했다(행 23:6).[1] 그는 바리새파의 가문에서 태어나 양육되었고, 그의 열정은 누구보다도 강했다. 그는 유대인의 율법과 종교 의식과 바리새인들의 엄격한 전통을 엄수하는 일에 모든 열정을 바쳤다. 바리새인들은 특히 모세 율법의 형식적이고 의식적인 세부 사항을 지키는 데 깊은 관심을 기울였고, 더 중요한 도덕적인 계명은 소홀히 할 때가 많았다. 그들은 율법의 외적인 특징(의식주의, 상징주의, 형식주의, 경건의 가시

---

1) 사도행전 21장 27-36절은 바울을 적대시하는 사람들이 그가 드로비모라는 이방인을 성전에 데리고 들어왔다는 거짓 고소를 제기하는 바람에 소동이 일어난 경위를 기록하고 있다. 로마 당국자들이 개입한 덕분에 바울은 군중에게 맞아 죽는 위기를 모면했다. 그들은 그를 일단 가두었지만 그의 죄목이 무엇인지 알지 못했다. 더욱이 그들은 그가 로마 시민이라고 밝히자 그를 어떻게 처리해야 할지 고민했다(행 22:22-30). 결국 그들은 바울을 산헤드린 의회 앞에 세워 스스로를 변호하게 했다.

적인 증표)에 집착했다. 그들은 사람들에게 보이기 위해 회당이나 길거리에 서서 기도하기를 좋아했다(마 6:5). 예수님은 "그들의 모든 행위를 사람에게 보이고자 하나니 곧 그 경문 띠를 넓게 하며 옷술을 길게 하고 잔치의 윗자리와 회당의 높은 자리와 시장에서 문안받는 것과 사람에게 랍비라 칭함을 받는 것을 좋아하느니라"(마 23:5-7)라고 말씀하셨다.

그러나 그들은 율법이 명령하는 의로운 인격과 숨은 미덕(긍휼, 동정심, 성실함, 순결한 마음 등)을 소홀히 했고, 심지어는 경멸하기까지 했다. 간단히 말해 그들은 고귀한 일을 하는 것보다 고귀하게 여김을 받는 것에 더 많은 관심을 기울였다. 예수님은 그런 그들을 엄중히 책망하셨다. "화 있을진저 외식하는 서기관들과 바리새인들이여 너희가 박하와 회향과 근채의 십일조는 드리되 율법의 더 중한 바 정의와 긍휼과 믿음은 버렸도다"(마 23:23)라고 말씀하셨다. 예수님은 사소한 의식에 병적으로 집착하는 그들을 "맹인 된 인도자여 하루살이는 걸러 내고 낙타는 삼키는도다"(24절)라고 조롱하셨다.[2]

율법주의: 바리새인들의 어리석음

바리새인의 전통을 세밀하게 지키려는 열정과 헌신이 이웃들보다 더 뛰어나면 하나님 앞에서 옳다고 인정받아 영생을 얻을 수 있다는 것이 바리새인들의 기본 신념이었다. 그런 신념은 그들을 공격적이고, 야심적이고, 거만하게 만들었다. 그들은 다른 모든 사람을 경멸할 정도로 스스로에 대한 자부심이 강했다. 그들은 "자기를 의롭다고 믿고 다른 사람을 멸시했

---

[2] 모세의 율법에서 의식적으로 부정한 피조물로 분류된 것 가운데 가장 작은 것은 하루살이고, 가장 큰 것은 낙타였다(레 11:4, 23).

다"(눅 18:9).

그들의 신앙 체계는 '율법주의'라는 유해한 오류에 근거했다. 율법주의는 행위의 공로로 하나님의 은혜를 얻을 수 있다는 신념을 가리킨다. 바리새인들의 독특한 율법주의는 그 중에서도 최악이었다. 그들의 율법주의는 자기들 외에 다른 모든 사람을 깔보며 경멸하는 태도를 부추기는, 무자비하고, 냉혹하고, 야비한 형태의 종교적 신념에 해당했다. 그들의 율법주의는 "네 이웃을 네 자신같이 사랑하라"(마 22:39; 레 19:18)라는 크고 둘째 되는 계명을 철저히 무시한 채 오로지 자기 의만을 내세웠다.

바울 사도는 회심한 후부터는 율법주의를 단호하게 배격했다. 그러나 그는 율법 자체는 배격하지 않았다. 그는 "율법은 거룩하고 계명도 거룩하고 의로우며 선하도다"(롬 7:12)라고 말했다. 그는 은혜를 내세워 율법을 폐하려고 했던 사람들에게 "우리가 믿음으로 말미암아 율법을 파기하느냐 그럴 수 없느니라 도리어 율법을 굳게 세우느니라"(롬 3:31)라고 말했다. 바울은 율법폐기론자가 아니었다.

그렇지만 그는 율법에 대한 바리새인들의 신념은 단호히 거부했다. 그들은 율법을 생명을 얻는 수단으로 간주했다. 율법이 죄인들을 위해 할 수 있는 것은 그들을 단죄해 사망에 이르게 하는 것뿐이었다(롬 7:10). "율법은 진노를 이루게 하나니 율법이 없는 곳에는 범법도 없느니라"(롬 4:15). 율법의 목적은 죄인들에게 죄의 극심한 부패성을 깨우쳐 주고(7:13), 자만심을 버리게 만들고(18절), 하나님의 은혜를 의지하게 함으로써 믿음으로 의롭다 하심을 받는 길로 이끄는 것이었다(갈 3:24).

그러나 바리새인들은 율법에 대한 자신들의 지식만을 신뢰했고 입으로만 율법의 도덕적 원리를 존중했으며 율법의 의식적인 측면에만 집착했다. 그들은 스스로의 힘으로 사람들 사이에서 존경을 받고, 하나님으로부터 특별한 은혜를 얻고, 마지막 심판 때에 영생을 누릴 수 있다고 생각하고, 형식적인 경건을 추구하는 일에만 모든 정성을 쏟았다. 그들은 율법의 중요한 가르침을 완전히 전도시켰다.

바울은 일단 영적인 눈이 열리자 모든 형태의 율법주의를 강력히 배격했다. 하나님의 은혜와 그리스도인의 자유라는 주제가 그가 쓴 거의 모든 글에서 발견된다. 그는 "주는 영이시니 주의 영이 계신 곳에는 자유가 있느니라"(고후 3:17)라고 말했다.

이 주제가 바울의 글에 자주 등장하는 이유는 그가 거짓 교사들의 공격으로부터 이신칭의와 은혜의 교리를 수호해야 했기 때문이다. 초대 교회는 율법주의적인 교리로 바울의 복음을 전복시키려 애썼던 거짓 교사들에 의해 많은 공격을 받았다. 그런 교리를 처음 전하고 이끌었던 사람들에 대한 정보는 거의 없다. 다만 그들이 유대로부터 온 바리새인들이었다는 사실만 알려졌을 뿐이다(행 15:1-4). 그들은 기독교로 개종했다고 고백했지만, 로마 제국의 전역에 바리새적인 율법주의를 퍼뜨리기 시작했다. 그들은 특히 바울을 공격 목표로 삼았다. 그들은 바울이 가는 곳마다 따라다녔다. 그가 새로운 교회를 개척하고 나서 다른 곳으로 이동하면 그들은 그의 사도적 권위를 문제 삼으며 그에 대한 악의적인 거짓말을 퍼뜨렸다. 그들은 바울이 양육한 신자들을 미혹해 자신의 제자로 삼고, 자신의 영적 자녀를 양성해 그를 대적하게 했다(갈 4:11-20).

율법주의자들은 이방인들이 먼저 유대교로 개종하지 않으면 구원을 받을 수 없다고 주장했다. 바울은 특별히 이방인을 위한 사도로 세우심을 받았기 때문에(롬 11:13) 그가 개척한 교회들에는 유대인이 아닌 이방인 회심자들이 많았다. 율법주의자들은 그들에게 "너희가 모세의 법대로 할례를 받지 아니하면 능히 구원을 받지 못하리라"(행 15:1)라고 말했다. 거짓 교사들은 단지 할례를 요구하는 것으로 만족하지 않았다. 그들은 교회가 이방인 신자들에게 모세의 율법을 지키라고 가르치는 것이 "마땅하다"고 주장했다(5절). 그들의 메시지는 복음이 아닌 율법이었다.

바울은 자신의 모든 힘을 기울여 그런 거짓 가르침에 대항했다. 그는 갈라디아서에서 율법주의자들의 교리를 강하게 비판했다. 그는 그런 이단들과 그들의 거짓 복음에 대해 두 차례나 저주를 선언함으로써 그들의 교리를 길게 논박하기 시작했다(갈 1:8, 9). 그는 거짓 교사들을 비판하거나 단죄하는 어조를 조금도 누그러뜨리지 않았다. 그리고 나서 그는 갈라디아서 마지막 부분에서 신자들에게 "그리스도께서 우리를 자유롭게 하려고 자유를 주셨으니 그러므로 굳건하게 서서 다시는 종의 멍에를 메지 말라 보라 나 바울은 너희에게 말하노니 너희가 만일 할례를 받으면 그리스도께서 너희에게 아무 유익이 없으리라"(갈 5:1, 2)라고 말했다.

바울은 스스로 바리새주의에 깊이 빠져 있다가 구원받았기 때문에 율법주의를 조금도 용납하려 들지 않았다. 그는 그 점에 대해 누구보다 분명한 입장을 취했다. 그는 갈라디아 신자들에게 "너희가 만일 성령의 인도하시는 바가 되면 율법 아래에 있지 아니하리라"(18절)라고 말했다. 그의 서신은 율법주의를 경계하는 내용으로 가득하다. 바울 서신 가운데 가장 잘 알려진 구절 가운데 하나인 로마서 6장 14절도 "이는 너희가 법 아래에 있지 아니하고 은혜 아래에 있음이라"라고 말씀한다.

율법폐기론: 우리 시대를 지배하는 오류

불행히도 위와 같은 성경 구절들은 문맥과 상관없이 인용되어 현대와 포스트모던 시대에 유행하는 다양한 형태의 율법폐기론을 뒷받침하는 증거로 이용될 때가 많다. 사람들은 바울이 마치 그리스도인들이 모든 종류의 도덕적 명령이나 율법적인 계명, 또는 행위 규범으로부터 자유롭다고 가르친 것처럼 생각한다. 자유주의를 추구하는 신자들 사이에서 그런 구절을 그런 식으로 해석하는 경향이 갈수록 심해지고 있다. 그런 사람들은 누군가가 성경의 계명을 인용하거나 신자들에게 "하나님을 믿는 자들로 하여금 조심하여 선한 일을 힘쓰게 하려 함이라"(딛 3:8)와 같은 말씀을 상기시켜 주는 것을 보면, 버럭 화를 내며 불만의 목소리를 높인다. 나는 그리스도인을 자처하면서도 "서로 돌아보아 사랑과 선행을 격려하는"(히 10:24) 것을 의무가 아닌 죄악으로 생각하는 것처럼 보이는 사람들을 종종 목격한다.

그들은 마치 성경의 명령을 거론하는 것이 율법주의에 해당하는 것처럼 '그것은 은혜가 아닌 율법이오.'라고 주장한다. 요즘의 율법폐기론자들 가운데 일부는 거의 모든 곳에서 경건한 척하는 도덕주의를 찾아내 비판하려고 작심한 듯 보인다. 그들은 다른 그리스도인들이 의롭게 되는 것과 의로운 일을 하는 것에 지나치게 많은 관심을 기울일까봐 우려한다. 그들은 복음의 핵심이 의에 대한 관심을 모두 배제하는 데 있는 것처럼 생각하는 듯하다. 한 유명한 저자는 이렇게 말했다.

> 그리스도께서 우리의 선함과 헌신과 올바름에 집착해야 할 필요성으로부터 우리를 자유롭게 하신 것은 참으로 좋은 소식이 아닐 수 없다. 종교는 우리에게 감당하기 어려울 정도의 강박 관념을 심어주었다. 예수님은 우리를 무도회로 초청하셨다. …그런데 우리는 그것을 군인들의 행군으로 바꾸었고, 항상 우리가 옳은 일을 하고 있는지, 다른 군인들과 보조를 맞춰 열을 잘 지어 걷고 있는지를 점검하려고 애쓴다. 우리는 무도회가 더

재미있다는 것을 알고 있지만, 지옥을 거쳐야만 천국에 갈 수 있다고 믿기 때문에 행군을 중단하지 않는다.[3]

물론 하나님 앞에서 공로를 인정받거나 스스로의 명예를 위해 '올바름'에 지나치게 관심을 기울이는 것은 바리새주의와 실질적으로 아무런 차이가 없는 율법주의에 해당한다. 단지 의로워지려는 의도가 아니라 그런 잘못된 동기에서 비롯하는 이기적인 결과는 그런 생각이 얼마나 그릇되었는지를 분명하게 보여준다. 그러나 의에 대한 굶주림과 갈증을 무조건 도덕주의로 몰아붙이는 것은 영적으로 매우 위험하고 무책임한 태도가 아닐 수 없다(마 5:6 참조).

복종의 동기가 그리스도를 사랑하고, 그분을 영화롭게 하는 마음에서 비롯한 것인데도 그런 바람을 '경건주의'로 낙인을 찍어 거룩함에 대한 신자의 관심과 선한 일을 위한 열정을 묵살하는 것은 부당하고 무자비한 처사다. 예수님은 "너희가 나를 사랑하면 나의 계명을 지키리라"(요 14:15)라고 말씀하셨다. 그분은 도덕적인 경건주의자가 아니셨다(신약 성경은 교회를 묘사할 때 무도회가 아닌 영적 싸움에 참여한 군인들을 비유로 사용한다는 사실도 아울러 기억해 두면 좋을 듯하다).

우리가 정직한 눈으로 요즘의 대형 교회들과 그 지도자들의 영적 무기력함을 바라본다면 복음을 위협하는 가장 긴급한 요인이 올바른 삶에 지나치게 집착하는 불건전한 심리 상태가 아니라는 확신을 갖게 될 것이 분명하다. 오히려 거룩한 삶에 대한 무관심, 성경의 건전한 교리에 대한 무감각, 세속적인 가치를 스스럼없이 수용하는 태도가 훨씬 더 중대하고 긴

---

3) Steve Brown, *A Scandalous Freedom: The Radical Nature of the Gospel* (New York: Howard, 2004), 82.

급한 문제이다.

은혜와 율법은 서로를 적대하지 않는다

물론 은혜와 율법은 서로 큰 차이가 있는 원리다. 어떤 점에서 이 둘은 날카롭게 대조된다. 둘 다 성경에서 발견되지만 율법은 구약 성경의 핵심 주제이고, 은혜는 신약 성경의 중심 메시지다. "율법은 모세로 말미암아 주어진 것이요 은혜와 진리는 예수 그리스도로 말미암아 온 것이라"(요 1:17). 율법은 죄인들을 단죄하고, 은혜는 신자들에게 용서를 제공한다. 율법은 저주를 선언하고, 은혜는 축복을 선언한다. 율법은 "죄의 삯은 사망이요"라고 말하고, 은혜는 "하나님의 은사는…영생이니라"라고 말한다(롬 6:23).

더욱이 처음부터 강조한 대로 복음은 죄인들에게 스스로를 구원하라고 요구하지 않는다. 복음은 죄인이 구원을 얻기 위해 해야 할 일을 알려주지 않는다. 복음은 하나님이 죄인을 대신해 이루신 사역을 전한다. 복음은 하나님이 죄인들을 구원하기 위해 어떤 일을 행하시는지를 보여주고, 그분이 경건하지 않은 자를 어떻게 의롭게 하시는지를 알려준다.

참 복음은 그런 점에서 기독교의 메시지를 거짓으로 꾸며낸 이론들과 극명하게 대조된다. 이것이 복음이 좋은 소식인 이유다. 복음은 율법의 저주와 정죄로부터의 자유를 전하는 영광스런 메시지다(롬 8:1). 복음은 "죄와 사망의 법에서" 우리를 해방한다(2절).

따라서 건전한 교리는 율법과 은혜를 분명하게 구별할 것을 요구한다. 그러나 은혜가 율법과 모순되는 새로운 의의 기준을 확립한다고 생각하거나 율법 자체가 악하다고 생각한다면 바울과 다른 사도들의 가르침에 주의 깊게 귀를 기울여야 할 필요가 있다. "율법이 죄냐 그럴 수 없느니라 율법으로 말미암지 않고는 내가 죄를 알지 못하였으니"(롬 7:7). "죄는 불법이라"(요일 3:4. 이 말씀은 율법이 무엇이 죄인지를 가르친다는 뜻이다). 율법은 우리에게 의를 가르친다(신 6:25).

은혜는 율법보다 좀 더 부드럽게 말할 뿐이다. 그 둘은 죄와 의를 규정하는 것에 서로 의견을 달리하지 않는다.

이신칭의의 교리가 그리스도인들에게 복종을 불필요한 것으로 만든다고 생각해서는 안 된다. 그리스도의 의가 신자들에게 전가되었다고 해서 마음대로 불의하게 살아도 좋다는 뜻은 결코 아니다. 오히려 그 사실은 그들에게 항상 의로운 삶을 추구하려는 마음과 동기를 부여한다.

거듭 말한 대로 우리의 선행과 복종과 거룩한 삶이 칭의의 근거가 될 수는 없다. 그러나 그것들은 참 신앙의 필연적인 열매이자 거짓 신앙과 구원 신앙의 차이를 구별하는 중요한 시금석이다. "좋은 나무마다 아름다운 열매를 맺고…이러므로 그들의 열매로 그들을 알리라"(마 7:17, 20). "우리는… 선한 일을 위하여 지으심을 받은 자니 이 일은 하나님이 전에 예비하사 우리로 그 가운데서 행하게 하려 하심이라"(엡 2:10).

은혜와 선행

은혜는 구원을 가져다 줄 뿐 아니라 의로운 삶을 살도록 가르치고 동기를 부여한다. 바울은 디도서 2장 11-14절에서 매우 분명한 어조로 은혜에 대해 이렇게 말했다.

"모든 사람에게 구원을 주시는 하나님의 은혜가 나타나 우리를 양육하시되 경건하지 않은 것과 이 세상 정욕을 다 버리고 신중함과 의로움과 경건함으로 이 세상에 살고 복스러운 소망과 우리의 크신 하나님 구주 예수 그리스도의 영광이 나타나심을 기다리게 하셨으니 그가 우리를 대신하여 자신을 주심은 모든 불법에서 우리를 속량하시고 우리를 깨끗하게 하사 선한 일을 열심히 하는 자기 백성이 되게 하려 하심이라."

은혜는 단순한 용서의 차원을 훨씬 뛰어넘는다. 은혜는 지옥행을 면하는 공짜 티켓이 아니다. 은혜는 적극적이고 역동적이며 신자의 과거와 현재와 미래에 심대한 영향을 미친다.

바울은 은혜를 '우리를 양육하는' 교사로 묘사했다. 이 말은 바울이 갈라디아서 3장 24절에서 율법에 적용한 비유와 잘 맞아 떨어진다. 그는 그곳에서 "율법이 우리를 그리스도께로 인도하는 초등교사가 되어"라고 말했다.

'초등교사'로 번역된 헬라어 '파이다고고스'는 독특한 표현이다. 이 말은 어린아이의 보호자를 가리킨다. 이 말은 '어린아이-인도자'라는 두 단어의 합성어로 귀족이나 부유한 가정의 자녀들을 지도하는 임무를 맡은 관리자를 가리킨다(『킹제임스 성경』의 '교사'라는 번역은 잘못되었다). 이 역할을 맡은 사람은 예의범절과 품행을 가르치는 역할도 했지만 학교 교사는 아니었다. 그의 임무 가운데 하나는 어린아이를 학교에 데려다 주는 것이었다. 이것은 바울이 갈라디아서 3장 24절에서 묘사한 율법의 역할과 일맥상통한다. 율법은 "우리를 그리스도께로 인도하여…믿음으로 말미암아 의롭다 함을 얻게 하는" 초등교사의 기능을 한다.

율법은 어린아이를 돌보는 보호자와 같은 역할을 하고, 은혜는 정식 교사와 같은 역할을 한다. 디도서 2장 11-14절은 은혜가 가르치는 중요한 교훈 세 가지를 강조한다.

과거에 대한 교훈: 구원은 율법이 아닌 은혜로 말미암아 주어졌다

첫 번째 교훈은 새 언약이 처음 시작되고, 그리스도의 성육신이 이루어진 시기를 가리킨다. "모든 사람에게 구원을 주시는 하나님의 은혜가 나타나"(딛 2:11). 바울은 그리스도의 초림과 성육신을 언급했다. 그때부터 은혜가 분명하게 나타나기 시작했다. 앞서 살펴본 대로 요한복음 1장 17절은 "율법은 모세로 말미암아 주어진 것이요 은혜와 진리는 예수 그리스도로 말미암아 온 것이라"고 말씀한다.

물론 이 말씀은 모세가 구약 시대에 살던 사람들에게 율법을 구원의 수단으로 주었다는 뜻도 아니고, 은혜가 그리스도 이전에는 전혀 알려지지 않은 원리였다는 뜻도 아니다. 믿음으로 말미암아 은혜로 구원받는다는 진리는 이미 창세기에서부터 나타나기 시작했다. "아브람이 여호와를 믿으니 여호와께서 이를 그의 의로 여기시고"(창 15:6). 이질적인 의가 그에게 전가되었다. 아브라함의 구원은 우리가 바울이 전한 복음을 통해 배우는 원리와 동일한 원리에 근거했다. 바울도 이 점을 거듭 강조했다. "그런즉 육신으로 우리 조상인 아브라함이 무엇을 얻었다 하리요 만일 아브라함이 행위로써 의롭다 하심을 받았으면 자랑할 것이 있으려니와 하나님 앞에서는 없느니라 성경이 무엇을 말하느냐 아브라함이 하나님을 믿으매 그것이 그에게 의로 여겨진 바 되었느니라"(롬 4:1-3; 갈 3:6, 7).

이처럼 하나님의 너그러운 용서는 그리스도의 탄생 이전에도 이미 존재했다. 하나님은 자신과 화목하자고 죄인들을 부르셨다. "오라 우리가 서로 변론하자 너희의 죄가 주홍 같을지라도 눈과 같이 희어질 것이요 진홍같이 붉을지라도 양털같이 희게 되리라"(사 1:18). 그분은 이사야서 55장 1절과 7절에서도 또다시 죄인들을 부르셨다. "오호라 너희 모든 목마른 자들아 물로 나아오라…악인은 그의 길을, 불의한 자는 그의 생각을 버리고 여호와께로 돌아오라 그리하면 그가 긍휼히 여기시리라 우리 하나님께로 돌아오라 그가 너그럽게 용서하시리라."

사실 구약 성경은 풍성한 긍휼과 축복을 베푸시는 하나님을 찬양하는 내용으로 가득하다.

"내 영혼아 여호와를 송축하며 그의 모든 은택을 잊지 말지어다 그가 네 모든 죄악을 사하시며 네 모든 병을 고치시며 네 생명을 파멸에서 속량하시고 인자와 긍휼로 관을 씌우시며"(시 103:2-4).

이렇듯 하나님의 은혜라는 주제가 구약 성경 도처에서 발견된다. 그러나 하나님의 은혜는 정교하고 세세한 계명들과 모세 언약의 본질적인 특징에 해당하는 형벌의 선언에 의해 가리어져 있었다.

"율법은 모세로 말미암아 주어진 것이요"라는 요한의 말은 십계명을 비롯한 이스라엘의 율법이 시내산에서 하나님이 모세를 통해 허락하신 것이며, 모세는 옛 언약의 시대를 연 인간 중보자였다는 의미를 함축하고 있다(요 1:17). 모세는 '모세 오경'으로 알려진 구약 성경의 율법서를 기록한 인간 저자였다. 유대 종교의 역사상 그보다 더 뛰어난 인물은 없었다.

그러나 그리스도, 곧 성육하신 하나님이 은혜와 진리의 화신으로 세상에 오셨다. 요한은 "우리가 그의 영광을 보니 아버지의 독생자의 영광이요 은혜와 진리가 충만하더라"(요 1:14)라고 말했다. 예수님은 하나님의 은혜가 이전에는 결코 나타나지 않은 것처럼 새롭고 분명하게 나타내 보이셨다.

모세 시대에는 율법이 일차적이었고, 은혜는 부차적이었다. 그러나 그리스도의 강림과 더불어 그 순서가 바뀌었다. 이제는 은혜가 지배적이고, 율법은 구원사에서 종속적인 역할을 한다. 물론 이것은 구원을 받는 방법이 달라졌다는 의미가 아니다. 율법을 통해 구원받은 사람은 아무도 없었다. 율법을 옳게 적용했는데도 은혜와 상충된다는 생각은 잘못이다. "그러면 율법이 하나님의 약속들과 반대되는 것이냐 결코 그럴 수 없느니라"(갈 3:21). 우리는 죄인이기 때문에 "예수 그리스도를 믿는 믿음"으로 얻는 은혜만이 영생을 얻을 수 있는 유일한 방법이다(22절).

바울은 은혜가 율법의 그림자 아래에서 나와 그 빛을 온전히 드러냈다고 말했다. "모든 사람에게 구원을 주시는 하나님의 은혜가 나타나"(딛 2:11). 그의 말은 '모든 사람'이 구원을 받을 것이라는 의미가 아니다. 예수님도 "생명으로 인도하는 문은 좁고 길이 협착하여 찾는 자가 적음이라"(마 7:14)라고 말씀하셨다. 또한 그분은 "그 날에 많은 사람이 나더러 이르되 주여 주여 우리가 주의 이름으로 선지자 노릇하며 주의 이름으로 귀신을 쫓아내며 주의 이름으로 많은 권능을 행하지 아니하였나이까 하리니 그때에 내가 그들에게 밝히 말하되 내가 너희를 도무지 알지 못하니 불법을 행하는 자들아 내게서 떠나가라 하리라"(마 7:22, 23)고 말씀하셨고, 또 다른 곳에서도 "왼편에 있는 자들에게 이르시되 저주를 받은 자들아 나를 떠나 마귀와 그 사자들을 위하여 예비된 영원한 불에 들어가라…그들은 영벌에…들어가리라"(마 25:41, 46)라고 말씀하셨다.

디도서 2장 11절의 "모든 사람"은 모든 종류의 사람들, 곧 예외 없는 모든 사람이 아닌 차별을 두지 않은 모든 사람을 가리킨다. 바울은 디도가 목회하던 여러 종류의 사람들(늙은 남자, 늙은 여자, 젊은 여자, 젊은 남자, 종들)을 언급했다(2-9절). "구원을 주시는 하나님의 은혜"는 모든 종류의 사람들에게 주어진다(11절). 사회적 지위나 인종이나 연령으로 인해 차별을 당하는 경우는 없다.

하나님의 은혜는 구원을 준다. 이것이 핵심 주제, 곧 바울이 수없이 강조한 진리다. 바울은 디도서 3장에서도 이와 똑같은 진리를 또다시 강조했다. "우리 구주 하나님의 자비와 사람 사랑하심이 나타날 때에 우리를 구원하시되 우리가 행한 바 의로운 행위로 말미암지 아니하고 오직 그의 긍휼하심을 따라 중생의 씻음과 성령의 새롭게 하심으로 하셨나니"(딛 3:4, 5). 항상 그렇듯이 바울은 모든 영광을 하나님께 돌렸다. "그것이 은혜에 속하기 위하여"(롬 4:16). "하나님이 우리를 구원하사 거룩하신 소명으로 부르심은 우리의 행위대로 하심이 아니요 오직 자기의 뜻과 영원 전부터 그리스도 예수 안에서 우리에게 주신 은혜대로 하심이라"(딤후 1:9).

율법이 아닌 은혜가 항상 죄인들을 구원하는 유일한 수단이었다. 그리스도의 강림과 그분의 가르침과 그분의 죽음과 부활을 통해 은혜의 복음이 온전히 드러났기 때문에 이제는 그것을 확실하게 이해할 수 있다. 이것이 그리스도께서 이루신 속죄 사역의 핵심이다. 이를테면 '구원은 오직 은혜로 받는다.'는 말이 신약 성경의 헤드라인을 크게 장식하고 있는 셈이다.

현재에 대한 교훈: 은혜는 무관심이 아닌 열정을 고무한다

앞에서 율법주의의 위험과 신자는 "율법 아래에 있지 않다"는 사실을 살펴보았다(롬 6:14). 바울의 말이 지니는 의미는 매우 간단하다. 신자들은 율법의 정죄로부터 해방되었다(롬 8:1). 우리는 율법의 저주로부터 구원받았다(갈 3:13). 우리는 율법의 행위로 공로를 세워 의롭다 하심을 받으려고 노력하지 않는다. 우리는 '율법 아래 있다.'는 바울의 말이 무슨 의미인지 정확하게 알고 있다. 왜냐하면 그가 거짓 가르침을 비판하고, 거기에 속아 율법 아래로 다시 돌아가려고 하는 신자들을 바로 잡을 목적으로 갈라디아서를 기록했기 때문이다. 그는 그들에게 "내게 말하라 율법 아래에 있고자 하는 자들아 율법을 듣지 못하였느냐"(갈 4:21)라고 말했다. 그는 또한 "율법 안에서 의롭다 함을 얻으려 하는 너희는 그리스도에게서 끊어지고 은혜에서 멀어진 자로다"(5:4)라고 말했다. 이처럼 바울 서신에서 '율법 아래 있다.'는 것은 율법을 수단으로 삼아, 곧 우리의 행위를 통해 의롭다 하심을 받으려는 시도를 가리킨다.

그러나 은혜는 율법을 완전히 폐하지 않는다. "그런즉 어찌하리요 우리가 법 아래에 있지 아니하고 은혜 아래에 있으니 죄를 지으리요"(롬 6:15). 이 질문에 대한 바울의 대답은 너무나도 명확했다. 그는 열정이 가득한 어조로 "그럴 수 없느니라"(롬 6:2)라고 말했다. 하나님의 은혜는 참 믿음을 지닌 사람의 마음속에서 영적 무관심이나 무감각을 부추기지 않는다. 오히려 은혜는 "우리를 양육하시되 경건하지 않은 것과 이 세상 정욕을 다 버리고 신중함과 의로움과 경건함으로 이 세상에 살고…선한 일을 열심히 하는 자기 백성이 되게" 가르친다(딛 2:12, 14).

신자가 경험하는 은혜는 "중생의 씻음과 성령의 새롭게 하심"으로부터 시작한다(딛 3:5). 성령께서는 신자의 내면에 새 마음과 새 영을 허락하신다. "또 새 영을 너희 속에 두고 새 마음을 너희에게 주되 너희 육신에서 굳은 마음을 제거하고 부드러운 마음을 줄 것이며 또 내 영을 너희 속에 두어 너희로 내 율례를 행하게 하리니 너희가 내 규례를 지켜 행할지라"(겔 36:26, 27). 선행은 칭의의 근거가 아니라 중생의 필연적인 결과다.

은혜로 주어진 구원은 온전하다. 구원은 칭의로 끝나지 않고, 계속해서 현시대를 살아가는 방법을 가르치며, 우리를 영광에 이르는 길로 인도하고, 절제와 의와 경건함을 추구하도록 이끈다. 하나님이 자기 백성의 죄에 무관심하시다고 생각하는 사람은 은혜에 관한 초보적인 진리도 이해하지 못한 상태다. 은혜로 구원받았기 때문에 죄를 짓거나 용납해도 상관없다는 생각은 치명적인 거짓이다.

물론 신자가 죄나 유혹으로부터 온전히 자유롭다는 말은 아니다. 오히려 그 반대다. 신자인 우리는 계속해서 죄와 싸우며, 죄와 어울리지 말고 그것을 죽이려고 노력해야 한다. "육체의 소욕은 성령을 거스르고 성령은 육체를 거스르나니 이 둘이 서로 대적함으로 너희가 원하는 것을 하지 못하게 하려 함이니라"(갈 5:17). 죄는 끈질긴 원수이기 때문에 우리의 의로운 열정이 힘을 잃을 때가 많다. 바울은 이 점을 분명하게 알고 있었다. 그는 로마서 7장에서 그런 좌절감을 솔직하게 털어놓았다. 그는 다른 곳에서도 "형제들아 나는 아직 내가 잡은 줄로 여기지 아니하고"(빌 3:13)라고 인정했다. 그는 그리스도에 대한 헌신과 영적 성숙함이 누구보다 월등했지만 우리와 마찬가지로 여전히 완전하지 못했다. 그는 이 점을 의식하고, "내가 그리스도 예수께 잡힌 바 된 그것을 잡으려고 달려가노라"(12절)라고 말했다.

은혜는 그런 생각을 갖도록 신자들을 훈련한다. 이 세상의 삶은 성화의 목표를 향한 긴 싸움에 해당한다. 우리는 그런 과정을 거치면서 차츰 그리스도의 온전한 형상을 이루어 나간다. 그 과정을 거치는 동안 은혜를 통해 열정과 힘이 주어진다. 그 과정에는 긍정적인 측면과 부정적인 측면이 있다.

먼저 부정적인 측면에서 은혜는 우리에게 "경건하지 않은 것과 이 세상 정욕을 다 버리고"라고 가르친다(딛 2:12). 우리는 날마다 예수님이 요구하신 자기 부정을 실천해야 한다. 그분은 "누구든지 나를 따라오려거든 자기를 부인하고 자기 십자가를 지고 나를 따를 것이니라"(마 16:24)라고 말씀하셨다. 물론 우리 안에 있는 은혜의 열매는 우리 자신의 자기 결정에 의한 의지적인 행위에서 비롯하는 것이 아니다. 우리를 공격하는 유혹과 육신의 정욕에 맞서 싸우려는 열정은 은혜를 통해 생겨난다.

바울은 "그러나 내가 나 된 것은 하나님의 은혜로 된 것이니 내게 주신 그의 은혜가 헛되지 아니하여 내가 모든 사도보다 더 많이 수고하였으나 내가 한 것이 아니요 오직 나와 함께 하신 하나님의 은혜로라"(고전 15:10)라는 말로 우리의 노력과 그런 노력을 가능하게 하는 은혜의 상호 관계를 적절하게 묘사했다.

구체적으로 말해 그것은 성령의 내주하심을 통해 주어지는 그리스도의 능력이다. 거기에서 죄를 거부하고 저항할 수 있는 힘이 생겨난다. 은혜 아래 있고 율법의 정죄 아래 있지 않다는 것은 "죄가 너희를 주장하지 못하리니"(롬 6:14)라는 의미이다.

또한 그것은 그리스도인들이 더 이상 강압적인 죄의 권세를 저항할 필요가 없다는 것을 의미하지 않는다. 그것은 은혜를 통해 유혹에 맞서려는 의지와 능력이 공급된다는 것을 의미한다. "너희 안에서 행하시는 이는 하나님이시니 자기의 기쁘신 뜻을 위하여 너희에게 소원을 두고 행하게 하시나니"(빌 2:13).

또한 은혜는 긍정적인 측면에서 "신중함과 의로움과 경건함으로 이 세상에 살도록" 가르친다(딛 2:12). 그리스도의 의가 우리에게 전가됨으로써 하나님 앞에서 의롭다 하심을 받은 후에는 그 완전한 의를 존귀하게 여기고 하나님의 은혜에 힘입어 그것을 추구하려고 노력하는 것이 마땅하다. 은혜가 어떻게 이와 다른 것을 가르칠 수 있겠는가?

바울은 "그런즉 우리가 무슨 말을 하리요 은혜를 더하게 하려고 죄에 거하겠느냐 그럴 수 없느니라 죄에 대하여 죽은 우리가 어찌 그 가운데 더 살리요"(롬 6:1, 2)라고 말했다. 바울에게 심판으로부터 구원받고 하나님의 은혜로 변화된 사람이 경솔하게 또는 고의로 죄를 짓는다는 것은 상상조차 할 수 없는 일이었다.

은혜는 단지 지옥으로부터만이 아니라 죄의 속박으로부터 우리를 구원한다. 이와 다르게 가르치는 사람은 은혜의 원리를 존귀하게 여기지 않는다. 그런 사람은 은혜의 원리를 훼손한다.

성화의 증거(신중함과 의로움과 경건함)를 보이지 못하는 사람은 은혜를 받았다고 생각할 근거가 없다. 죄를 회개하지 않는 사람은 하나님의 은혜를 모르는 사람이다. 율법폐기론의 가장 큰 위험은 이 진리를 부인하거나 모호하게 만들어 그리스도를 입으로만 믿을 뿐 여전히 정죄 아래 있는 사람들, 곧 하나님의 은혜에 참여하지 못한 사람들에게 그릇된 확신을 심어준다는 것이다.

성화는 신앙생활의 선택 사안이 아니다. 모든 신자는 '하나님의 아들의 형상을 본받도록 미리 정해졌다'(롬 8:29). 하나님은 주권자시며 그분의 은혜는 항상 효력이 있기 때문에 신자가 선한 행위의 열매를 맺지 못할 가능성은 전혀 없다. 하나님의 은혜는 그리스도인의 종교적인 신조만이 아니라 그의 삶 전체를 변화시킨다.

미래에 대한 교훈: 우리는 두려움이 아닌 소망 가운데 살아간다

율법과 은혜는 동일한 도덕적 기준에 근거하지만, '은혜의 종말론'(앞으로 있을 일에 대한 은혜의 가르침)은 율법의 종말론보다는 그 전망이 무한히 더 밝다. 은혜 아래 있는 자들의 영원한 미래는 끝없는 영광과 축복뿐이다. 그러나 율법 아래 남아 있는 사람들의 미래는 사망과 영원한 정죄뿐이다.

이것이 율법과 은혜의 근본적인 차이다. 율법은 죄인들에게 심판의 확실성만을 약속한다. 율법 아래 있는 자들에게 그리스도의 재림은 마지막 심판의 신호탄이다. 그것은 진정 끔찍한 미래가 아닐 수 없다. 그와는 달리 하나님의 구원 은혜는 "복스러운 소망과 우리의 크신 하나님 구주 예수 그리스도의 영광이 나타나심을 기다리라"고 가르친다(딛 2:13). 율법은 심판을 경고하고 사형 판결을 내린다. 은혜는 용서를 베풀고 영원한 축복을 약속한다. 율법은 죄인의 과거를 상기시켜 죄책을 느끼는 마음에 두려움과 후회를 불러일으킨다. 은혜는 신자의 미래를 가리키고, 용서받은 마음에 감사와 소망을 가득 채운다.

이 차이는 너무나도 분명하다. 이런 사실은 우리를 무관심한 태도로 소극적으로 머물게 하지 않고, 선을 행하고, 또 선해지려고 노력하도록 독려한다. 즉 우리의 모든 열정과 힘을 다해 거룩함을 추구하도록 고무한다. 이것이 그리스도께서 죽으신 목적이다. "그가 우리를 대신하여 자신을 주심은 모든 불법에서 우리를 속량하시고 우리를 깨끗하게 하사 선한 일을 열심히 하는 자기 백성이 되게 하려 하심이라"(딛 2:14). 선을 행하려는 열정은 율법적이거나 은혜의 정신에 위배되지 않는다. 오히려 은혜는 그런 태도를 배양하도록 우리를 가르친다.

은혜는 참 신자에게 죄에 대한 거룩한 증오심을 불러일으킨다. 은혜는 하나님을 욕되게 하는 모든 것을 증오하는 거룩한 마음과 생각을 갖도록 이끈다. 우리의 육신은 죄의 유혹에 여전히 민감하게 반응하지만, 우리의 영혼 깊숙한 곳에서는 "악을 미워하는" 성향이 존재한다(롬 12:9). 악을 미워하는 것은 곧 하나님을 사랑한다는 증거다(시 97:10). 이것이 신자들이 "경건하지 않은 것과 이 세상 정욕을" 거부하려는 마음을 갖게 되는 이유다(딛 2:11). 은혜의 긍정적인 측면은 의를 향한 끊임없는 굶주림과 갈증이다. 그것이 "신중함과 의로움과 경건함으로 이 세상에 살도록" 우리를 독려한다(12절).

"우리의 크신 하나님 구주 예수 그리스도의 영광이 나타나심"(13절)은 우리가 고대하는 복된 소망이다. 그리스도께서 영광 중에 나타나신다는 것은 곧 죄가 우리의 경험 속에서 영원히 완전하게 사라지고, 우리 자신이 즉시 완전한 상태로 변화될 것을 의미한다.

그때가 오기까지 우리는 모든 피조물과 더불어 탄식하지만(롬 8:22) 그것은 절망적인 절규나 패배의 외침이 아니다. 우리는 "양자 될 것 곧 우리 몸의 속량을 기다린다"(23절). "사랑하는 자들아 우리가 지금은 하나님의 자녀라 장래에 어떻게 될지는 아직 나타나지 아니하였으나 그가 나타나시면 우리가 그와 같을 줄을 아는 것은 그의 참 모습 그대로 볼 것이기 때문이니"(요일 3:2).

이것이 바울이 전한 복음의 목적이자 정점이다. 이것은 이 세상의 모든 시련과 고난을 사소하게 보이게 만드는 영광스러운 소망이다. "생각하건대 현재의 고난은 장차 우리에게 나타날 영광과 비교할 수 없도다"(롬 8:18). "우리가 잠시 받는 환난의 경한 것이 지극히 크고 영원한 영광의 중한 것을 우리에게 이루게 함이니"(고후 4:17).

우리는 고린도전서 15장 서두에서부터 공부를 시작했다. 따라서 동일한 요점을 강조하고 있는 바울의 마지막 말로 끝을 맺는 것은 매우 적절해 보인다.

"보라 내가 너희에게 비밀을 말하노니 우리가 다 잠 잘 것이 아니요 마지막 나팔에 순식간에 홀연히 다 변화되리니 나팔 소리가 나매 죽은 자들이 썩지 아니할 것으로 다시 살아나고 우리도 변화되리라 이 썩을 것이 반드시 썩지 아니할 것을 입겠고 이 죽을 것이 죽지 아니함을 입으리로다 이 썩을 것이 썩지 아니함을 입고 이 죽을 것이 죽지 아니함을 입을 때에는 사망을 삼키고 이기리라고 기록된 말씀이 이루어지리라 사망아 너의 승리가 어디 있느냐 사망아 네가 쏘는 것이 어디 있느냐 사망이 쏘는 것은 죄요 죄의 권능은 율법이라 우리 주 예수 그리스도로 말미암아 우리에게 승리를 주시는 하나님께 감사하노니 그러므로 내 사랑하는 형제들아 견실하며 흔들리지 말고 항상 주의 일에 더욱 힘쓰는 자들이 되라 이는 너희 수고가 주 안에서 헛되지 않은 줄 앎이라"(고전 15:51-58).

결론: 바울의 증언

"내가 부득불 자랑할진대 내가 약한 것을 자랑하리라"(고후 11:30).

복음은 바울에게 결코 부차적인 주제가 아니었다. 지금까지 살펴본 대로 "예수 그리스도와 그가 십자가에 못 박히신 것"은 바울이 가르치고 전한 모든 것의 핵심 주제였다(고전 2:2). 그가 다른 교리(예를 들면, 로마서 1-3장에 언급된 죄의 교리)에 많은 지면을 할애한 이유는 독자들에게 실제로 전하려고 했던 것(곧 복음)의 배경을 설명하기 위해서였다. 그가 갈라디아서나 고린도전서 15장에서 교리적인 문제를 길게 논한 이유도 복음이 공격을 받았기 때문이다. 그는 스스로를 변호하는 것처럼 들리는 글을 쓸 때도 항상 '나의 복음'의 권위와 명료성을 확립하는 데 깊은 관심을 기울였다. 그는 결국에는 '그리스도와 복음을 위해' 목숨을 바쳤다(막 8:35).

그는 집으로 돌아오는 비둘기처럼 항상 복음으로 되돌아갔다. 만일 내가 이 책의 부피를 지금보다 20배를 더 늘렸다면 그리스도의 삶과 죽음과 부활을 믿는 믿음을 통해 은혜로 구원받는 길을 거듭 강조하며 설명한 바울의 본문들을 수십 개나 더 다룰 수 있었을 것이다. 그러나 이제 이 책을 끝마쳐야 할 때가 되었다. 나는 바울이 자신의 삶과 회심을 간략하게 증언한 빌립보서 3장 4-11절을 잠시 살펴보는 것으로 이 책을 마무리하고 싶다.

"그러나 나도 육체를 신뢰할 만하며 만일 누구든지 다른 이가 육체를 신뢰할 것이 있는 줄로 생각하면 나는 더욱 그러하리니 나는 팔 일 만에 할례를 받고 이스라엘 족속이요 베냐민 지파요 히브리인 중의 히브리인이요 율법으로는 바리새인이요 열심으로는 교회를 박해하고 율법의 의로는 흠이 없는 자라 그러나 무엇이든지 내게 유익하던 것을 내가 그리스도를 위하여 다 해로 여길 뿐더러 또한 모든 것을 해로 여김은 내 주 그리스도 예수를 아는 지식이 가장 고상하기 때문이라 내가 그를 위하여 모든 것을 잃어버리고 배설물로 여김은 그리스도를 얻고 그 안에서 발견되려 함이니 내가 가진 의는 율법에서 난 것이 아니요 오직 그리스도를 믿음으로 말미암은 것이니 곧 믿음으로 하나님께로부터 난 의라 내가 그리스도와 그 부활의 권능과 그 고난에 참여함을 알고자 하여 그의 죽으심을 본받아 어떻게 해서든지 죽은 자 가운데서 부활에 이르려 하노니."

이것은 참으로 놀라운 증언이다. 바울은 자신이 좋아하는 몇 가지 복음의 주제(인간의 행위가 하나님 앞에서 공로를 인정받는 수단이 될 수 없다는 것, 믿음의 중추적인 역할, 은혜의 원리와 의의 전가, 구원자의 죽음과 부활, 세상의 그 어떤 특권이나 유익이나 보화보다 그리스도를 아는 것이 더 큰 가치를 지닌다는 것)를 한데 결합시켜 놓았다.

바울이 회심 이전의 삶이나 바리새인과 학자로서 자신이 이룬 업적에 관해 말하는 경우는 극히 드물었다. 그는 자기를 조금이라도 자랑하는 것을 스스로 용납하지 않았다. 그는 고린도후서 12장 1절에서 "무익하나마 내가 부득불 자랑하노니"라고 말했다. 그는 자신과 자신의 업적을 거론하지 않으면 안 될 상황에서도 항상 겸손한 태도를 취했다. 예를 들어, 그는 고린도후서 12장에서 복음을 위해 할 수 없이 자신의 사도적 권위를 옹호해야 했다. 그는 스스로 탁월한 사도를 자처하는 거짓 교사들의 주장을 논박해야 할 필요가 있었다. 그 이유는 그들이 모든 진리를 여는 열쇠, 곧 영지주의적인 비밀 계시를 받았다고 주장했기 때문이다. 바울은 자신이 어떻게 낙원에 이끌려 올라갔는지를 설명했다. 그러나 그는 그 이야기를 전할 때 마치 그 일이 다른 사람의 경험이라도 되는 것처럼 3인칭을 사용했다. 그는 11절에서 "내가 어리석은 자가 되었으나 너희가 억지로 시킨 것이니"라고 말했다.

부끄러움을 모른 채 자기를 과시하고 자랑하는 것은 바울이 은혜에 관해 말할 때 종종 강조했던 '교만을 죽이라는 가르침'과 정면으로 상충된다. 그는 "그런즉 자랑할 데가 어디냐 있을 수가 없느니라"(롬 3:27), "너희가 자랑하는 것이 옳지 아니하도다"(고전 5:6)라고 말했다. 복음 아래 있는 한, 그 누구도 자랑할 근거를 가질 수 없다(엡 2:9). "이는 아무 육체도 하나님 앞에서 자랑하지 못하게 하려 하심이라…자랑하는 자는 주 안에서 자랑하라"(고전 1:29, 31).

자랑하기를 거부했다는 것은 바울이 바리새주의를 온전히 포기했다는 증거였다. 바리새인들은 영적인 교만을 경건의 표상인 양 착각했다. 마지막 장에서 살펴본 대로, 그들의 독특한 종교적 상징과 선한 행위는 "사람에게 보이고자" 계획되었다(마 23:5). 가장 눈에 띄는 그들의 표징은 과시적인 겉옷과 넓은 '경문 띠'(성구를 기록한 양피지를 담은 가죽 상자. 미간과 팔에 부착했다. 신명기 6장 8절을 피상적으로 적용한 것이다)였다. 그들은 가난한 자를 돕거나 하는 선행을 베풀 때는 뽐내듯이 처신했다. 예수님은 '나발을 분다.'라는 표현으로 스스로의 행위를 자랑하는 그들을 묘사하셨다. 그분은 바리새인들의 과장된 행위와 상징은 사람들의 칭찬을 받는 데 그 목적이 있었다고 말씀하셨다(마 6:2). 그들은 말이 아닌 행동으로 스스로를 자랑했다.

바울도 자랑할라치면 자랑할 것이 많았다. 그는 자신을 비판하는 사람들보다 교육도 더 잘 받았고, 학식도 더 높았으며, 성경을 다루는 데 더 능숙했을 뿐 아니라 구약의 역사에 대한 조예도 깊었고, 철학에도 정통했으며, 언어 구사력도 뛰어났다. 더욱이 그는 다른 사도들이 모두 인정했던 사도로서 사도적 직임의 권위를 온전히 소유했다. 그는 성령의 도구가 되어 신약 성경의 상당 부분을 기록했고, 다른 신약 성경 저자들보다 더 많은 양의 성경을 기록한 누가와 절친한 관계였다. 부활하신 그리스도께서는 다메섹 도상에서 바울에게 자신의 찬란한 영광을 온전히 드러내셨다(행 9:1-6, 17, 26:14-18). 사실 바울은 그리스도께서 부활하고 나서 자신을 마지막으로 나타내 보이셨던 인물이었다(고전 9:1, 15:8). 심지어 바울은 천국도 목격했다(고후 12:2-4). 이처럼 그는 신약 성경의 다른 누구보다도 자랑할 것이 훨씬 많았다.

그러나 그는 빌립보서 3장에서 그런 사실을 언급하면서 과거에 자신이 이룩한 종교적인 업적을 모두 부인했다. 그는 그것들을 '배설물'로 일컬었다. 이 말은 헬라어 '스쿠발론'을 번역한 것이다. 그것은 신약 성경의 다른 곳에서는 사용된 적이 없는 적나라한 표현이었다. 『킹제임스 성경』은 이 말의 문자적인 의미를 좀 더 살려 "나는 그것들을 똥으로 여긴다"(8절)라고 번역했다.

바울은 보화가 감추어져 있는 밭을 사기 위해 모든 것을 포기한 사람이나(마 13:44), 값진 진주를 구하기 위해 소유를 모두 처분한 상인과 같은 사람이었다(45, 46절).

그 비유의 요점은 죄인이 자기희생을 통해 구원을 얻을 수 있다는 것이 아니다. 그 비유의 주안점은 밭이나 진주를 얻기 위해 전에 귀하게 여기거나 믿고 의지했던 것을 기꺼이 포기했다는 데 있다.

바울은 '나는 좋은 것을 가지고 있지만 이것이 더 낫다.'는 식으로 말하지 않았다. 그는 자신의 업적이 전적으로 무가치하다고 선언했다. 그는 "무릇 우리는 다 부정한 자 같아서 우리의 의는 다 더러운 옷 같으며"(사 64:6)라는 말에 기꺼이 동의했다. 그는 자신의 가장 훌륭한 장점이나 가장 뛰어난 업적을 가치 있는 자산이 아닌 부채로 생각했다. 그는 그것들을 유익이 아닌 손실로 생각했다. "사람이 만일 온 천하를 얻고도 제 목숨을 잃으면 무엇이 유익하리요"(마 16:26). "무엇이든지 내게 유익하던 것을 내가 그리스도를 위하여 다 해로 여길 뿐더러"(빌 3:7).

그는 바리새인으로 사는 동안 종교 의식, 인종, 신분, 경건, 올바른 삶 따위를 통해 영원한 생명을 얻을 수 있다고 믿었다. 그의 종교적인 실력과 자격은 바리새인들의 기준에 따르면 어느 누구에게도 뒤지지 않았다. 그는 "히브리인 중의 히브리인"이었다(빌 3:5). 그는 헬라파 유대인들이 거주하던 이방 지역에서 태어났지만 히브리어와 히브리 관습에 익숙했다. 그는 특별히 고귀한 지파의 후손이었다(베냐민 지파는 솔로몬의 사후에 다윗 왕가에 대한 반역에 가담하지 않았던 두 지파 가운데 하나였다).

그는 바리새인의 가정에서 태어났고, 난 지 팔 일 만에 성경의 명령대로 할례를 받았다(창 17:12). 그는 갓 태어난 아이 때부터 부모를 통해 의식법을 꼼꼼히 지키기 시작했다. 그는 희생 제사와 정결 의식은 물론, 다른 의식법들과 관련해 바리새인의 전통을 어기거나 안식일을 더럽힌 적이 단 한 번도 없었다. 그는 흠 없는 평판을 유지했다. 경건한 바리새인의 관점에서나 그 자신의 평가 기준에 의해서나 그는 '흠이 없었다.' 그의 바리새적인 열정은 교회를 난폭하게 박해했던 사실을 통해 분명하게 입증된다. 어떤 바리새인이든 바울을 보면 깊은 인상을 받지 않을 수 없었을 것이다.

그러나 바울은 그리스도를 만난 순간, 자신의 혈통과 업적이 지극히 불완전하다는 사실을 깨달았다. 그것들은 진정 갚을 길이 없는 부채나 다름없었다.

따라서 그는 그리스도를 얻기 위해 그 모든 것을 버렸다(빌 3:8). 그는 선행을 포기하겠다고 말하지 않았지만, 스스로가 진정으로 의롭지 않기 때문에 그 모든 선행이 진정한 가치를 지니지 못한다는 것을 깨달았다. 따라서 그는 완전하지 않은 바리새적인 선행을 통해 하나님께 인정받을 수 있다는 신념을 기꺼이 포기했다. 자신의 종교에 단순히 그리스도를 덧붙이는 것만으로는 온전히 거룩해질 수가 없었다. 그는 자신의 종교를 배설물로 일컬었다. '배설물'을 아무리 아름답게 장식해봤자 그 본질은 조금도 바뀌지 않는다.

바울은 오로지 그리스도만을 의지하기로 결정했다. 그때부터 그의 유일한 목표는 그리스도 안에서 발견되는 것이었다. 그는 "내가 가진 의는 율법에서 난 것이 아니요 오직 그리스도를 믿음으로 말미암은 것이니 곧 믿음으로 하나님께로부터 난 의라"(빌 3:9)라고 말했다.

바울이 말한 것은 의의 전가와 이신칭의의 교리였다. 만일 어떤 사람이 바울이 그리스도의 의의 전가를 가르치지 않았다고 주장한다면,[1] 그것이 바울이 개인적인 증언을 통해 힘써 강조했던 요점이었다고 말해 주라. 그

---

1) 예를 들어, 라이트는 고린도전서 1장 30절에 대해 이렇게 말했다. "내가 아는 한, 소위 '그리스도의 전가된 의'라고 일컬어지는 교리를 뒷받침하는 근거로 사용할 수 있는 성경 본문은 이곳이 유일하다. 그것은 신약 성경의 가르침이라기보다는 종교개혁 이후의 신학과 신앙에서 더 자주 발견되는 교리다." N. T. Wright, *What St. Paul Really Said* (Oxford: Lion, 1997), 123.

리스도 안에서 발견된다는 것은 그리스도 자신의 의, 곧 "내가 가진 의"가 아니라 "오직 그리스도를 믿는 믿음으로 말미암은 것"을 덧입는 것을 의미한다(빌 3:9). 이를 통해 신자와 주님은 더할 나위 없이 친밀한 관계를 맺는다. 그것은 결코 파괴될 수 없는 영적 결합이다. 다소의 사울과 같이 경건하고 열정이 넘치는 바리새인을 설득해 일생 동안 쌓아온 확신과 노력을 '똥'으로 여겨 기꺼이 버리게 만들었던 것이 과연 무엇일까?

바울 자신이 그 질문에 직접 대답했다. 그는 "그리스도 예수를 아는 지식이 가장 고상하기 때문이라"(빌 3:8)라고 말했다. 바울은 복음의 밝은 빛을 통해 그리스도의 찬란한 영광을 목격한 후로부터는 다른 어떤 것도 더 소중히 여기지 않았다.

우리도 우리의 삶을 통해 그렇게 증언할 수 있기를 기도한다.

The Gospel According to Paul

부록

부록 1_ 대리 속죄

이 부록은 '형벌적 대리 속죄론'을 비롯해 다른 몇 가지 속죄론을 좀 더 상세하게 다룬다(앞서 5장에서 다양한 속죄론을 간단하게 다룬 바 있다). 이것은 내가 새 천년이 시작할 무렵에 쓴 논문을 좀 더 확대시켜 보완한 것이다. 본래의 논문은 '열린 유신론'에 관한 심포지엄의 결과로 출간된 책에 처음 포함되었다.[1] '열린 유신론'에 관해 잘 모르는 사람들은 하나님이 미래를 완벽하게 알고 계신다는 것을 부인하는 오류가 그 가장 뚜렷한 특징에 해당한다는 점을 기억해 두면 좋을 것이다. 열린 유신론은 형벌적 대속과 화목의 원리가 그리스도의 속죄 사역의 본질적인 요소와 무관하다는 입장을 취하는 것이 보통이다.

---

1) Doug Wilson, ed., *Bound Only Once: The Failure of Open Theism* (Moscow, ID: Canon, 2001), 95-107.

"의로우신 예수 그리스도…우리 죄를 위한 화목 제물"(요일 2:1, 2).

1990년 2월, 『크리스천 투데이』에 논란의 소지가 큰 논문이 한 편 게재되었다. 그 논문은 많은 신학자들이 신학에 관해 생각하고, 글을 쓰기 시작하게 만들었던 획기적인 주장을 몇 가지 제기했다. 그 논문의 저자는 저명한 캐나다 신학자 로버트 브로였다. 그는 복음주의의 지평에서 혁신적인 변화가 일어나기 시작했다고 말했다. 그는 그것을 '옛 방식'의 신학에서 떠나 '새 방식'의 사고로 전환하는 '대변혁'으로 일컬었다(브로는 역사적 복음주의 교리를 '옛 방식'으로 일컬었다).[2] 그의 논문은 새 신학이 하나님의 진노, 하나님의 의, 심판, 속죄와 같은 성경의 개념들을 새롭게 설명함으로써 하나님에 대한 복음주의의 개념을 비롯해 복음주의 신학의 모든 측면을 어떤 식으로 혁신시키고 있는지를 담담하게 진술했다.

당시에 논문에 언급된 '진보적인' 개념들은 복음주의 진영의 외곽에서 주로 학문적인 차원에서만 다루어지고 있었다. 그러나 브로의 논문이 예고한 대변혁은 신학적 논의의 중심으로 차츰 깊숙이 침투해 들어왔다. 그 후 10년도 채 못 되어 복음주의자들은 '열린 유신론'(미래는 하나님도 모르시고, 어떤 일이든 일어날 수 있다는 신념)을 논의하기 시작했다. 열린 유신론자들은 하나님의 주권, 예지, 불변성, 전지하심과 같은 고전적 유신론의 주된 신념들을 대부분 부인했다. 또한 그들은 정도는 제각기 달랐지만 성경의 권위와 무오성을 인정하지 않기는 마찬가지였다. 그 운동은 하나님을 다루기 쉽게 만들고, 정치적 공정성을 추구하기 위한 합리주의적인 노력의 일환이었다.

---

2) Robert Brow, "Evangelical Megashift," *Christianity Today*, February 19, 1990, 12-14.

2005년이 되자 복음주의 진영 내에서 많은 사람이 소위 '이머징 교회 운동'(하나님과 성경에 관한 복음주의의 관점을 변경하고 흐리게 만들려는 일부 신자들의 노력)에 깊은 관심을 기울이기 시작했다. 그 운동의 지도자들은 '열린 유신론'의 주장을 크게 반겼다. 그들의 영향력은 역사적 복음주의 신앙으로부터 크게 벗어나는 결과를 낳았다. 로버트 브로가 1990년의 논문에서 예고한 것이 정확하게 맞아 떨어졌다.

이머징 교회 운동은 2011년경에 해체되었고, 복음주의 진영 내에서 관심 밖으로 밀려났다. 요즘에는 열린 유신론이 이전과 같은 관심이나 논쟁을 많이 불러일으키지 못하는 것처럼 보인다. 그러나 그런 운동들이 복음주의 신자들의 의식 속에 심어 놓은 자유주의 사상은 여전히 살아 숨 쉬고 있고, 그 영향력도 계속 확대되고 있다. 나는 로버트 브로의 대변혁이 가져올 마지막 파장(또는 가장 파괴적인 파장)이 아직 시작되지 않았다고 확신한다. '새 방식'의 신학이 일으킨 초기의 운동들은 겉으로는 동력을 잃은 것처럼 보이지만, 여전히 살아서 계속 확산되고 있다.

브로는 2008년 7월에 사망했다. 그러나 그는 죽기 전에 자신의 예언이 대부분 그대로 실현되는 것을 목격했다. 그는 1990년 논문에서 개인적으로 대변혁을 환영하는지, 아니면 개탄하는지에 관한 질문에 의도적으로 대답을 회피했지만 그에 관해 조금이라도 아는 사람들은 그가 스스로가 묘사한 비정통적인 견해에 깊은 공감을 느꼈다는 것을 의심하지 않는다. 그는 1990년대 중반에 열린 유신론의 가장 열광적인 지지자 가운데 한 사람으로 부상했다.

다루기 쉬운 신에 대한 탐구

브로의 논문은 온건한 어조로 '새 방식'의 신학을 묘사했다. 그는 그 운동을 새롭고, 부담 없는 방식을 적용해 하나님을 설명함으로써 성경의 난해한 진리들을 개조하려는 긍정적인 시도로 평가했다.

브로에 따르면 옛 방식의 신학은 하나님을 엄격하게 묘사하는 측면이 있다. 옛 방식의 복음주의에서 하나님은 냉혹하고, 완고한 법적 판결을 일삼는 두려운 군주처럼 그려진다. 죄는 하나님의 거룩한 율법을 어기는 것이고, 하나님의 진노는 성난 주권자의 분노에 해당하며, 지옥은 죄에 대한 가차 없는 보복이고, 속죄는 죄에 대한 법적 형벌을 남김없이 감당해야만 이루어질 수 있다.

그러나 새 방식의 신학은 하나님을 군주로 묘사하는 방식을 버리고, 그분을 사랑 많은 아버지로 묘사하는 좀 더 부담 없는 방식을 채택했다. 새 방식의 신학을 지지하는 사람들은 하나님의 진노나 죄에 대한 그분의 의로운 보응과 같은 부담스런 성경의 진리들과 관련된 부정적인 개념들을 제거하기를 원한다. 그들은 '따뜻한 가족 관계'를 고무하는 방식을 적용해 그런 개념들을 새롭게 정의한다.[3] 예를 들어, 그들은 하나님의 진노는 자녀에 대한 약간의 불만족의 표현이자 궁극적으로는 사랑으로 우리를 격려하기 위한 부성애의 발로라고 말한다. 하나님이 '재판관'이시라는 사실은 드보라나 기드온이나 사무엘과 같은 구약 시대의 사사들과 비슷한 맥락에서 이해할 수 있다. 즉 그것은 하나님이 재판정에 앉아 계시는 권위자가 아니라 자기 백성의 보호자라는 것을 의미한다.[4] 죄는 하나님과의 관계

---

3) Ibid., 12.
4) Ibid., 13.

를 깨뜨리는 '나쁜 행동'일 뿐이고, 보응이 아닌 교정으로 개선될 수 있다. 심지어는 지옥도 징벌이 아닌 죄인의 자유로운 의지의 표현이다. 왜냐하면 새 방식의 신학은 "지옥에 가는 것은 법정적인 선고와는 무관하다."라고 가르치기 때문이다. 따라서 누군가가 그곳에 간다면 그것은 전적으로 그 사람의 선택에 의한 결과다.[5]

하나님의 엄격하심을 나타내는 모든 것이 제거되고, 그분이 부드럽게 길들여졌다. 새 방식의 신학은 하나님이 피조물의 불순종에 대해 의로운 분노를 드러내지 않으신다고 믿는다. 브로의 논문에는 "진노, 죄, 지옥에 관해 더 이상 말하지 않아도 될 이유"라는 부제가 달려 있다. 그는 새 방식의 신학이 가르치는 하나님의 성품을 인간의 구미에 맞게 부드럽게 고쳤다.

'대변혁'의 주된 목적 가운데 하나는 하나님에 대한 두려움을 제거하는 것이었다. 브로는 "친절하고 사랑 많으신 하나님과 관계 맺는 것이 더 쉽다는 것을 부인할 사람은 아무도 없다."라고 말했다.[6]

물론, 옛 방식의 신학이 가르치는 하나님도 은혜롭고, 자비롭고, 사랑이 풍성하시다(이것은 새 방식의 신학을 지지하는 사람들이 '옛 방식에 근거한 정통주의'를 묘사할 때 사용하는 조잡한 풍자적인 표현에서는 발견할 수 없는 사실이다). 그러나 옛 방식의 신학을 지지하는 신학자들은 성경을 항상 곁에 두고 하나님의 성품이 온화하기만 한 것은 아니라고 가르친다. 하나님은 거룩하고, 의로우며, 악인들에게 매일 분노하신다(시 7:11). 그분은 죄에 대해 맹렬하게 분노하신다(시 78:49; 사 13:9-13; 습 3:8). 하나님을 두려워하는 것이 참된 지혜의 본질이다(욥 28:28; 시 111:10; 잠 1:7, 9:10, 15:33). 심지어 하나님의 두려우심은 복음전도를 독려하는 동기이기도 하다(고후 5:11). "우리 하나님은 소멸하는 불이심이

---

5) Ibid.
6) Ibid., 14.

라"(히 12:29; 신 4:24). "살아 계신 하나님의 손에 빠져 들어가는 것이 무서울진저"(히 10:31).

그럼에도 불구하고 열린 유신론자들은 '친절하고, 사랑이 많으신' 성품을 제외한 하나님의 다른 모든 성품을 제거하거나 무시하기로 작심한 듯 처신해 왔다. 그들은 두려워하기 원하는 하나님과는 아무런 관계를 맺으려고 하지 않는다. 그들의 신학은 쉽게 다룰 수 있는 신, 곧 '관계를 맺기가 더 쉬운' 신을 만드는 데 그 목적이 있다. 그것은 피조물에게 두려움이나 경외심을 불러일으키는 하나님의 영광과 위엄을 모두 제거한 거짓 신에 지나지 않는다. 그들은 하나님을 하늘에 있는 친절하고 다정한 하인으로 만들었다.

속죄를 다르게 정의하다

더욱이 새 방식의 신학이 가르치는 신은 용서의 조건으로 속죄를 요구하지 않는다. 새 방식의 신학은 그리스도께서 우리의 죄를 위해 고난을 당하셨다면 그것은 '우리의 죄와 그 결과를 받아들이기 위해서다.'라고 가르친다. 그분은 우리를 대신해 십자가에서 하나님이 요구하신 형벌을 당하신 것이 아니다. 그분은 단지 우리와 함께 인간의 고난과 고통에 참여하셨을 뿐이다('고통과 고난'은 새 방식의 신학을 지지하는 자들이 상상할 수 있는 가장 심각한 죄의 결과에 해당한다).

로버트 브로의 논문에서 가장 문제가 되는 대목은 마지막 부분에서 지나가면서 불쑥 내뱉은 한마디 말이다. 그는 그곳에서 새 방식의 신학에 따르면 "십자가는 법률적인 형벌이 아니었다."라고 말했다. 십자가는 그리스도께서 우리의 죄 때문에 항상 어떻게 고난을 당하시는지를 시간과 공간

속에서 가시적으로 표현한 것일 뿐이라고 말했다.[7]

새 방식의 신학에 따르면 그리스도께서는 대리 속죄를 이루지 않으셨다. 그분은 속전을 지불하지 않으셨고, 그 어떤 죄도 그분에게 전가되지 않았다. 하나님은 죄인들을 대신해 그분을 징벌하지 않으셨다. 그리스도께서 감당하신 십자가의 고난은 하나님이 계획하신 것이 아니었다. 새 방식의 신학은 우리의 죄가 하나님의 풍성하신 사랑과 관용에 의해 무조건적으로 용서받는다는 것을 의미한다고 가르친다. 하나님과 우리의 관계는 정상화되었고, 그리스도께서는 우리의 용서로 인한 '결과를 받아들이셨다' (아마도 이것은 그분이 죄를 감내하는 것에 수반되는 수치와 불명예를 견디셨다는 것을 의미하는 듯하다).

그렇다면 새 방식의 신학이 가르치는 십자가의 의미는 무엇일까? 그들은 대부분 그리스도의 죽음이 죄의 끔찍한 결과를 공개적으로 드러낸 것일 뿐이라고 말한다. 그리스도께서는 자신의 피를 바쳐 하나님의 정의를 만족시키신 것이 아니라 정의의 원칙을 공개적으로 의식하게 만들기 위해 죄의 결과를 보여주셨을 뿐이다.[8] 새 방식의 신학을 지지하는 일부 신학자들은 거기에서 한 걸음 더 나아가 속죄의 필요성을 전면 부인하기까지 한다.[9] 만일 열린 유신론자들이 옳다면 죄책을 보상하기 위한 속전의 개념은

---

7) Ibid.
8) 이것은 '도덕적 통치설'이라는 그로티우스의 속죄론과 일맥상통한다. 그의 속죄론은 잠시 뒤에 살펴볼 예정이다. 그로티우스의 견해를 좀 더 자세하게 비판한 내용을 원한다면 다음 책의 부록 1을 참조하라. John MacArthur, *The Freedom and Power of Forgiveness* (Wheaton: Crossway, 1998), 197-203.
9) 열린 유신론의 유력한 주창자인 존 샌더스는 "나는 죄를 존재의 상태나 죄책이 아닌 깨어진 관계나 소외를 의미하는 것으로 이해한다."라는 말로 십자가에 대한 논의를 시작했다. 죄를 그렇게 정의하면 속죄가 필요한 이유가 있을 수 있겠는가? 샌더스는 십자가를 하나님이 "깨어진 관계를 치유하기 위해 복수를 버리고 고통을 기꺼이 감수하셨다."는 것을 공개적으로 보여주는 의미로 받아들였다. 샌더스가 생각하는 '용서의 대가'는 하나님의 완전한 의에 상응하는 대가를 요구한 것이 아니라 그분 자신의 영예와 존엄성을 희생하신 것을 의미한다. 그는 하나님이 궁극적으로 그리스도의 속죄의 피를 통해 자신의 정의와 거룩함을 만족시키신 것이 아니라 그것들을 주장할 수 있는 정당한 권리를 포기하셨다고 믿는다. 이것이 속죄에 대한 열린 유신론의 전형적인 견해다. *The God Who Risks* (Downers Grove: InterVarsity, 1998), 105.

난센스에 지나지 않는다.[10]

이처럼 새 방식의 신학은 그리스도의 속죄의 교리를 과감하게 수정했다. 그들은 그 과정에서 전혀 복음적이지 않은 체계를 구축했다. 그들의 체계는 복음을 부인하고, 복음적인 원리들을 거부한다. 그들이 축소시킨 속죄론은 십자가의 참된 의미를 모조리 제거했다. 열린 유신론에 따르면 십자가는 그리스도께서 '기꺼이 고난을 받아들이셨다.'는 것을 보여주는 증거에 지나지 않는다. 그런 왜곡된 속죄론에 따르면, 그리스도께서는 죄인들을 대신해 고난을 받으신 것이 아니라 그들과 더불어 고난을 받으신 셈이 된다.

이런 오류는 선한 열매를 맺을 수 없는 못된 나무의 쓴 뿌리가 아닐 수 없다(마 7:18-20; 눅 6:43 참조). 교회사를 돌아보면 그리스도의 대리 속죄를 거부함으로써 믿음의 파선을 조장했던 사례들이 너무나도 많다.

소시누스주의의 재출현

사실 로버트 브로가 쓴 1990년의 논문에 묘사된 '새 방식'과 열린 유신론의 독특한 주장 및 속죄론에 관한 견해는 '새 방식'과는 전혀 거리가 멀다. 그것은 16세기에 성행했던 소시누스주의라는 이단 사상과 매우 흡사하다.

16세기의 소시누스주의도 현대의 열린 유신론처럼 거칠고, 엄격하게 느

---

10) 열린 유신론자 가운데 한 사람인 데이비드 베이싱어는 그리스도의 속죄가 아닌 신자 개인의 자유의지에 의한 선택이 '하나님과 인간의…단절된 관계'를 '이어준다.'고 믿는다. 그는 죄를 언급하지 않고 '하나님과 인간'의 괴리를 묘사한다. 그는 그 괴리를 '하나님과 인간이 처음에 가능한 최대로 서로 깊은 관계를 맺을 수 없었기' 때문에 발생한 것으로 설명한다. 그는 복음을 하나님과 올바른 관계를 맺는 데서 비롯하는 기쁨과 설렘을 전하는 '좋은 소식'으로 묘사한다. 복음의 진리에 대한 열린 유신론자들의 논의 가운데는 그리스도의 십자가나 속죄의 의미를 언급하는 내용이 전혀 눈에 띄지 않는다. 그런 현상은 조금도 이상하지 않다. 왜냐하면 베이싱어를 비롯한 열린 유신론자들의 주장이 옳다면 하나님의 용서와 관련해 십자가는 불필요한 것이 되기 때문이다. 결국 그리스도의 십자가는 죄를 위한 속전이 아니라 감상적인 정서 표출과 별반 다를 것이 없게 된다.

껴지는 신의 속성을 모두 제거하려고 시도했다. 소시누스주의에 따르면 하나님의 가장 중요한 속성은 사랑이다. 하나님의 사랑은 본질적으로 죄에 대한 분노를 압도하고, 흔적 없이 흩어버린다. 하나님의 선하심은 그분의 진노를 무로 만든다. 소시누스주의는 하나님이 속전을 요구하지 않고 온전히 자유롭게 죄를 용서하신다고 주장했다.

더욱이 소시누스주의는 하나님이 속전을 요구하신다는 개념이 용서의 개념과 모순을 일으킨다고 주장했다. 죄를 해결하려면 사면을 받거나 속전을 지불해야 한다. 동시에 그 두 가지를 다 하는 것은 불가능하다. 만일 군주에게 속전을 지불해야 한다면 죄가 진정으로 '용서받았다.'고 말할 수 없다. 하나님이 죄를 기꺼이 용서하신다면 속전은 결코 필요하지 않다. 소시누스주의는 속전이 요구된다면 용서는 (교통 위반 범칙금을 납부하는 것과 같은) 법률적인 거래일 뿐, 은혜가 될 수 없다고 주장했다.

그런 주장은 인간이 생각하기에는 그럴 듯하게 들릴 수 있지만 성경적으로는 전혀 근거가 없다. 사실, 그런 주장은 은혜, 속죄, 하나님의 정의에 관한 성경의 가르침과 정면으로 충돌한다. 그것은 성경이 가르치는 것을 무시하고, 성경의 개념들을 제멋대로 정의한 것에 지나지 않는다.

은혜는 속전의 지불과 얼마든지 양립할 수 있다. 하나님이 그리스도의 인격을 통해 우리가 빚진 죗값을 지불하신 것은 전적으로 은혜에서 비롯했다. 요한일서 4장 9, 10절에 따르면, 이것을 통해 하나님의 은혜와 사랑이 가장 극명하게 드러났다. 하나님은 자신의 의로운 분노를 달래고, 정의를 온전히 만족시켜 죄인들을 구원하기 위해 독생자를 보내 죄책을 짊어지고 죽게 하셨다. "하나님의 사랑이 우리에게 이렇게 나타난 바 되었으니 하나님이 자기의 독생자를 세상에 보내심은 그로 말미암아 우리를 살리려 하심이라 사랑은 여기 있으니 우리가 하나님을 사랑한 것이 아니요 하나님이 우리를 사랑하사 우리 죄를 속하기 위하여 화목 제물로 그 아들을 보내셨음이라." 그리스도께서는 "세상 죄를 지고 가는 하나님의 어린 양"이시다(요 1:29). 이런 표현은 구약 시대의 희생 제도를 상기시켜 속죄의 개념을 분명하게 전달한다. 이스라엘의 희생 제도는 죄의 형벌을 면제받으려면 속죄의 피를 흘려야만 한다는 원리에 근거했다.

죄의 용서에 관한 성경의 가르침을 공부하는 사람이라면 누구나 그리스도께서 흘리신 피가 죄를 용서받을 수 있는 유일한 근거라는 사실을 선뜻 인정하지 않을 수 없다. 피로 속전을 지불하지 않으면 용서를 받을 수 없다. 그러나 소시누스주의와 열린 유신론은 이 사실을 부인한다. 그들은 용서와 형벌의 대가를 치르는 것이 양립할 수 없다고(곧 죄의 대가를 치르는 것은 진정한 용서가 될 수 없다고) 주장한다. 그러나 "피 흘림이 없은즉 사함이 없느니라"라는 히브리서 9장 22절의 말씀은 그들의 주장을 정면으로 논박한다.

성경이 가르치는 대리 속죄론

하나님은 십자가에서 그리스도를 화목 제물로 삼아 죄에 대한 자신의 진노를 만족시키셨다(롬 3:25). 그리스도께서 감당하신 희생은 하나님이 요구하시는 죄에 대한 형벌이었다. 그리스도께서는 십자가에서 자신을 하나님께 바치셨다. "그는 우리를 위하여 자신을 버리사 향기로운 제물과 희생 제물로 하나님께 드리셨느니라"(엡 5:2). 그분의 죽음은 하나님의 정의를 만족시키기 위한 희생 제물이었다. 그것은 하나님이 여전히 의로우시면서 죄인들을 의롭다 하실 수 있는 유일한 방법이었다(롬 3:26). 하나님이 자신의 정의와 거룩하심을 포기하지 않고 죄를 용서하실 수 있는 길은 그것뿐이었다.

성경은 이런 사실을 분명하게 가르친다. 그리스도께서는 우리의 입장에 서서 우리를 대신해 죽으셨다. 그분은 "많은 사람의 죄를 담당하시려고 단번에 드리신 바 되셨다"(히 9:28). 또한 그분은 "친히 나무에 달려 그 몸으로 우리 죄를 담당하셨다"(벧전 2:24). 그리스도께서는 십자가에 매달려 우리를 대신해 하나님의 진노를 남김없이 감당하셨다. "그는 실로 우리의 질고를 지고 우리의 슬픔을 당하였거늘 우리는 생각하기를 그는 징벌을 받아 하나님께 맞으며 고난을 당한다 하였노라 그가 찔림은 우리의 허물 때문이요 그가 상함은 우리의 죄악 때문이라 그가 징계를 받으므로 우리는 평화를 누리고 그가 채찍에 맞으므로 우리는 나음을 받았도다"(사 53:4, 5). "그리스도께서 우리를 위하여 저주를 받은 바 되사 율법의 저주에서 우리를 속량하셨으니"(갈 3:13). 이것은 열린 유신론자들이 즐겨 주장하는 것과는 달리 헬라나 로마의 법률 체계에서 빌려온 개념이 아니라 구약 성경의 희생 제도에 확립되어 있던 원리였다.

십자가 사건을 계획하고 섭리하신 분은 하나님이셨다. 사도행전 2장 23절은 그리스도께서 "하나님께서 정하신 뜻과 미리 아신 대로 내어 준 바 되었다"고 말씀한다. 하나님의 손과 그분의 섭리가 그리스도의 고난을 모두 이끌었다(행 4:28). 이사야서 53장 10절은 "여호와께서 그에게 상함을 받게 하시기를 원하사 질고를 당하게 하셨은즉"이라고 말씀한다. 하나님은 그리스도를 '속건 제물'로 삼으셨다. 다시 말해 하나님은 십자가에서 그리스도께 죄의 형벌을 가하셨고, 그분을 속죄 제물로 삼으셨다. 분노한 하나님의 진노와 보응이 모두 그분께 쏟아졌고, 그분은 하나님의 백성의 죄를 짊어진 어린 양이 되셨다.

이것은 히브리서의 핵심 진리이기도 하다. "이는 황소와 염소의 피가 능히 죄를 없이 하지 못함이라"(10:4) "이 뜻을 따라 예수 그리스도의 몸을 단번에 드리심으로 말미암아 우리가 거룩함을 얻었노라"(10절). 그리스도의 죽음은 "죄를 위하여 한 영원한 제사"였다(12절). 이런 구절들은 그리스도께서 하나님의 의가 요구하는 것을 만족시키기 위해 피의 속죄를 드리셨다고 분명하게 가르친다. 많은 사람이 이 진리를 충격적으로 받아들이는 것은 당연하다. 이것은 진정 충격적이고, 심오한 진리가 아닐 수 없다. 우리는 하나님 앞에 고개를 조아려야 마땅하다. 그리스도께서 하나님의 손에 의해 대리 속죄를 이루셨다는 진리를 축소하거나 부인하는 '새 방식'의 신학은 심각한 오류에 해당한다.

그리스도께서 십자가에서 죽으신 것을 생각하면 무슨 생각이 떠오르는가? 열린 유신론은 그분이 악인들의 손에 죽음을 당한 순교자이자 인류의 희생자라는 옛 자유주의 신학의 주장을 되풀이한다. 그러나 성경은 그분이 하나님의 어린 양으로서 하나님의 진노에 의해 희생되었다고 가르친다.

그리스도께서 십자가에서 당하신 고난을 그토록 힘들게 느끼신 이유는 악인들의 학대와 고문과 조롱 때문이 아니었다. 그 이유는 죄에 대한 하나님의 진노를 온전히 감당하셔야 했기 때문이다. 예수님이 당하신 가장 고통스런 고난은 채찍질과 못과 가시관이 아니었다. 그리스도께서 감당하신 가장 혹독한 고난은 우리를 대신해 짊어진 죄의 형벌, 곧 그분에게 무한정 쏟아져 내린 하나님의 진노였다. 그분이 크게 고뇌하며 "나의 하나님, 나의 하나님 어찌하여 나를 버리셨나이까"(막 15:34)라고 부르짖으신 이유는 하나님의 손에 의해 가해진 고통 때문이었다. "우리는 생각하기를 그는 징벌을 받아 하나님께 맞으며 고난을 당한다 하였노라"(사 53:4). 우리는 그리스도께서 어떤 고통을 느끼셨는지 알 수 없다. 그것은 생각하기조차 두려운 현실이다.

그러나 그리스도께서 우리의 죄를 위해 성부의 징벌을 당하셨다는 진리를 부인하는 열린 유신론의 주장을 받아들여서는 안 된다. 왜냐하면 참된 기독교의 생명이 이 진리 안에 놓여 있기 때문이다. 이것이 십자가가 불신 자들에게 걸림돌이 되는 주된 이유다(고전 1:18 참조).

성경은 "하나님이 죄를 알지도 못하신 이(그리스도)를 우리를 대신하여 죄로 삼으신 것은 우리로 하여금 그 안에서 하나님의 의가 되게 하려 하심이라"(고후 5:21)라고 말씀한다. 우리의 죄가 그리스도께 전가되었다. 그분은 우리를 대신해 그 끔찍한 대가를 치르셨다. 그리고 그와 반대로 그분의 의가 믿는 모든 사람에게 전가되었다. 그리스도의 완전한 의를 덧입은 그들은 하나님 앞에서 온전히 의롭다 하심을 받는다.

5장에서 살펴본 대로 이것이 모든 신자를 위해 십자가를 통해 이루어진 현실이다. 하나님은 우리가 그리스도의 완전하고 흠 없는 삶을 산 것처럼 여기기 위해 그리스도께서 마치 우리의 부패하고 비참한 삶을 사신 것처럼 그분을 취급하셨다.

속죄의 대리적 속성을 부인하면(우리의 죄책이 그리스도께 전가되었고, 그분이 그 형벌을 당하셨다는 사실을 부인하면) 우리의 칭의의 근거를 부인하는 결과를 낳는다. 우리의 죄책이 그리스도께 전가되어 십자가에서 청산되지 않았다면 어떻게 그분의 의가 우리에게 전가되어 의롭다 하심을 받을 수 있겠는가? 그릇된 속죄론은 무엇이든 이런 딜레마에서 벗어날 수 없다. 불행히도 속죄의 의미를 그릇 이해한 사람들은 모두 이신칭의의 교리가 결여된 다른 복음을 전하는 데로 치우치고 말았다.

속죄론을 위한 싸움

속죄론은 캔터베리의 안셀무스(1033-1109)가 오랫동안 소홀히 취급되었고, 종종 그릇 이해되었던 구원의 측면을 성경의 밝은 빛으로 조명하기 시작한 이후로 종종 신학적인 논란에 휩쓸려 왔다. 그리스도의 인격과 신성의 본질에 관한 논쟁에 몰두했던 초기 교회는 속죄의 교리를 당연시했다. 그런 이유로 초기 교회의 문헌에서는 속죄를 논쟁이나 체계적인 분석의 주제로 다룬 내용을 찾아보기가 어렵다. 그러나 교부들은 속죄를 언급할 때는 항상 대속물과 화목 제물과 같은 성경의 용어를 사용했다.

물론 교부들이 속죄를 형벌적 대리 속죄의 개념으로 잘 이해하고 있었다고 주장하는 사람은 거의 없다. 그러나 오귀스투스 하지는 교부들의 이해 가운데 대리 속죄의 개념이 "다른 진리의 요소들이나 미신과 혼란스럽게 뒤섞인 채로 표면에 드러나지 않고 막후로 밀려나 있을 때가 많았지만," 그럼에도 불구하고 암묵적으로 내재되어 있었다고 지적했다.[11] 일부 교부들은 그리스도께서 지불하신 속전의 본질에 관해, 특히 그것이 누구에게 지불되었는지에 관한 문제에 대해 혼란을 느꼈던 것으로 나타난다. 그들 가운데 어떤 사람은 마치 그리스도께서 죄인들의 구원을 위해 마귀에게 대가를 지불할 의무가 있으시기라도 했던 것처럼 사탄에게 속전이 지불되었다고 생각했다. 이것이 곧 '사탄 배상설'이다.

그럼에도 불구하고 하지는 이렇게 말했다. "몇몇 예외가 있었지만 교회는 처음부터 죄의 속죄를 통해 하나님과 화목을 이루었다는 의미가 담겨 있는 구원론을 주장했다."[12] 그리스도의 속전에 관한 교부들의 언급을 깊은 연구에 근거한 신중한 교리적 진술로 받아들여서는 안 된다. 그들은 온전한 체계와 지식을 갖추지 못한 상태에서 속죄를 이해했을 뿐이다.

필립 샤프는 초기 교부들의 글에서 속죄에 대한 명확한 이해가 결여된

---

11) A. A. Hodge, *The Atonement* (Philadelphia: Presbyterian Board of Publication, 1867), 267.
12) Ibid., 269.

사실을 언급하면서 이렇게 말했다. "고대 교회의 교사들은 구원을 논리적으로 성찰하기보다 그 현실을 감사하고 즐거워하면서 살았다. 우리는 그런 복된 신비를 묘사한 그들의 말에서 신중한 정의와 정확한 분석보다는 열정적인 감정이 담겨 있는 표현들을 발견한다."[13] 샤프는 또한 "그럼에도 불구하고 후대 교회의 속죄 교리와 관련된 모든 본질적인 요소들이 2세기가 끝나기 전에 분명하게 표현되었거나 암묵적으로 함축되어 있었던 것으로 나타난다."라고 덧붙였다.[14]

안셀무스 이전의 중요한 신학자들 가운데는 속죄라는 성경의 교리를 체계화하는 데 많은 노력을 쏟았던 사람이 아무도 없었다. 안셀무스의 『하나님이 왜 인간이 되셨는가?』(*Cur Deus Homo*)는 명확한 성경적인 증거를 근거로 속죄가 예수님이 마귀에게 지불하신 속전이 아니라 하나님의 명예를 만족시키기 위해 죄인들을 대신해 그분에게 지불하신 죗값이었다는 사실을 보여주었다. 이것이 '만족설'이다(때로는 '거래설'로 불리기도 한다).

속죄를 다룬 안셀무스의 저서는 진일보한 발전이었다. 그로써 개신교 종교개혁의 발판이 구축되었다. 종교개혁자들은 그의 속죄론을 더욱 체계적으로 발전시켰다. '형벌적 대리 속죄'라는 그들의 속죄론은 그리스도의 속죄를 완벽하게 이해한 것으로, 그분의 죽음이 죄인들을 대신해 속죄를 이룬 것이었다는 성경의 증언을 올바로 밝혀냈다. 형벌적 대리 속죄는 복음주의 신학의 중심에 자리 잡았고, 그 후로 역사적 복음주의의 신념의 핵심 원리로 간주되었다. 이 견해를 포기했던 사람들은 모두 복음주의에서 멀어진 운동을 이끌었다.

안셀무스와 거의 동시대 인물이었던 피에르 아벨라르는 현대의 열린 유

---

13) Philip Schaff, *History of the Christian Church* (New York: Scribners, 1910), 2:584.
14) Ibid., 585.

신론자들 가운데 일부가 주장하는 것과 거의 똑같은 속죄론으로 안셀무스의 속죄론에 대응했다. 아벨라르에 따르면 하나님의 정의는 그분의 사랑에 종속되어 있다. 하나님은 속전을 요구하지 않으신다. 그리스도의 죽음이 지니는 구원적 가치는 그분이 죄인들에게 사랑의 본보기를 보여주어 따라오게 하신 것에 있다. 이 견해는 '도덕적 영향설'로 불린다. 아벨라르의 견해는 16세기의 소시누스주의자들에 의해 채택되어 좀 더 체계화되었다.

물론 이단 사상이 대부분 그렇듯이 '도덕적 영향설'에도 약간의 진리가 섞여 있다. 그리스도의 속죄 사역은 하나님의 가장 지고한 사랑의 표현이다(요일 4:9, 10). 그것은 신자들에게 사랑의 동기를 부여한다(7, 8, 11절).

그러나 아벨라르의 견해가 지닌 중요한 문제는 속죄를 하나의 본보기에 지나지 않는 것으로 이해한 데 있다. 아벨라르가 옳다면 그리스도의 십자가 사역은 죄인을 대신해 그 어떤 일도 이루지 못한 셈이 되어 그리스도의 죽음에서 속죄의 측면이 배제되고 만다. 이것은 죄로부터의 구원을 신자의 책임으로 만든다. 죄인들은 그리스도의 본을 따름으로써 '구원받는다.' '구원'이 사랑에 의한 도덕적 개선으로 축소된다. 이것은 행위 구원의 한 형태일 뿐이다.

아벨라르의 왜곡된 속죄론이 자유주의 신학의 핵심을 구성한다. 다른 형태의 행위 구원과 마찬가지로 이것도 성경이 제시하는 좋은 소식과는 다른 복음에 해당한다.

휴고 그로티우스(1583-1645)는 네덜란드에서 아르미니우스 논쟁이 한창일 무렵에 전혀 다른 형태의 속죄론을 창안했다. '통치설'로 알려진 그의 견해는 아벨라르와 안셀무스의 중간 지점에 위치한다. 그로티우스에 따르면 그리스도의 죽음은 죄인들을 대신한 속전이 아니라 하나님의 정의를 공개적으로 나타낸 것이다. 십자가는 죄에 대한 보상을 요구하실 때 어떤 형벌이 주어지는지를 보여주는 목적을 지닌다. 그리스도께서는 죄인들을 대신해 그들의 죗값을 대신 치러주지 않으셨다.

그로티우스도 아벨라르와 소시누스주의자들처럼 하나님이 속전 없이 죄를 용서하신다고 믿었다. 그는 하나님의 율법의 권위와 존엄성이 유지되어야 할 필요가 있다고 말했다. 죄는 하나님의 통치권에 대한 반역이다. 하나님이 단순히 죄를 간과하신다면 그분은 사실상 우주에 대한 자신의 도덕적 통치를 부인하시는 셈이 된다. 통치자로서의 하나님의 권위를 옹호하기 위해 그리스도의 죽음이 필요했다. 다시 말해 그분의 죽음이 필요했던 이유는 회개한 죄인들에게는 정의의 원칙을 적용하지 않는다고 해도 죄를 기꺼이 징벌해야 할 그분의 권한을 입증해야 했기 때문이다. 그리스도의 죽음은 다른 사람들을 대신한 형벌이 아니라 하나님의 도덕적 권위와 죄에 대한 그분의 증오심을 공개적으로 보여주는 증거였다.

그로티우스는 아벨라르와는 달리 그리스도의 죽음을 하나님의 사랑과 진노를 나타낸 것으로 생각했다. 그러나 그는 아벨라르와 마찬가지로 속죄를 대리적 의미가 아닌 하나의 본보기로 간주했다. 그리스도께서는 다른 사람을 대신해 고난을 당하지 않으셨다. 속죄는 죄인들을 대신해 객관적으로 성취한 것이 아무것도 없었다. 그것은 단지 상징적인 제스처였다. 그리스도의 죽음은 본보기일 뿐이었다. 따라서 구원은 전적으로 죄인의 행위에 의존한다. 이처럼 통치설도 결국 행위 구원으로 귀결된다.[15]

---

15) 통치설을 주장하는 사람들은 대부분 회개를 인간의 자유의지에 의한 결정으로 강조한다. 그로티우스의 속죄론을 옹호했던 찰스 피니는 '새 마음을 만들라.'라는 제목의 설교를 전했다. 그는 그 설교에서 중생(특히 돌 같은 마음을 제거하고 살같이 부드러운 마음으로 변하는 것. 겔 36:26 참조)이 죄인 스스로가 이루어야 하는 것이라고 주장했다. 더욱이 그는 자신의 『조직 신학』에서 "죄인들이 이기적인 목적 외에 다른 목적을 지향하는 의지를 가질 수 있으려면 먼저 스스로의 마음을 변화시키거나 스스로 목적을 선택해야 할 필요가 있다. 이것은 성경이 모든 곳에서 전제하고 있는 원리인 것이 분명하다. 성경의 원리는 거듭나지 못한 사람들을 전적으로 부패한 상태로 간주하고(찰스 피니가 생각하는 전적 부패는 본질적인 부패가 아닌 의지의 상태를 가리킨다), 그들에게 회개를 촉구하고, 스스로 새로운 마음을 만들라고 요구한다." (Minneapolis: Bethany House, 1994), 249.

새 방식의 신학을 지지하는 열린 유신론자들은 이 두 가지 잘못된 견해 사이에 멈춰 서 있는 것처럼 보인다. 그들은 때로는 그로티우스의 통치설을 주장하는 것처럼 들리기도 하고, 때로는 아벨라르의 속죄론을 언급하는 것처럼 보이기도 한다.[16] 그러나 열린 신학자들 모두가 동의하는 것이 하나 있다. 그것은 안셀무스와 형벌적 대리 속죄론이 구닥다리라는 것이다. 그들은 그것을 복음주의가 선뜻 내버리지 못하는 시대착오적인 교리로 생각한다.

복음주의라고? 전혀 아니다

새 방식을 주장하는 사람들은 스스로 복음주의자를 자처한다. 로버트 브로도 그 점을 예견했다. 그는 논문의 말미에서 새 방식의 신학이 복음주의 진영 안에 자리를 잡을 수 있을지 궁금해 했다. 그렇다면 새 방식의 신학은 복음을 좀 더 잘 설명하는 수단이 될 수 있을까, 아니면 '다른 복음'일까?[17]

초기 복음주의자들은 이 질문에 조금도 주저하지 않고 '다른 복음'이라고 대답했을 것이 틀림없다(갈 1:8, 9 참조). 그들은 소시누스주의자들, 일신론자들, 자유주의자들과 같이 새로운 신학을 주장하는 사람들이 '옛 방식'에 도전을 제기했을 때도 정확히 그렇게 대답했다.

안타깝게도 오늘날의 복음주의자들 가운데는 열린 유신론자들과 이머징 운동의 주창자들을 참된 개혁자가 아닌 양의 탈을 쓴 늑대로 간주할 수

---

16) 클라크 피녹은 "아우구스티누스에서 아르미니우스까지: 신학적 순례"라는 논문에서 안셀무스에서 그로티우스를 거쳐 바르트에 이르는 경로를 통해 형벌적 대리 속죄를 포기하기에 이른 과정을 언급했다. Pinnock, ed. *The Grace of God, the Will of Man: A Case for Arminianism* (Grand Rapids: Zondervan, 1990).

17) Brow, "Evangelical Megashift," 14.

있는 확신과 의지가 결여된 사람들이 많다. 그러나 분명히 말하건대, 역사적 정통성에 의거해 정의된 복음주의에 따르면 형벌적 대리 속죄를 부인하는 새 방식의 교리는 항상 복음주의 신학의 근본 원리로 간주되어 온 핵심 진리와 정면으로 충돌한다.[18] 성경의 기준에서 보면 그들은 다른 복음을 전하는 이단이다. 이런 비판은 새 방식의 신학이 대리 속죄론을 포기한 사실을 통해 분명하게 입증된다.

사실, 과거의 소시누스주의자들과 오늘날의 열린 유신론자들의 차이가 하나 있다면, 전자는 그리스도의 신성을 부인했지만, 후자는 대부분 표면적으로는 그것을 부인하지 않는다는 것이다. 그러나 열린 유신론자들도 그리스도를 인간화시켜 정치적 공정성이라는 현대의 기준에 그분을 맞추려 하기 때문에 결과적으로는 그분의 신성을 부인하는 셈이다.

로버트 브로는 '복음주의의 대변혁'에서 "우리가 루이스의 『나니아 연대기』를 읽을 때 (새 방식의 신학에서 비롯한) 영향력이 모든 갈라진 틈을 통해 스며들어 온다."라고 말했다.[19] 루이스는 신학자는 아니었다. 그가 영원한 형벌에 관한 문제에 대해 애매한 견해를 취한 것은 분명하다. 그는 옛 방식을 지지하는 복음주의자들의 경각심을 자극하는 견해를 주장했다. 그러나 그가 부드럽게 길들여진 신성을 탐구하는 열린 유신론자들에게 공감할 수 있을지는 의문이다.

『나니아 연대기』에 등장하는 사납지만 사랑이 많은 아슬란이라는 사자

---

18) 간단히 말해 '복음주의자'라는 명칭은 종교개혁의 형식적이고 실질적인 원리, 곧 '오직 성경으로'(성경을 최상의 권위로 인정하는 것)와 '오직 믿음으로'(이신칭의의 교리)를 굳게 믿는 자들을 가리키는 의미로 사용되었다. 최근 들어 복음주의를 좀 더 복잡하고 폭넓게 정의하는 상황이 더러 발생했지만, 복음주의 운동의 역사는 이 두 가지 핵심 원리를 옹호하는 것과 확고하게 연관되어 있다. 대리 속죄의 진리는 이신칭의의 교리의 근간이다. 죄인들의 죄책이 그리스도께 전가되었고, 그 대가가 온전히 처리됐다. 오직 신자에게 전가된 그리스도의 공로만이 하나님 앞에서 의롭다 하심을 받을 수 있는 근거다. 대리 속죄를 부인하는 사람들은 역사적 복음주의의 궤도에서 크게 벗어났거나 복음주의의 특징을 포기한 운동을 이끌고 있거나 둘 중에 하나다.

19) Ibid., 12.

는 그리스도를 나타낸다. 그의 발은 두려울 만큼 무섭다. 그가 발톱을 드러내면 칼날처럼 날카롭지만 발톱을 감추면 솜처럼 부드럽고 포근하다.[20] 그는 선하면서 두렵다. 루이스의 이야기에 등장하는 어린아이들은 그를 보았을 때 모두 "두려워 떨었다."[21] 비버 씨는 아슬란에 대해 "그는 거칠다. 길들인 사자가 아니다."라고 말했다.[22] 이야기의 해설자인 루이스는 "나니아에 살아 본 적이 없는 사람들은 어떤 것이 동시에 선하고, 두려울 수는 없다고 생각한다."라고 말했다.[23]

그와 같은 그릇된 생각이 열린 유신론이라는 이단의 출발점이었다. 새 방식의 신학자들은 하나님이 동시에 선하면서 두려울 수 없다는 가설에서부터 시작했기 때문에 자신들이 좋아하지 않는 그분의 속성을 모두 제거했다. 그들도 그 이전의 소시누스주의자들이나 자유주의자들처럼 '선'에 대한 인본주의적이고 세속적인 정의에 입각해 하나님을 '선하게' 만들려는 잘못된 탐구를 시작했다. 그들은 결국 그들 자신의 신을 만들었다.

『나니아 연대기』의 마지막 권에 보면, 악한 원숭이가 어리석은 당나귀에게 사자 가죽을 덧씌워 아슬란처럼 보이게 만드는 대목이 나온다. 그것은 매우 사악하고 위험한 허울이었다. 결국 그로 인해 수많은 나니아 사람들이 그릇된 길로 치우쳤다. 새 방식의 신학이 섬기는 신은 사자 가죽을 뒤집어 쓴 당나귀와 다름없다. 그것은 많은 사람을 영광스러운 성경의 하나님으로부터 멀어지게 만든다.

하나님은 선하며 두려운 존재이시다. 그분의 진노는 그분의 사랑만큼 확실하다. 그분은 "인자를 천대까지 베풀며 악과 과실과 죄를 용서하시지

---

20) C. S. Lewis, *The Lion, the Witch, and the Wardrobe* (New York: MacMillian, 1950), 125.
21) Ibid., 123.
22) Ibid., 180.
23) Ibid., 123.

만," 자신의 정의와 진노를 만족시키지 않고는 '벌을 면제하지' 않으신다 (출 34:7).

참된 복음주의자들은 결코 이 진리를 포기할 수 없다. 하나님이 계시하신 방식대로 그분을 받아들이지 않는 사람들은 '복음주의자'로 불릴 자격이 없다. 교회의 역사와 성경이 분명하게 보여주는 대로, 이것은 힘써 싸울 만한 가치를 지닌 문제다. 열린 유신론은 참 복음의 대의에 심각한 위협을 가한다. 하나님이 대리적 속죄론을 위해 싸울 수 있는 용기와 확신을 지닌 새 세대의 복음주의 용사들을 일으켜 세워주시기를 간절히 기도한다.

부록 2 _ 하나님을 위해 죽으신 그리스도

이 부록은 2006년 1월, 그레이스 커뮤니티 교회에서 주일 아침에 전한 설교를 출판을 위해 개작해 간략하게 편집한 것이다. 내가 이 설교를 여기에 포함시킨 이유는 '화목 제물'이라는 용어와 개념이 평신도에게 너무 전문적이거나 부담스럽게 느껴진다는 통념에 대응하기 위해서다. 이 설교는 그리스도께서 화목 제물로 죽으셨다는 가르침이 바울 사도에게서만 발견되는 것이 아니라는 점을 잘 보여준다. 이것은 모든 사도들의 가르침에서 발견되는 진리다. 이 진리는 그들이 복음을 이해하는 데 절대적으로 필요한 개념이었다.

"사랑은 여기 있으니 우리가 하나님을 사랑한 것이 아니요 하나님이 우리를 사랑하사 우리 죄를 속하기 위하여 화목 제물로 그 아들을 보내셨음이라" (요일 4:10).

초대 교회 신자들에게 보낸 서신에서 '화목 제물'이라는 용어를 사용한 사도는 바울만이 아니었다. 요한도 그 용어를 사용했다. 그는 정식으로 학문을 배운 신학자가 아니라 숙련된 어부였다. 그는 그물을 손질하고 있을 때 제자로 부르심을 받고 열두 사도의 하나로 임명되었으며, 세상에 복음을 전하라는 임무를 부여받았다. 따라서 그가 화목을 대다수 독자들이 이해하기에 너무 어렵거나 부담스러운 개념으로 생각했을 가능성은 거의 없다.

하늘의 관점에서 십자가를 생각하면 화목은 너무나도 중요한 개념 가운데 하나인 것이 분명하다. 이 개념은 그리스도께서 누구를 위해 죽으셨는지를 분명하게 이해할 수 있도록 도와준다.

십자가를 하나님의 관점에서 바라본다는 것은 우리에게는 그렇게 익숙하지 않다. 우리는 우리 자신의 삶과 관련해 십자가를 생각하는 경향이 많다. 우리는 대개 십자가가 믿는 자들에게 어떤 의미를 지니는지에 초점을 맞춘다. 우리는 "그리스도께서 경건하지 않은 자를 위하여 죽으셨도다"(롬 5:6), "그리스도께서 우리를 위하여 죽으셨다"(8절), "그리스도께서 우리 죄를 위하여 죽으셨다"라고 말한다(고전 15:3). 그분은 우리의 구원을 위해 죽으셨다. 그분은 우리의 영원한 축복을 위해 죽으셨다. 그분은 우리를 심판과 지옥으로부터 구원하기 위해 죽으셨다. 이런 말들은 모두 사실이다. 우리는 우리를 위한 십자가의 의미를 힘써 강조해야 마땅하다.

그러나 하늘의 관점에서 십자가를 바라보면 그리스도께서 하나님을 위해 죽으셨다고 고백하지 않을 수 없다. 다른 모든 진리가 이 사실에 의존한다. "그리스도께서 하나님 곧 우리 아버지의 뜻을 따라…우리 죄를 대속하기 위하여 자기 몸을 주셨으니"(갈 1:4). "율법이 육신으로 말미암아 연약하여 할 수 없는 그것을 하나님은 하시나니 곧 죄로 말미암아 자기 아들을 죄 있는 육신의 모양으로 보내어 육신에 죄를 정하사"(롬 8:3). 하나님은 "자기 아들을 아끼지 아니하시고 우리 모든 사람을 위하여 내주셨다"(32절).

예수님도 직접 이렇게 말씀하셨다. "나의 양식은 나를 보내신 이의 뜻을 행하며 그의 일을 온전히 이루는 이것이니라"(요 4:34). "내가 하늘에서 내려온 것은 내 뜻을 행하려 함이 아니요 나를 보내신 이의 뜻을 행하려 함이니라"(6:38). "내가 내 목숨을 버리는 것은 그것을 내가 다시 얻기 위함이니 이로 말미암아 아버지께서 나를 사랑하시느니라 이를 내게서 빼앗는 자가 있는 것이 아니라 내가 스스로 버리노라 나는 버릴 권세도 있고 다시 얻을 권세도 있으니 이 계명은 내 아버지에게서 받았노라"(10:17, 18). 하나님은 그리스도를 세상에 보내 죽게 하셨다.

그리스도의 십자가의 죽음에 관한 구약 성경의 가장 심오한 예언 가운데 하나인 이사야서 53장에서도 "여호와께서 그에게 상함을 받게 하시기를 원하사 질고를 당하게 하셨은즉"(10절)이라고 말씀한다. 무엇 때문이었을까? 그것은 우리의 죄를 징벌하기 위해서였다. "그는 실로 우리의 질고를 지고 우리의 슬픔을 당하였거늘 우리는 생각하기를 그는 징벌을 받아 하나님께 맞으며 고난을 당한다 하였노라"(4절). 그리스도께서는 성부의 명령에 따라 자기 목숨을 내놓으셨다. 그리스도께서는 하나님을 위해 죽으셨다.

어떤 그리스도인들은 이런 말을 들으면 의아하게 생각할지도 모른다. 그 이유는 그들이 그리스도의 죽음이 하나님을 영화롭게 했을 뿐 아니라 그분의 완전한 의를 만족시켰다는 사실을 이해하지 못하기 때문이다. 로마서 11장은 장엄한 영광송으로 끝을 맺는다.

"깊도다 하나님의 지혜와 지식의 풍성함이여, 그의 판단은 헤아리지 못할 것이며 그의 길은 찾지 못할 것이로다 누가 주의 마음을 알았느냐 누가 그의 모사가 되었느냐 누가 주께 먼저 드려서 갚으심을 받겠느냐 이는 만물이 주에게서 나오고 주로 말미암고 주에게로 돌아감이라 그에게 영광이 세세에 있을지어다 아멘"(33-36절).

"만물이 주에게서 나오고 주로 말미암고 주에게로 돌아감이라"는 말씀이 내 마음을 사로잡는다. 바울 사도는 어떤 것들을 생각했을까? 물론 '만물'은 모든 것을 포괄한다. 어느 것 하나도 배제되지 않는다. 그러나 바울은 여기에서 특별히 구원과 관련된 것들을 강조했다. 그는 앞서 기록한 열한 장의 내용에서 복음에 초점을 맞추었다. 그가 말한 '만물'은 그가 이미 거듭해서 말한 것들, 곧 하나님에게서 나오고, 오직 그분을 통해 이루어진 것들을 가리킨다. 그것들을 통해 하나님의 영광이 나타났고, 그분의 위대하심이 드러났다. 하나님은 구원 사역의 원천이자 통로요 목적이시다. 모든 것이 그분을 위한 것이다.

바울은 로마서 1장 5절에서 사람들이 하나님의 이름을 위해 믿어 순종하게 하기 위해 우리에게 복음을 전하는 임무가 주어졌다고 말했다. 요한 사도는 요한삼서 1장 7절에서 1세기에 로마 제국 전역에 복음을 전했던 형제들과 순례자들에 대해 "그들이 주의 이름을 위하여 나가서"라고 말했다. 아울러 유다서는 다음과 같은 영광송으로 끝을 맺는다. "능히 너희를 보호하사 거침이 없게 하시고 너희로 그 영광 앞에 흠이 없이 기쁨으로 서게 하실 이 곧 우리 구주 홀로 하나이신 하나님께 우리 주 예수 그리스도로 말미암아 영광과 위엄과 권력과 권세가 영원 전부터 이제와 영원토록 있을지어다 아멘"(24-25절).

모든 것이 하나님을 가리킨다. 예수님은 지상에서 일하시는 동안 줄곧 그런 관점으로 모든 것을 바라보셨다. 그분은 죽으시기 전날 밤에 하나님께 "아버지께서 내게 하라고 주신 일을 내가 이루어 아버지를 이 세상에서 영화롭게 하였사오니"(요 17:4)라고 말씀하셨다. 그분은 오로지 "보내신 이의 영광"(요 7:18)만을 추구하셨다. 그분은 항상 성부 하나님의 뜻을 생각하셨다. "나는 항상 그가 기뻐하시는 일을 행하므로"(요 8:29). "내가 아무것도 스스로 할 수 없노라 듣는 대로 심판하노니 나는 나의 뜻대로 하려 하지 않고 나를 보내신 이의 뜻대로 하려 하므로 내 심판은 의로우니라"(요 5:30). 예수님이 하신 것은 모두 하나님을 위한 것이었다. 그분의 죽음도 예외가 아니었다.

물론 예수님은 하나님의 영광을 위해 자신의 생명을 바치실 때 많은 고뇌를 느끼셨다. 그리스도께서는 십자가의 죽음을 앞두고 "지금 내 마음이 괴로우니 무슨 말을 하리요 아버지여 나를 구원하여 이때를 면하게 하여 주옵소서 그러나 내가 이를 위하여 이때에 왔나이다 아버지여, 아버지의 이름을 영광스럽게 하옵소서"(요 12:27, 28)라고 기도하셨다. 그분은 십자가를 하나님을 가장 크게 영광스럽게 하는 일로 간주하셨다. 예수님은 하나님을 영화롭게 하기 위해 자신의 생명을 모두 바치셨다. 이처럼 그분의 죽음도 하나님의 영광을 위한 것이었다.

그것은 당연한 일이었다. 왜냐하면 베드로가 "이는 범사에 예수 그리스도로 말미암아 하나님이 영광을 받으시게 하려 함이니 그에게 영광과 권능이 세세에 무궁하도록 있느니라 아멘"(벧전 4:11)이라고 말한 대로 그것이 모든 것의 목적이었기 때문이다.[1]

우리는 우리와 관련된 십자가의 의미에만 지나치게 관심을 기울이고,

---

[1] 부록 3 '모든 것의 궁극적 목적'을 참조하라.

하나님과 관련된 의미는 지나치게 소홀히 하는 경향이 있다. 우리에게 의미 있는 십자가라면 그 모든 의미가 하나님과 관련되어 있어야 한다. 이 사실을 더 잘 이해할수록 십자가의 의미를 더 분명하게 이해할 수 있다.

그리스도의 죽음은 하나님께 드리는 희생 제물이었다

구약 성경에는 하나님께 드리는 희생 제물과 제사가 상세하게 기록되어 있다. 희생 제도는 하나님의 명령에 의해 확립된 것이다. 하나님 외에 다른 존재에게는 어떤 희생 제물도 바쳐서는 안 되었다. 합법적으로 이루어진 희생 제물과 제사는 모두 오직 하나님만 받으실 수 있었다. 그것들은 모두 하나님을 위한 것이었다. 희생 제사는 향기로운 냄새를 피워 하나님을 기쁘시게 했다. 제사를 드리는 사람은 거룩하신 하나님 앞에서 죄인이었기 때문에 그분의 진노를 받아야 마땅했다. 인간이 저지른 모든 죄는 하나님을 노엽게 하고 그분의 영광을 가린다.

하나님은 구약 시대에 죄인이 자기 앞에 나올 수 있는 방법을 허락하셨다. 그것은 죄인의 죄를 일시적으로, 또 상징적으로 처리하는 방법이었다. 제사를 드리는 사람은 성막이나 성전에 가서 제사장에게 동물을 건네주었고, 제사장이 아닌 죄인 자신이 동물과 일체를 이룬다는 의미로 그 머리에 손을 얹었다. 동물은 그의 죄책과 형벌을 대신 감당하는 대리자였던 셈이다.

죄의 형벌은 죽음이었다. 그것이 모든 죄인이 감당해야 할 죗값이었다 (롬 6:23). 따라서 동물을 죽여 피를 흘렸다. 그것은 "범죄하는 그 영혼은 죽으리라"는 것을 생생하게 상징했다(겔 18:4, 20). 제사장은 동물의 피를 모아 제단 곳곳에 부었다. 제사를 드리는 사람은 일시적으로 하나님의 용서를 받았다. 그러나 동물 제사는 단순한 상징이었다. 그것은 진정으로 효과적이고 영구적인 희생이 될 수 없었다. "이는 황소와 염소의 피가 능히 죄를 없이 하지 못함이라"(히 10:4). 따라서 희생 제사는 수없이 되풀이되어야 했다. 매일 끊임없이 반복되었던 제사와 매년 드렸던 속죄제는 "해마다 죄를 기억하게 하기" 위해 율법이 정한 것이었다(3절).

하나님의 백성은 하나님의 영원불변하는 의는 죄에 대한 그분의 거룩한 증오심에서 비롯한 것이라는 사실을 깨달아야 했다. 그분의 의로운 분노와 완전한 정의는 죄에 대한 적절한 형벌을 요구한다. 그 이유는 죄를 벌하지 않으면 하나님의 거룩하심이 악인들에 의해 짓밟히게 되기 때문이다. 하나님이 그런 일을 허용하신다면 그것은 우주에 대한 통치권을 포기하는 것과 다름없다. 따라서 그런 일은 절대로 불가능하다.

바로 이것이 복음의 핵심이다. 예수님은 죄를 속량하기 위해 하나님께 드리는 궁극적인 희생 제물이셨다. 동물 제사는 그리스도께서 단번에 드리신 완전하고 최종적인 희생 제사를 가리키는 상징에 지나지 않았다. 예수님은 죄를 진정으로 없앨 수 있는 유일한 희생 제물이셨다(히 10:11-14).

예수님은 희생 제물일 뿐 아니라 제사장이셨다. 그분은 자기 자신, 곧 죄 없는 완전한 생명을 하나님이 기뻐 받으실 궁극적인 제물로 드렸던 참된 대제사장이셨다.

예수님은 하나님께 드리는 희생 제물로 죽으셨다. 그분은 향기로운 제물이 되셨다. "오직 그리스도는 죄를 위하여 한 영원한 제사를 드리시고 하나님 우편에 앉으사"(히 10:12). 속죄는 더 이상 반복될 필요가 없다. 하나님은 만족하셨고, 죄인과 '화해하셨다.'

이 점을 기억해 두라. 잠시 후에 다시 살펴볼 것이다.

그리스도의 죽음은 하나님께 대한 복종이었다

그리스도께서는 구약 성경의 표현을 빌려 하나님을 기쁘시게 하는 희생 제물에 관해 말씀하셨다. "하나님이 제사와 예물을 원하지 아니하시고 오직 나를 위하여 한 몸을 예비하셨도다 번제와 속죄제는 기뻐하지 아니하시나니…보시옵소서…하나님의 뜻을 행하러 왔나이다"(히 10:5-7). 동물 제사와 속죄제는 하나님이 기뻐하지 않으신다.

히브리서 저자는 히브리서 10장 9절에서 그리스도를 예언한 말씀("보시옵소서 내가 하나님의 뜻을 행하러 왔나이다")을 다시 한 번 인용하고 나서 "이 뜻을 따라 예수 그리스도의 몸을 단번에 드리심으로 말미암아 우리가 거룩함을 얻었노라"(10절)라고 덧붙였다. 그리스도의 죽음은 하나님의 뜻에 대한 복종의 행위였다.

그리스도의 삶은 완전했다. 그분은 성부께서 원하시는 일을 모두 행하셨다. 그분은 그 사실을 특히 요한복음에서 거듭 언급하셨다. 그분은 어린 아이의 제한된 이해력을 가지고 계실 때도 스스로 이해하는 한도 내에서 하나님께 온전히 복종하셨다("내가 내 아버지 집에 있어야 될 줄을 알지 못하셨나이까", 눅 2:49). 예수님은 완전하고 온전한 복종의 삶을 사셨다. 하나님의 뜻을 행하는 것이 그분의 기쁨이었다.

물론 하나님께 복종하는 것과 그분의 진노를 감당하는 것은 서로 크게 다르다. 예수님은 복종하는 삶을 살면서 그것으로 인해 영혼 안에서 큰 고뇌를 느낀 적이 한 번도 없으셨다. 그러나 십자가를 눈 앞에 두고서는 그렇지가 못하셨다. 왜냐하면 십자가에서 하나님의 진노의 잔을 남김없이 마셔야 하셨기 때문이다. 예수님은 성부로부터 저주는 고사하고 꾸지람 한 번 들은 적이 없으셨다.

그러나 그분은 자기 백성의 죄를 짊어지기 위해 상상을 초월하는 무한히 고통스러운 징벌을 감당하셔야 했다. 예수님이 십자가에서 성부 하나님께 바친 복종은 가히 상상을 초월했다.

그리스도께서 하신 일은 모두 하나님의 뜻에 대한 온전한 복종이었다. 그분의 완전하고 흠 없는 의가 믿는 모든 자에게 고스란히 전가되었다.

다시 말해 우리를 대신한 그리스도의 사역은 십자가에서 시작되지 않았다. 예수님은 세상에 사시는 동안 모든 의를 이루셨다. 그분은 공생애를 처음 시작할 때 세례 요한에게 "우리가 이와 같이 하여 모든 의를 이루는 것이 합당하니라"(마 3:15)라고 말씀하시면서 세례를 받겠다고 주장하셨다. 그분은 세례를 받으실 필요가 없었다. 요한의 세례는 회개의 상징이었다. 그러나 예수님은 자기 백성들을 위해 목숨을 내놓고, 또 그들에게 완전한 의를 제공하기 위해 그렇게 하셨다. 그것은 심지어 회개의 상징까지 포괄하는 의였다.

예수님은 온전히 거룩하셨고, 하나님께 흠 없이 복종하셨다. 그분은 하나님의 율법에 복종하셨고, 일생 동안 줄곧 그것을 완벽하게 지키셨다. 역사는 물론, 영원의 관점에서 보더라도 하나님의 율법이 요구하는 완전한 기준을 충족시킨 인간의 의는 오직 예수님의 의뿐이다. 이것이 성육하신 하나님의 아들이 우리와 하나님과의 관계를 올바로 회복시켜 주실 수 있는 이유다. 그분의 완전한 의가 우리의 의로 여겨질 때만 우리는 하나님 앞에 서기에 합당한 자격을 얻을 수 있다.

이처럼 예수님의 죽음은 물론 그분의 삶도 우리를 위한 구원의 능력이 된다. 예수님이 죽기까지 복종하신 것이 우리의 죗값을 치른 것으로 간주되는 것처럼, 그분의 완전한 삶이 우리의 의로 여겨진다. 하나님의 진노와 의가 온전히 충족되기 위해서는 그리스도의 복종과 희생을 통해 하나님이 만족을 얻으셔야 했다.

그리스도의 죽음은 하나님께 드리는 대리 속죄였다

신약 성경에는 대리 속죄를 의미하는 표현들이 많다. 그리스도께서는 많은 사람의 죄를 짊어지기 위해 희생되셨다. 그분은 스스로의 죄 때문에 죽지 않으셨다. 그분은 죄가 전혀 없으셨다. 그분은 우리의 대리자로서 죽으셨다. "한 사람이 모든 사람을 대신하여 죽었은즉"(고후 5:14). 하나님이 예수님을 우리를 대신해 죄로 삼으셨다(고후 5:21). "친히 나무에 달려 그 몸으로 우리 죄를 담당하셨으니 이는 우리로 죄에 대하여 죽고 의에 대하여 살게 하려 하심이라 그가 채찍에 맞음으로 너희는 나음을 얻었나니"(벧전 2:24). 이 구절은 그리스도께서 고난과 압제를 받을 것을 예언한 이사야서 53장에 근거한다. 그리스도께서는 누구를 위해 고난을 당하셨는가? 그분은 우리의 질고를 짊어지셨고, 우리의 슬픔을 감당하셨다. 그분은 하나님께 매를 맞고, 고난을 당하셨으며, 우리의 허물 때문에 찔림을 당하셨고, 우리의 죄악 때문에 상함을 받으셨다. 우리의 평화를 위해 그분이 징계를 받으셨고, 우리의 나음을 위해 그분이 채찍에 맞으셨다.

하나님은 믿는 모든 자의 불법을 그분에게 짊어지우셨다. 이것이 대리의 의미다. 예수님이 우리를 대신하셨다. 베드로전서 3장 18절은 "그리스도께서 단번에 죄를 위하여 죽으사 의인으로서 불의한 자를 대신하셨으니"라는 말로 이 점을 분명하게 표현했다. 예수님은 형벌을 대신 받고 죽으셨다.

하나님은 절대적으로 거룩하시고, 죄는 하나님의 율법을 거스를 뿐 아니라 거룩함의 원리 자체를 훼손한다. 언뜻 생각하면 사소해 보이는 죄 하나(아담의 불순종)가 평화롭고 완전했던 에덴동산을 망가뜨렸고, 인간의 영역 전체를 온갖 종류의 악과 고초와 슬픔으로 오염시켰다. 금단의 열매를 한 입 베어 먹은 것만으로 그토록 심각하고 광범위한 결과를 가져오기에 충분했다면, 하나님의 율법을 어기는 행위가 처벌을 받아야 하는 이유가 분명하게 드러난다. 모든 죄는 처벌을 받아야 한다. 정의는 역사 속에 살다 간 사람들이 저지른 죄 가운데 어느 한 가지도 형벌을 받지 않고 지나치도록 허용하지 않는다. 우리 모두의 삶 속에 있는 크고 작은 죄가 모두 포함된다. 인간이 지금까지 저질러 왔고, 앞으로 저지르게 될 그 어떤 죄도 예외는 없다.

인류를 그런 몰락으로부터 구원하는 일은 불가능해 보인다. 그 일을 할 수 있는 것은 십자가뿐이다.

하나님은 그리스도의 죽음과 관련해 의로운 율법 수여자의 역할을 맡으셨고, 자신의 율법을 어긴 죄에 대한 적절한 징벌을 가하셨다. 하나님은 죄의 형벌, 곧 죄에 대한 의롭고 올바른 형벌을 죽음으로 결정하셨다. 그것이 하나님이 요구하시는 것이다. 그리스도께서는 대리자가 되어 자기 백성을 대신해 그 형벌을 감당하셨다.

슬프게도 우리는 죄와 정의를 다른 관점에서 생각하도록 요구하는 문화 속에서 살고 있다. 우리는 죄의 해결책이 징벌보다는 치유에 있다고 생각하기를 좋아한다. 우리는 감옥을 범죄자들을 좀 더 낫게 개선시킬 수 있는 장소, 곧 사람들을 재활시킬 수 있는 장소로 생각하는 경향이 있다. 사회는 악행을 벌한다는 개념을 구태의연하고, 지나치게 가혹할 뿐 아니라 심지어는 부당하다고 생각하기 시작했다. 우리는 법과 정의와 미덕이라는 개념들을 잊고 말았다. 그 과정에서 우리의 도덕적인 감각이 심각하게 무뎌졌다.

물론 우리가 개인적으로 악행의 피해자가 된 경우는 예외다. 그런 경우 우리는 정의를 갈망한다. 정의의 강한 팔이 우리에게 해를 입힌 사람을 징치할 때는 형벌의 개념을 거부하지 않는다. 사실, 가장 자유로운 생각을 지닌 진보주의자들도 스스로가 부당한 고난을 당했을 때는 가장 큰 소리로 복수를 부르짖을 것이 분명하다.

범죄의 심각성은 그 즉각적인 결과나 그로 인해 누가 해를 입었느냐를 따지는 것만으로는 정확하게 규명하기 어렵다. 죄의 심각성을 측정할 수 있는 진정한 기준은 그 죄가 누구를 거역한 것인지를 묻는 데 있다. 이웃에게 화가 나 고함을 지르고 욕설을 퍼부었다고 해서 감옥에 가지는 않는다. 그러나 법정에서 재판관을 모욕하면 감옥에 간다. 미국 대통령을 위협하는 편지를 백악관에 보내도 연방법에 의해 범죄자로 기소된다. 어떤 죄든 그 심각성은 누구에게 죄를 지었느냐에 의해 결정된다.

전능하신 하나님을 거역한 죄는 결코 사소한 문제가 아니다. 참된 정의는 죄의 형벌을 요구한다. 형벌은 죄의 심각성에 비례한다. 모든 죄는 무한히 거룩하신 하나님을 거역한 것이자 그분의 영원한 권위에 대한 도전이기 때문에 모두 다 사형에 해당한다(롬 6:23).

예수님이 십자가에서 죽으신 이유는 의로운 형벌이 요구되었기 때문이다. 율법 수여자이신 하나님은 죄의 형벌을 죽음으로 정하셨다. 그분은 그 형벌을 자신의 아들에게 집행하셨다. 하나님의 정의는 죽음을 요구했다. 놀라운 사실은 그리스도께서 십자가에서 약 세 시간 동안 고난을 당하시고 나서 운명하셨다는 것이다. 만일 우리가 그 형벌을 감당해야 했더라면 지옥에 영원히 거한다고 해도 충분하지 않을 것이다. 그런데 어떻게 예수님은 그 짧은 시간에 믿는 모든 자의 죄를 대신해 온전한 형벌을 감당하실 수 있었을까?

예수님은 무한하신 존재이기 때문에 완전한 희생 제물이 되실 수 있었다. 그분은 성육하신 하나님이시다. "죄를 위해 가장 만족스럽고, 가장 완전한 희생 제물이 될 수 있는 것은 오직 하나님의 아들의 죽음뿐이었다.

그분의 죽음은 무한한 가치와 효력을 지니기 때문에 온 세상의 죄를 능히 속량하고도 남을 만큼 충분하다."[2]

시간이 짧았다고 해서 그리스도께서 우리를 대신해 받으신 고난의 강렬하고 혹독한 강도가 줄어드는 것은 결코 아니다. 그분은 하나님의 진노의 잔을 남김없이 들이키셨다. 그분은 믿는 모든 자의 죄책을 다 짊어지셨고, 형벌의 대리자로서 하나님의 맹렬한 진노를 감당하셨다. 그리스도께서는 세 시간 동안에 구원받은 신자들이 받았어야 마땅한 지옥의 영원한 형벌을 모두 감내하셨다. 하나님의 진노가 세 시간 동안 그분께 쏟아졌다. 그리스도께서 우리를 위해 그토록 많은 고초를 당하신 것을 생각하면 참으로 놀랍기만 하다. 그분은 그 고초를 기꺼이 감당하셨다.

그리스도의 죽음은 하나님을 만족하시게 했다

로마서 3장 25절, 요한일서 4장 10절, 요한일서 2장 2절은 모두 그리스도께서 우리의 죄를 위해 화목 제물이 되셨다고 말씀한다. 이것은 그분이 십자가에서 감당하신 희생이 하나님을 만족하시게 했다는 것을 의미한다. 그리스도의 희생은 죄에 대한 하나님의 진노를 달래기에 충분했고, 그분의 완전한 의가 원하는 모든 거룩한 요구를 충족시켰다. 하나님은 자신의 독생자가 우리의 죗값을 온전히 갚기 전까지는 우리에게 만족하실 수 없으셨다. 그분은 자신의 아들이 우리의 죄를 용서하기 위한 대가를 치르시기 전까지는 우리를 자신의 가족으로 받아들일 수 없으셨다.

그렇다면 하나님이 만족하셨다는 것을 어떻게 알 수 있을까? 하나님이

---

2) The Canons of the Synod of Dort, 2:3.

그리스도를 죽은 자 가운데서 다시 살려 영광을 얻게 하시고, 자신의 오른편에 앉히신 것을 통해 알 수 있다(히 1:3).

구원을 받았다고 말할 때는 무엇으로부터 구원받았는지를 아는 것이 중요하다. 물론 우리는 우리의 죄에서 구원받았다. 우리는 영원한 지옥으로부터 구원받았다. 그러나 그런 일들이 가능해진 이유는 하나님이 자신의 독생자를 희생시켜 심판을 면제해 주셨기 때문이다. 이것이 요한복음 3장 16절이 "하나님이 세상을 이처럼 사랑하사 독생자를 주셨으니 이는 그를 믿는 자마다 멸망하지 않고 영생을 얻게 하려 하심이라"라고 말씀하는 이유다. 그리스도께서는 우리의 죄로 인한 형벌을 짊어짐으로써 하나님의 심판을 만족시키기 위해 그분의 보내심을 받으셨다. "그를 믿는 자는 심판을 받지 아니하는 것이요 믿지 아니하는 자는 하나님의 독생자의 이름을 믿지 아니하므로 벌써 심판을 받은 것이니라"(18절).

그리스도의 죽음은 우리를 구원하기 위해 하나님께 드린 대속물이었다

우리는 정죄로부터 구원받고, 죄의 속박으로부터 구원받았다. 하나님은 "우리를 흑암의 권세에서 건져내사 그의 사랑의 아들의 나라로 옮기셨다"(골 1:13). 이 구원은 우리가 '속량되었고', '대속되었다.'는 두 용어의 의미를 옳게 파악할 때 가장 잘 이해할 수 있다.

누군가를 속량한다는 것은 값을 치르고 그를 노예나 포로나 죄수의 상태에서 자유롭게 하는 것을 의미한다. 대속물은 그런 구원을 위해 지불된 대가를 가리킨다. 마태복음 20장 28절은 예수님이 "자기 목숨을 많은 사람의 대속물로 주기 위해" 오셨다고 말씀한다. 대속물은 누구에게 지불되는 것인가? 어떤 사람들은 예수님이 대속물을 마귀에게 지불하셨다고 잘못 생각한다. 대속물은 마귀가 아닌 하나님께 지불되었다.

하나님은 "몸과 영혼을 능히 지옥에 멸하실 수 있으시다"(마 10:28). 그분은 "땅과 하늘이 그 앞에서 피하여 간 데 없는"(계 20:11) "만민의 심판자"(히 12:23)이시다. 온 세상은 하나님의 심판 아래 있다(롬 3:19). 따라서 영혼을 속량하는 대가가 그분께 지불되어야 한다. 그 대가는 참으로 엄청나다(시 49:7, 8). 그러나 하나님이 친히 그리스도의 인격을 통해 그분의 피로 우리를 값 주고 사셨다(행 20:28). "너희가 알거니와 너희 조상이 물려 준 헛된 행실에서 대속함을 받은 것은 은이나 금같이 없어질 것으로 된 것이 아니요 오직 흠 없고 점 없는 어린 양 같은 그리스도의 보배로운 피로 된 것이니라"(벧전 1:18, 19).

그리스도께서는 죽음으로 자기 백성을 율법의 저주에서 구원하기 위한 대가를 치르셨다. 그분은 우리에 대한 저주를 없애기 위해 저주를 받으셨다(갈 3:13). 그리고 하나님은 온전히 만족하셨다.

그리스도의 죽음은 우리를 하나님의 자녀로 만드는 수단이었다

그리스도께서는 하나님과 우리를 화목하게 하기 위해 우리가 그분의 자녀가 되는 데 필요한 모든 것을 제공하셨다. 하나님은 우리를 가족으로 받아들여 친밀한 교제와 관계를 나누신다. "우리가 원수 되었을 때에 그의 아들의 죽으심으로 말미암아 하나님과 화목하게 되었은즉"(롬 5:10).

오늘날 하나님과 죄인들의 반목을 강조하는 설교가 많다. 나는 그런 설교들이 죄인들에게 스스로의 자유의지로 하나님과의 갈등을 끝내기만 하면 구원을 받을 수 있다는 인상을 심어줄까봐 걱정스럽다. 하나님을 만족시키는 희생적인 속죄의 개념이 그리스도인들이 세상에 전하는 메시지에서 거의 자취를 감추고 말았다. 많은 사람이 하나님을 온화하고 수동적인 신, 곧 사람들이 자기를 미워하는 것을 그치기를 기다리고, 자기에게 더 이상 무관심하지 않기를 바라고, 자기를 사랑해 주기를 갈망하는 신으로 묘사한다.

그것은 복음이 아니다. 복음은 하나님이 우리가 생각하는 것과는 달리 그렇게 상냥하신 분이 아니라고 가르친다. 하나님은 우리가 자기를 좋아해 주기만을 바라지 않으신다. 그리스도께서는 하나님에 대한 우리의 반목이 아니라 우리에 대한 하나님의 반목을 없애기 위해 십자가에서 죽으셨다. 죄에 대한 하나님의 무서운 진노가 그분의 아들의 죽음으로 만족되었다는 것, 그것이 바로 복음이다.

믿는 자들은 모두 그리스도께 와서 용서를 받을 수 있다. 우리가 믿음으로 그분께 나아갈 수 있는 이유는 십자가에서 이루어진 결정적인 행위를 통해 믿는 죄인들을 향한 하나님의 진노가 말끔히 사라졌기 때문이다.

십자가가 우리에게 의미를 지니는 이유는 그것이 하나님을 만족시켰기 때문이다.

부록 3 _ 모든 것의 궁극적 목적

복음을 성경에 근거해 철저히 논의하다 보면 성경이 자세한 대답을 제시하지 않는 어려운 문제들과 종종 마주치게 된다. 바울은 로마서 9장 19절에서 그런 문제들 가운데 두어 가지를 언급했다. 하나님은 주권자이시기 때문에 원하시는 사람을 강퍅하게 하거나 그에게 긍휼을 베푸실 수 있다. 이 점에 대해 "하나님이 어찌하여 허물하시느냐 누가 그 뜻을 대적하느냐"라고 물을 수 있다. 언뜻 보면 바울이 그 질문을 말도 안 되는 질문이라고 비난한 것처럼 보인다. 그는 "이 사람아 네가 누구이기에 감히 하나님께 반문하느냐"(20절)라고 되물었다. 그러나 그것은 무조건적인 거부가 아니었다. 바울의 요점은 우주의 창조주께서는 주권자이기 때문에 피조물을 상대로 원하는 대로 행하실 권한이 있으시다는 것이다. 하나님은 우리에게 모든 것을 일일이 대답할 필요가 없으시다. 이 점을 기억하는 것이 중요하다.

바울 사도는 하나님이 "그의 진노를 보이시고 그의 능력을 알게 하실" 목적으로 악인들을 상대하시고(롬 9:22), "그 영광의 풍성함을 알게 하실" 목적으로 선택받은 자들에게 긍휼을 베푸신다고 말했다(23절). 이 두 가지 목적은 모두 동일한 요점(하나님은 영광을 나타내기 위해 자신이 원하시는 일을 행하신다는 것)을 가리킨다. 사실, 모든 것이 지향하는 목적은 다 똑같다. 그것이 곧 하나님의 궁극적인 목적이고, 그분의 감추어진 목적에 관해 복음의 메시지가 제기하는 모든 문제에 대한 성경의 답변이다. 이것은 회피가 아닌 정직한 답변이다. 내가 이 부록을 덧붙인 이유는 이 진리를 설명하기 위해서다.

"여호와의 이름을 찬양할지어다 그의 이름이 홀로 높으시며 그의 영광이 땅과 하늘 위에 뛰어나심이로다"(시 148:13).

온 우주에서 하나님의 영광보다 더 중요하고, 더 고귀한 것은 없다. 하나님의 영광이 우리가 창조된 목적이다. 이것은 세상이 처음 창조된 때로부터 오늘날에 이르는 과정 속에서 일어난 모든 사건의 궁극적인 목적이기도 하다. "하늘이 하나님의 영광을 선포하고"(시 19:1). 해와 달과 밝은 별들이 다 하나님을 찬양한다(시 148:3). "그의 영광이 땅과 하늘 위에 뛰어나심이로다"(13절). "그의 영광이 온 땅에 충만하도다"(사 6:3). 들짐승들조차도 그분의 영광을 드러낸다(사 43:20).

『웨스트민스터 대소요리 문답』도 이것을 첫 번째 교훈으로 제시했다.

제1문: 사람의 제일 되는 목적이 무엇인가?
답: 사람의 제일 되는 목적은 하나님을 영화롭게 하고, 그분을 영원토록 온전히 즐거워하는 것이다.

이것은 하나님이 우리를 창조하신 이유에 대해 성경이 가르치는 모든 진리를 간결하게 요약한다. 하나님이 우리를 창조하신 이유는 지루하거나 외로우셔서가 아니었다. 그분이 우리를 창조하신 목적은 우리를 통해 영광을 받으시기 위해서였다.

오늘날의 복음주의자들은 '목적이 이끄는' 삶과 사역에 관해 많은 논의를 펼치지만, 가장 중요한 요소가 뚜렷하게 드러나지 않거나 생략되는 경우가 너무나도 많다. 우리의 궁극적인 목적은 하나님을 영화롭게 하는 것, 곧 그분의 영광을 찬양하고, 반영하며, 그분을 높이고, "그의 영광을 백성들 가운데에, 그의 기이한 행적을 만민 가운데에 선포하는"(시 96:3) 것이다. 이것이 하나님의 영원한 계획이다. 아담의 불순종으로 인해 온 인류가 타락한 순간에도 이 목적은 변하거나 좌절되지 않았다. 사실, 이것은 복음의 목적이기도 하다. 구원받은 사람들이 "모든 일을 그의 뜻의 결정대로 일하시는 이의 계획을 따라…예정을 입은" 목적은 "그리스도 안에서 전부터 바라던 그의 영광의 찬송이 되게 하기" 위해서다(엡 1:11, 12).

하나님은 그 모든 일을 자기의 이름을 위해 행하신다(시 25:11, 31:3, 79:9, 109:21; 렘 14:21; 롬 1:5; 요일 2:12). 하나님의 긍휼과 우리의 구원은 우리를 존귀하게 하기 위해 주어지지 않았다. 우리가 타락한 상태에서 구원받은 이유는 우리 자신을 위해, 곧 우리의 자긍심을 고양하기 위해서가 아니다. 모든 영광이 오로지 하나님께만 속한다. 다윗은 "여호와여 위대하심과 권능과 영광과 승리와 위엄이 다 주께 속하였사오니 천지에 있는 것이 다 주의 것이로소이다 여호와여 주권도 주께 속하였사오니 주는 높으사 만물의 머리이심이니이다"(대상 29:11)라고 기도했다.

하나님은 자신의 영광을 시기하신다. 그분은 "나는 여호와이니 이는 내 이름이라 나는 내 영광을 다른 자에게, 내 찬송을 우상에게 주지 아니하리라"(사 42:8)라고 힘주어 말씀하셨다.

우리는 '하나님의 영광'이 무슨 의미인지를 깊이 생각하지 않고, 그 말을 입에 올릴 때가 너무나도 많다. 이것은 정의하기 쉬운 개념이 아니다. 이것은 타락한 인간의 생각으로는 가히 상상할 수도 없고, 그 깊이를 헤아릴 수도 없는, 무한하고 낯선 개념이다. 이것은 너무나도 순수하고 강력하기 때문에 타락한 인간이 눈으로 직접 그것을 보면 죽음을 피할 수 없다(출 33:20; 사 6:5; 딤전 6:16).

『옥스퍼드 영어 사전』은 영광을 "찬란한 위엄과 아름다움, 또는 장엄함"으로 정의했다. 그러나 하나님의 영광은 그런 차원을 훨씬 뛰어넘는다. 하나님의 영광에는 그분의 거룩하심, 절대적인 완전하심, 접근할 수 없는 눈부신 광채가 포함된다. 하나님의 영광은 아름다움과 장엄함과 위엄의 본질이다. 또한 거기에는 하나님의 정의와 능력과 진노도 포함된다. 그분의 영광은 사로잡는 힘과 두려움을 야기하는 힘을 동시에 지닌다. 그것은 너무나도 웅장한 현실이기 때문에 일단 한 번이라도 볼 수 있는 기회가 주어진다면, 그리고 그것을 보았을 때 죽을 만큼 강력하지만 않다면 다른 곳으로 눈을 돌리고 싶은 마음이 절대 들지 않을 것이 분명하다.

찬양받아야 하고, 우리가 갈망해야 할 모든 것이 하나님의 영광에 집약되어 있다. 그것은 천국의 기쁨이 우러나오는 근원이다. 그것은 너무나도 찬란하고, 그 빛이 미치지 않는 곳이 없기 때문에 하나님이 거하시는 곳에는 다른 발광체가 필요하지 않다(계 21:23). 천국은 지루하거나 단조롭지 않다. 새 하늘과 새 땅의 모든 곳에서 하나님의 영광이 온전하게 드러날 것이다. 그런 놀라움을 자아낼 수 있는 매력이나 즐거움을 지닌 것은 어디에도 없다. 하나님의 영광은 그 광채나 매력을 영원히 잃지 않는다.

존 길(스펄전보다 한 세기 먼저 태어나 활동했던 런던의 유명한 침례교 설교자)은 하나님의 영광이 그분의 계획 가운데에서 지극히 높은 위치를 차지하고 있기 때문에 모든 신자도 그것을 가장 우선시해야 한다고 말했다. 그의 말을 잠시 인용하면 다음과 같다.

> 하나님의 영광은 그분의 모든 사역과 행위(창조, 섭리, 은혜, 선택, 언약, 언약의 축복과 약속, 구원, 유효 소명, 많은 사람을 영광으로 인도하는 것)의 목적이다. 이것은 인간이자 중보자이신 그리스도의 모든 행위(그분의 교리와 기적과 순종과 고난, 세상에서의 죽음, 하늘에서 이루어지는 중보 사역)의 목적이기도 하다. 그리스도께서는 지금 살아서 우리를 위해 중보 기도를 드리신다. 그분은 하나님과 그분의 영광을 위해 사신다. 따라서 하나님의 영광이 우리의 모든 행위의 목적이 되어야 한다. 이 목적을 지향하지 않으면 어떤 행위도 진정으로 선한 행위가 될 수 없다. 사람이 자기 자신과 자신의 영광과 대중의 찬사를 추구하거나 사악하고 이기적인 목적으로 어떤 행위를 한다면 그것을 선한 행위라고 말할 수 없다. 그런 행위는 하나님도 선하게 여기지 않으신다.[1]

길의 말은 특별히 설교자들에게 적절하다. 그의 말을 조금 다르게 고쳐 말하면 이렇다. 즉 설교자가 자신을 높이고, 자신의 영광을 나타내려고 애쓰고, 칭찬이나 존경을 탐하고, 탐욕스럽고 이기적인 의도로 말씀을 전하면 올바른 설교를 전했다고 할 수 없다(그런 설교는 하나님도 올바른 설교로 인정하지 않으신다).

설교자의 임무는 복음을 분명하게 나타내고, 하나님의 영광을 드러내는

---

[1] John Gill, *Gill's Commentary* (Grand Rapids : Baker, 1980), 6:219.

방식으로 그분의 온전하신 뜻을 전하는 것이다. "우리는 우리를 전파하는 것이 아니라 오직 그리스도 예수의 주 되신 것과…어두운 데에 빛이 비치라 말씀하셨던 그 하나님께서 예수 그리스도의 얼굴에 있는 하나님의 영광을 아는 빛을 우리 마음에 비추셨느니라"(고후 4:5, 6). 하나님의 말씀이 우리의 본문이고, 복음의 메시지가 그 정점이다. 그리스도께서는 복음의 주제이자 주인공이시고, 하나님의 영광은 그 궁극적인 목적이다. 이 모든 것이 바울 사도가 디모데를 가르친 말에 함축되어 있다. 그는 "너는 말씀을 전파하라 때를 얻든지 못 얻든지 항상 힘쓰라"(딤후 4:2)라고 말했다.

"우리는 우리를 전파하는 것이 아니라"(고후 4:5)라는 말씀을 기억하라. 이 말씀은 오늘날의 사역 현장에서 이루어지는 일들과 정면으로 충돌한다. 요즘의 강단에는 자기도취에 빠진 사람들, 자기 자랑과 과시를 일삼는 사람들로 가득하다. 그러나 하나님의 영광을 올바로 생각하는 설교자는 자기를 높이거나 자신을 설교의 중심으로 삼으려 하지 않을 것이 분명하다. 겸손은 하나님을 영화롭게 하려는 태도로부터 자연스레 흘러나온다. 자기중심적이고, 자기도취적인 사람은 하나님의 장엄한 영광을 옳게 이해할 수 없다.

아울러 하나님의 영광을 아는 지식은 진리를 굳게 붙잡도록 이끈다. 하나님의 영광을 중시하는 설교자는 인기가 없는 어려운 진리를 전한다는 이유로 어떤 반대나 비난이나 핍박을 받더라도 그것을 담대하게 선포한다.

하나님의 영광을 추구하는 설교자는 사람들의 칭찬이나 아첨에 무관심하다. 하나님의 영광을 바라보는 것은 그 외에는 다른 무엇도 궁극적으로 중요한 것이 없다는 이해에서 비롯한다.

사역자는 하나님의 영광이 가장 중요하고, 가장 우선적임을 잊어서는 안 된다. 물론 모든 신자의 삶에서 이루어지는 모든 활동도 이와 동일한 원리를 따른다. "그런즉 너희가 먹든지 마시든지 무엇을 하든지 다 하나님의 영광을 위하여 하라"(고전 10:31). 기독교 사역은 물론, 일상적인 일들까지 우리는 무엇을 하든지 하나님의 영광을 위해 해야 한다. 이것이 우리의 모든 삶의 근간이자 최상의 우선순위이다. 이것은 우주 전체에서 가장 중요한 일이다.

수많은 은하수로 구성된 우주가 하나님을 영화롭게 하기 위해 창조되었다. 하나님이 만드신 방대한 피조 세계가 모두 그 일을 위해 협력한다. 동물 세계는 하나님을 결코 거역하지 않고, 세상은 여전히 그분의 영광으로 충만하다. 별들은 처음 창조되었을 때와 마찬가지로 소리 없이 하나님의 영광을 강력하게 증언한다. "하늘이 그의 의를 선포하니 모든 백성이 그의 영광을 보았도다"(시 97:6). "이는 하나님을 알 만한 것이 그들 속에 보임이라 하나님께서 이를 그들에게 보이셨느니라 창세로부터 그의 보이지 아니하는 것들 곧 그의 영원하신 능력과 신성이 그가 만드신 만물에 분명히 보여 알려졌나니 그러므로 그들이 핑계하지 못할지니라"(롬 1:19, 20).

모든 피조물 가운데서 가장 영화롭게 창조된 두 종류의 피조물만이 하나님을 거역했다. 3분의 1에 해당하는 천사들의 무리와 온 인류가 죄를 지었다(계 12:4). 그들은 자신들이 창조된 유일한 목적을 거부하려고 시도했다. 그들은 하나님의 영광을 거부하고, 스스로를 높이기를 원했다. "하나님을 알되 하나님을 영화롭게도 아니하며 감사하지도 아니하고 오히려 그 생각이 허망하여지며 미련한 마음이 어두워졌나니"(롬 1:21).

그들의 반역은 궁극적으로는 하나님의 영광을 더욱 드높였다. 그 이유는 그분이 악을 멸하고, 거룩한 정의의 실현을 통해 스스로를 영화롭게 하셨기 때문이다. 인간의 분노조차도 하나님을 찬송하는 결과를 낳는다

(시 76:10).

하나님을 영화롭게 하는 것은 그분이 우리에게 부여하신 모든 의무의 궁극적인 목적이다. 그것은 하나님이 우리를 창조하고 구원하신 가장 큰 목적이다. 따라서 우리가 무엇을 하든지 항상 따라야 할 원리와 고려해야 할 원칙이 있다면, 그것은 곧 '이것이 하나님을 영화롭게 하는가?'라는 것이다.

이 간단한 질문에는 고려해야 할 여러 가지 요소가 뒤따른다. 내가 하는 이 일이나 이 일을 하는 방식이 하나님을 영화롭게 하는가? 이 일이 그분의 성품을 반영하고, 그분의 선하심을 나타내고, 그분을 존귀하게 하는가? 이 일을 하는 동안 하나님께 진정으로 감사하고 찬양할 수 있는가? 이 일이 하나님을 더욱 잘 섬기게 만들고, 주님을 위해 더욱 열심히 일하도록 이끄는가? 이것이 그리스도를 본받는 일인가? 우리의 영광스런 하나님의 의로운 성품에 부합하는가?

이것은 간단한 원리인 것처럼 보인다. 물론 그렇다. 간단하다. 그러나 실천하기는 쉽지 않다. 우리는 우리 자신의 쓰라린 경험들을 통해 타락한 세상에서 하나님의 영광을 추구하는 마음을 유지하는 것이 얼마나 어려운지를 잘 알고 있다. 바울은 "내 속 곧 내 육신에 선한 것이 거하지 아니하는 줄을 아노니 원함은 내게 있으나 선을 행하는 것은 없노라"(롬 7:18)라고 했다. 악과 유혹이 끊임없이 우리를 공격하고 있고, 일상생활의 염려와 문제들에 골몰하기는 너무나도 쉽다. 가장 중요한 것을 가장 중요시하려면 우리의 우선순위를 늘 점검해야 할 필요가 있다.

성경에는 이 문제와 관련된 가르침과 격려의 말씀이 많다. 예를 들어, 바울 사도는 우리가 주님께 속해 있고, 그분의 성령이 우리 안에 거하신다는 사실을 상기시켜 준다. 육신의 죄는 성령이 거하시는 곳을 더럽힌다.

"너희 몸은 너희가 하나님께로부터 받은 바 너희 가운데 계신 성령의 전인 줄을 알지 못하느냐 너희는 너희 자신의 것이 아니라 값으로 산 것이 되었으니 그런즉 너희 몸으로 하나님께 영광을 돌리라"(고전 6:19, 20).

더욱이 성령께서는 영원히 신자 안에 거하시기 때문에 우리는 하나님의 영광과 지속적인 관련을 맺는다. 이것은 구약 시대의 성도 가운데 그 어떤 사람도 누리지 못한 경험이다. 성경은 모세의 경험과 그리스도인들이 하나님의 영광을 누리는 방식을 극명하게 대조한다.

모세의 얼굴에는 하나님의 영광이 일시적으로 찬란하게 빛났다. 이스라엘 백성은 그 현상에 놀랐고, 모세는 수건으로 얼굴의 광채를 가려야 했다. 그러나 그 반사된 영광은 시간이 지나자 사라져 없어졌다(고후 3:7).

성경은 그와는 사뭇 대조적으로 하나님의 영광이 성령의 인격을 통해 신자들 안에 거한다고 말씀한다. 그분은 우리를 안에서부터 밖으로 변화시켜(곧 우리를 그리스도의 형상으로 변화시켜) "영광에서 영광에" 이르게 하신다(고후 3:18). 하나님의 영광이 우리의 내면에서부터 밝히 빛난다. 그것은 반사된 영광이 아니다. 또한 그것은 시간이 지나도 사라지지 않고, 오히려 더욱 밝게 빛을 발한다.

"우리가 다 수건을 벗은 얼굴로 거울을 보는 것같이 주의 영광을 보매 그와 같은 형상으로 변화하여 영광에서 영광에 이르니 곧 주의 영으로 말미암음이니라"(고후 3:18). 모세는 하나님이 지나가실 때 그분의 뒷모습만 보았다. 그러나 우리는 그 어떤 차단막도 없이 얼굴과 얼굴을 마주하고, 가장 가까이에서("거울로 보는 것같이") 하나님의 영광을 본다. 우리는 우리 안에 거하시는 성령을 통해 그리스도와 깨어지지 않는 연합을 이룬다. "그의 성령을 우리에게 주시므로 우리가 그 안에 거하고 그가 우리 안에 거하시는 줄을 아느니라"(요일 4:13). 하나님의 영광이 그리스도 안에서 완전하게 드러났다(요 1:14). 그 덕분에 우리는 자유롭게 하나님의 영광을 볼 수 있다.

사랑하는 독자들이여, 이 진리를 마음에 간직하라. 하나님의 영광은 우리 삶의 모든 측면을 하나로 묶는 가장 중요한 원칙이자 마음을 온전히 기울여 추구해야 할 유일한 목적이다. 그것은 모든 것의 목적이다.

부록 4 _ 바울의 영광스런 복음

(스펄전의 설교를 개작한 것)

이 부록은 찰스 해던 스펄전이 전한 "영광스런 복음"[1]과 "사람들의 은밀한 일을 심판하실 그 날"[2]이라는 제목의 설교 두 편을 간추려 개작한 것이다. 앞의 설교는 1858년 3월 21일에 10,000명이 넘는 청중에게 전달되었다. 스펄전이 스무 살의 설교자로 런던에 처음 도착한 지 3년도 채 되지 않아 템스 강 남쪽 강가에 위치했던 '뉴 파크 스트리트 채플'이 더 이상 수용하기 어려울 정도로 신자들이 크게 불어났다. 그들은 그곳에서 남서쪽으로 약 3킬로미터 떨어진 서리 가든스의 뮤직홀로 주일 예배 장소를 옮겼다. 그곳은 12,000명을 수용할 수 있는 3층으로 된 커다란 강당이었다. 그곳은 매주 청중으로 가득

---

1) Charles Haddon Spurgeon, "The Glorious Gospel," *The New Park Street Pulpit* (London: Passmore & Alabaster, 1858), 4:153-60.
2) Charles Haddon Spurgeon, "Coming Judgment of the Secrets of Men," *The Metropolitan Tabernacle Pulpit* (London: Passmore & Alabaster, 1885), 31:373-84.

넘쳐났다. 스펄전은 뮤직홀에서 말씀을 전한 지 2년 정도가 지났을 때 이 설교를 전했다.

교회는 1861년에 다시 메트로폴리탄 태버내클로 영구히 자리를 옮겼다. 5,500석의 좌석과 500명이 서 있을 수 있는 공간을 갖추었던 태버내클은 뮤직홀에 비하면 규모가 조금 작았지만, 도로가 여섯 개나 지나가는 런던의 가장 번화한 교차로의 중심지에 자리를 잡고 있었다. 스펄전은 자신의 생애 마지막 10년을 보내던 1885년 7월 12일에 태버내클을 가득 메운 청중을 향해 두 번째 설교를 전했다.

이 부록은 디모데전서 1장 15절을 강해한 첫 번째 설교의 내용을 많이 옮겨 실었다. 그러나 나는 서론에 해당하는 대목에 두 번째 설교의 내용을 상당 부분 포함시켰다. 그 이유는 스펄전이 그 설교에서 바울의 '나의 복음'이라는 표현에 초점을 맞추었기 때문이다. 나도 스펄전처럼 바울이 그 표현을 사용한 이유가 복음이 자신에게 개인적으로 얼마나 소중한지를 말하기 위해서였다고 생각한다. 스펄전은 "나도 오늘날 이 세상에서 내가 목격하는 온갖 더러운 것들 가운데서 이 문제를 새롭게 의식함으로써 순결하고 복된 하나님의 말씀을 굳게 붙들고, 더욱 진실한 마음으로 그것을 나의 복음으로 부르고 싶다. 하나님이 도우시는 한, 복음은 살아서든 죽어서든 나의 것, 그 무엇보다 소중한 나의 것, 영원히 나의 것이다. 나는 이것을 '나의 복음'으로 힘주어 일컫고 싶다."라고 말했다.

디모데전서에서 발췌한 본문은 복음의 진리를 간명하게 요약한 바울의 진술 가운데 하나다. 스펄전은 바울의 말에 담겨 있는 의미와 열정을 참으로 훌륭하게 표현했다. 이 주제에 관한 그의 설교는 이 책의 부록이 되기에 충분한 가치가 있다.

"미쁘다 모든 사람이 받을 만한 이 말이여 그리스도 예수께서 죄인을 구원하시려고 세상에 임하셨다 하였도다 죄인 중에 내가 괴수니라"(딤전 1:15).

로마서에 기록된 복음에 관한 바울의 설명은 인간의 타락이라는 비참한 현실을 길게 논하는 데서부터 시작한다. 바울은 수치를 모르는 시대의 온갖 가증스런 일들을 부끄럽게 만들려면 그런 논의가 필요하다고 생각했다. 그는 어둠을 한껏 즐기는 괴물들을 밝은 곳으로 끌고 나와 그 빛으로 힘을 잃게 만들어야 했다. 그는 괴로운 심정으로 그런 현실을 언급하고 나서는 자신을 위로하는 것에 마음을 기울였다. 그는 1장에서 암울하기 짝이 없는 현실을 언급하는 동안, 자신의 크나큰 기쁨에 관해 말하고 싶은 충동을 느꼈다. 그는 이전보다 더 간절한 마음으로 복음을 붙잡았다. 그는 그것을 단지 '그 복음'이 아니라 '나의 복음'으로 일컬었다. "나의 복음에 이른 바와 같이 하나님이 예수 그리스도로 말미암아 사람들의 은밀한 것을 심판하시는 그 날이라"(롬 2:16).

바울은 두 손으로 복음을 단단히 붙들어 자신의 소유로 삼지 않고서는 그토록 부패한 사람들 사이에서 살아갈 수 없다고 느꼈다. 그는 '나의 복음'이라고 말했다. 그것은 바울이 복음의 저자이거나 그 축복을 독점했기 때문이 아니라 그것을 그리스도로부터 직접 받았고, 복음을 위탁받은 책임감을 절실히 의식했으며, 단 한 순간도 그것을 부인할 수 없었기 때문이다. 바울은 복음을 온전히 자신의 것으로 삼았기 때문에 '나의 복음'이라고 일컫지 않을 수가 없었다. 그는 진리의 결정체인 복음을 소유했고, 그것을 조금도 의심하지 않고 진리로 믿었다. 그것이 그가 복음을 '나의 복음'이라 일컬은 이유다.

그는 고린도후서 4장 3절, 데살로니가전서 1장 5절, 데살로니가후서

2장 14절에서는 신자들이 그들이 전하는 진리와 어떻게 일체를 이루고 있는지를 보여주기 위해 복수 소유 대명사를 사용해 '우리의 복음'이라고 말했다. 여기에서 우리는 "다른 사람들은 모두 거부할지라도 나는 복음을 확신한다. 나는 내 생각을 어둡게 만드는 불신을 조금도 용납하지 않을 것이다. 내게는 이것이 참으로 큰 기쁨의 좋은 소식이다. 나는 이것을 '나의 복음'이라고 소리 높여 외칠 것이다. 만일 내가 복음을 믿는다는 이유로 바보라고 불린다면 그렇게 불리는 것에 만족할 것이다. 나는 나의 주님 안에서 모든 지혜를 발견하는 것으로 족하다."라고 말하는 믿음의 목소리를 들을 수 있다.

> 사람들이 고안한 온갖 것들이
> 옳지 못한 술책으로 내 믿음을 공격해도
> 나는 그것들을 헛된 거짓으로 일컬으며
> 복음을 내 마음에 굳게 붙들어 맬 것이다.

'나의 복음'이라는 표현은 또한 사랑의 목소리가 아닐까? 바울은 이 표현으로 복음에 영혼의 사랑을 모두 쏟아 부었다는 것을 말하지 않았을까? 그는 복음을 위해 "모든 것을 잃어버리고 배설물로 여겼으며"(빌 3:8) 기꺼이 네로 앞에 섰고, 가이사의 궁정에서조차 하늘에서 온 메시지를 전했다. 그는 복음을 전할 때마다 목숨을 잃게 되더라도 복음의 거룩한 대의를 위해서라면 일천 번이라도 고쳐 죽고자 했을 것이 분명하다.

바울은 기쁨이 가득 넘치는 어조로 '나의 복음'이라고 말했다. 그는 거룩한 진리를 마음속에 소중히 간직했다. 그는 또 '나의 복음'이라는 표현으로 자신의 용기를 드러내지 않았을까? 그는 "내가 복음을 부끄러워하지 아니하노니 이 복음은 모든 믿는 자에게 구원을 주시는 하나님의 능력이 됨이라"(롬 1:16)라고 말했다. 그는 군인이 '나의 깃발'이나 '나의 왕'이라고 말하는 것처럼 복음을 '나의 복음'으로 일컬었다. 그는 승리할 때까지 그 깃발을 굳게 붙잡고, 죽을 때까지 왕의 진리를 전하려고 결심했다.

아울러 '나의 복음'이라는 표현에는 다른 것과 차별을 두려는 의도가 담겨 있다. 바울은 다른 복음들이 있다는 것을 알았고, 그것들을 단호히 배격했다. 그는 "그러나 우리나 혹은 하늘로부터 온 천사라도 우리가 너희에게 전한 복음 외에 다른 복음을 전하면 저주를 받을지어다"(갈 1:8)라고 말했다. 바울 사도는 심령이 온유했다. 그는 자기를 박해하는 유대인들을 위해 진정으로 기도했고, 자기를 그릇 대하는 이방인들의 회심을 위해 목숨을 걸었다. 그러나 그는 거짓 복음을 전하는 자들은 결단코 용납하지 않았다. 그의 마음은 무척이나 너그러웠다. 그는 영혼들을 구원하기 위해서라면 모든 사람에게 모든 모양이 되려고 했다. 그러나 그리스도의 복음을 변경시키거나 혼잡하게 만드는 것에 대해서는 조금도 주저하지 않고, 우레와 벼락을 치듯 사납게 반응했다. 그는 철학자들이나 유대주의자들 가운데서 의의 태양이신 영광스런 주님의 빛을 가리는 것이 움트려고 할 때는 말을 삼가려고 하지 않았다. 그는 그런 유해한 영향을 미치는 사람들에 대해 "저주를 받을지어다…저주를 받을지어다"(갈 1:8, 9)라고 일갈했다.

사람들이 축복받는 모습을 보고 싶어 하는 사람들은 사도의 저주 선언에 조용히 '아멘'으로 화답할 것이다. 예수 그리스도의 복음을 모호하게 만드는 것보다 인류에게 더 큰 해악을 끼치는 저주는 없다. 바울은 자기 자신과 참된 신자들을 염두에 두고 "우리는 수많은 사람들처럼 하나님의 말씀을 혼잡하게 하지 아니하고"(고후 2:17)라고 말했다. 그러나 그는 참된 복음에서 멀어진 사람들에 대해서는 "어리석도다 갈라디아 사람들아…누가 너희를 꾀더냐"(갈 3:1)라고 말했다. 그는 모든 새로운 교리를 '다른 복음'으로 일컬으며, "다른 복음은 없나니 다만 어떤 사람들이 너희를 교란하여 그리스도의 복음을 변하게 하려 함이라"라고 말했다(갈 1:6, 7).

바울은 디모데전서 1장 15절에서 복음의 좋은 소식을 공식적으로 확증했다. 그는 "미쁘다 모든 사람이 받을 만한 이 말이여 그리스도 예수께서 죄인을 구원하시려고 세상에 임하셨다 하였도다 죄인 중에 내가 괴수니라"라는 말로 복음의 메시지가 자기에게 그토록 소중한 이유를 분명하게 설명했다.

교만한 설교자는 이 본문을 선택할 생각이 없을 것이 틀림없다. 이 본문을 가지고 스스로를 자랑하기는 불가능하다. 이 본문의 의미는 참으로 간단명료하다. 인간의 본성은 '나는 이 본문을 가지고 설교할 수 없어. 이 본문은 너무 평이해. 신비로운 것이 아무것도 없어. 내 학식을 자랑할 수가 없어. 너무 단순하고, 상식적인 말이야. 이 본문을 선택하고 싶지 않아. 이 본문은 주님은 높일지 몰라도 인간은 너무 낮아지게 만들어.'라고 생각하는 경향이 있다.

따라서 내게서는 오직 본문과 그에 대한 가장 단순한 설명 이상의 것을 기대하지 말기 바란다.

구원자

바울의 복음을 설명하려면 그리스도에게서부터 시작해야 한다. 구원자이신 주님의 인격이 소망의 근간이다. 복음의 유용성은 그분의 인격에 의존한다. 만일 누군가가 나서서 단지 인간일 뿐인 구원자를 전한다면 그런 구원자는 소망의 근간이 될 가치가 없고, 전파된 구원도 우리의 필요를 충족하기에 부적절하다. 또 어떤 사람이 천사가 전한 구원을 전한다면, 우리의 죄는 너무 무겁기 때문에 천사의 속죄로는 감당하기가 어렵다. 따라서 그의 복음도 기우뚱거리다가 무너져 내릴 수밖에 없다.

거듭 강조하건대 구원은 전적으로 구원자이신 주님의 인격에 의존한다. 만일 그분이 능력이 없으시거나 구원 사역을 이룰 임무를 부여받지 않으셨다면 구원 사역 자체가 무가치해지고, 그 목적을 이루기에 부적절해질 수밖에 없다. 그러나 우리는 복음을 전할 때 주저하거나 말을 더듬을 필요가 없다. 우리는 천지 가운데 그 무엇도 그분과 필적할 것이 없는, 온전하신 구원자를 세상에 선포한다. 주님은 사랑이 풍성하시고, 위대하시고, 강력하시고, 우리의 모든 필요를 온전히 채워주실 수 있다. 그분은 우리의 가장 깊은 소원을 채워주기 위해 영원 전에 모든 준비를 갖추셨다.

우리는 죄인들을 구원하기 위해 세상에 오신 예수 그리스도께서 하나님이시라는 사실을 잘 알고 있다. 그분은 이 낮은 세상에 내려오시기 오래 전에 천사들로부터 지극히 높으신 하나님의 아들로서 칭송을 받으셨다. 우리가 전하는 구원자는 우리처럼 뼈와 살을 지닌 사람의 아들이자 또한 영원하신 하나님의 아들이시다. 그분은 완전한 신성에 속한 속성을 모두 갖추고 계신다. 구원자가 하나님이시라면 더 이상 바랄 것이 무엇인가? 하늘을 창조하신 분이 영혼을 정화하지 못하시겠는가? 하나님이 옛적에 하늘의 휘장을 펼치고, 땅을 창조해 인간을 그 위에 살게 하셨다면, 죄인을 장차 다가올 멸망으로부터 넉넉히 구원하실 수 있지 않겠는가?

구원자가 하나님이시라고 전파하는 것은 곧 그분의 전능하심과 무한하심을 선포하는 것과 같다. 이 두 가지 속성을 한데 합치면 무엇이 불가능할 수 있겠는가? 하나님이 사역을 행하시면 실패는 있을 수 없다. 하나님이 어떤 일을 시작하시면 그 일은 반드시 성취된다. 인간이신 예수 그리스도께서는 또한 하나님이신 예수 그리스도이시기 때문에 우리는 모든 사람에게 그분은 기꺼이 받아들여 믿을 만한 가치가 있으신 분이라고 자신 있게 말할 수 있다.

그리스도께 주어진 이름은 그분의 인격에 관한 진리를 드러낸다. 본문은 그분을 '그리스도 예수'로 일컫는다. 이 두 단어는 '기름 부음받으신 구원자'라는 뜻이다. 주님은 '죄인들을 구원하려고 세상에 오기 위해' 기름 부음을 받으셨다.

여기에서 잠시 멈추어 '주님은 기름 부음받으신 구원자이시다.'라는 말을 다시 생각해 보자. 성부 하나님은 창세 전에 그리스도께 기름을 부어 죄인들의 구원자라는 직임을 맡기셨다. 따라서 구원자가 사람들을 죄에서 구원하기 위해 하늘로부터 오셨다는 것은 그분이 보내심을 받았고, 임무를 부여받으셨다는 것을 의미한다. 성부 하나님의 권위가 그분의 사역을 뒷받침한다.

여기에서 우리의 영혼이 안심하고 의지할 수 있는 확고부동한 진리가 두 가지 발견된다. 하나는 그리스도의 인격이다. 그분은 하나님이시다. 또 하나는 그분은 높은 곳으로부터 기름 부음을 받으셨다. 그분은 성부이신 여호와 하나님으로부터 임무를 부여받으셨다.

죄인들이여, 하나님이 기름을 부으신 주님보다 더 위대한 구원자가 어디에 있을 수 있겠는가? 하나님의 영원하신 아들이 우리의 대속물이 되시고, 성부의 기름 부음이 그 사역을 공식적으로 인정했는데 더 이상 무엇을 요구할 수 있겠는가?

구원자의 인격을 온전히 이해하려면 그분의 인성을 아울러 고려해야 한다. 그분은 세상에 오셨다. 그분이 세상에 오셨다는 것은 늘 하던 대로 세상을 방문하셨다는 의미와는 거리가 멀다. 주님은 그 전에도 종종 세상을 방문하셨다. 하나님은 소돔과 고모라에 대해 "내가 이제 내려가서 그 모든 행한 것이 과연 내게 들린 부르짖음과 같은지 그렇지 않은지 내가 보고 알려 하노라"(창 18:21)라고 말씀하셨다.

사실, 주님은 항상 세상에 계셨다. 하나님이 오고가시는 모습이 성소에서 나타났고, 섭리와 자연을 통해 생생하게 드러났다. 하나님은 세상을 방문하실 때 "구름으로 자기 수레를 삼으시고 바람 날개로 다니셨다"(시 104:3).

그러나 이번의 방문은 그런 방문들과는 달랐다. 그리스도께서는 가장 온전하고 완전한 형태로 인성을 취하시고 세상에 나타나셨다. 하나님이신 구원자를 전하면 죄인들은 하나님이라는 이름이 너무나도 두려운 나머지 그 구원자가 자기들과 똑같은 모습을 지녔으리라고 생각하기 어려워할는지도 모른다.

그러나 옛적부터 전해오는 이야기를 다시 들어보라. 그리스도께서는 하나님의 아들이시지만 그분은 영광 중에 있는 지극히 높은 보좌를 버리고, 낮고 낮은 구유에 내려오셨다. 몇 십 센티미터도 안 되는 갓난아이의 모습으로 세상에 오셨다. 그분은 어린아이에서 성인으로 성장하셨고, 그 후에 세상에 나가 복음을 전하고, 고난을 당하셨다. 그분은 압제의 멍에 아래 신음하셨고, 조롱과 멸시를 받으셨다. "그의 모양이 타인보다 상하였고 그의 모습이 사람들보다 상하였으므로"(사 52:14). 또한 그분은 동산에서 핏방울 같은 땀을 흘리셨고, 빌라도의 관정에서는 채찍질을 당하셨다. 그분의 어깨는 온통 피범벅이가 되었다. 그분은 핏물로 벌겋게 된 나무 위에 매달려 글로 묘사하기는커녕 상상조차 할 수 없이 심한 고통을 느끼며 죽어 가셨고, 적막한 무덤에 장사되셨다. 그러나 그분은 마침내 죽음의 결박을 깨뜨리셨고, 사흘 째 되는 날에 부활하셨으며, 그 후에 사로잡힌 자들을 사로잡아 높은 곳으로 올라가셨다.

　죄인들이여, 우리에게 구원자가 온전한 모습으로 나타나셨다. 나사렛 예수라고 불리시는 그분은 십자가에서 죽으셨다. 십자가의 명패에는 "나사렛 예수 유대인의 왕"이라고 기록되었다(요 19:19). 그분은 하나님의 아들이시고, 성부의 영광의 광채이시며, 성부와 동일한 형상을 지니신다. 그분은 "창세 전에 성부에게서 나셨고…창조되지 않고 나셨으며, 성부와 본질이 동일하시다."[3] "그는 근본 하나님의 본체시나 하나님과 동등됨을 취할 것으로 여기지 아니하시고 오히려 자기를 비워 종의 형체를 가지사 사람들과 같이 되셨고 사람의 모양으로 나타나사 자기를 낮추시고 죽기까지 복종하셨으니 곧 십자가에 죽으심이라"(빌 2:6-8).

　만일 내가 이 앞에서 그분을 보여줄 수 있다면, 만일 내가 그분의 양손과 옆구리를 보여줄 수 있다면, 우리가 도마처럼 손으로 그분의 못 자국을 만져보고 손가락을 그 옆구리에 넣을 수 있다면 모두가 더 이상 의심하지 않고, 믿음을 갖게 될 것이 틀림없다. 이것이 내가 알고 있는 것이다. 성령의 사역으로 사람들을 믿게 만들 수 있는 것은 오로지 그리스도의 인격을 옳게 묘사한 진리뿐이다. 보는 것이 곧 믿는 것이다. 그리스도를 옳게 알고, 그분을 옳게 바라보면 영혼 안에 믿음이 잉태될 수밖에 없다.

　분명히 확신하건대, 의심하고 두려워 떠는 사람들이 그리스도를 알 수만 있다면 "나는 그분을 믿을 수 있어. 그분의 인격은 신성해. 그러나 그분은 또한 인성을 지니고 계셔. 하나님이 그분에게 기름을 부어 세우셨어.

---

3) 이것은 381년 콘스탄티노플에서 있었던 첫 번째 공의회에서 공식적으로 채택된 니케아 신조에서 인용한 것이다. 스펄전은 『성공회 공동 기도서』에 사용된 신조의 문구를 인용했다. 다른 경우들은 '창세 전에 나셨고' 대신에 '영원히 나셨고'라는 표현을 사용하지만 의미는 동일하다. 스펄전은 신조를 인용하면서 '하나님에서 나신 하나님, 빛에서 나신 빛, 참 하나님에게서 나신 참 하나님'이라는 문구를 생략했다. 니케아 신조는 이 표현을 사용해 성부와 성자의 본질이 하나라는 점을 강조했다. 스펄전은 이 문맥에서 성자의 영원한 발생에 초점을 맞추었을 뿐, 달리 특별한 의도가 있어서 이 문구를 생략한 것은 아니다.

따라서 그분은 내가 믿을 만한 가치를 지니고 계신 것이 분명해."라고 말할 것이 틀림없다. 나는 주님을 믿을 수 있다. 아니 그 이상이다. 만일 나의 영혼이 백 개라면 그 모두를 다해 그분을 신뢰할 것이다. 설혹 내가 인류가 저지른 죄를 모두 책임져야 할 만큼 세상의 온갖 악이 집약되어 있는 시궁창과 같더라도 나는 그분을 기꺼이 신뢰할 수 있다. 왜냐하면 구원자이신 주님은 "자기를 힘입어 하나님께 나아가는 자들을 온전히 구원하실 수 있으시기" 때문이다(히 7:25).

죄인

많은 청중이 모인 자리에서 이 본문이나 이와 비슷한 내용의 본문을 들어본 적이 없다면, 아마도 누군가가 처음으로 "미쁘다 모든 사람이 받을 만한 이 말이여 그리스도 예수께서 죄인을 구원하시려고 세상에 임하셨다"라고 읽어주는 순간, 숨이 멎을 듯한 정적이 흐를 것이 분명하다. 사람들이 이 진리를 이해할 수만 있다면 유심히 귀를 기울일 것이 틀림없다. 아마도 그들은 귀로만이 아니라 눈으로 듣는 것처럼 양손으로 귀를 깔때기처럼 감싸고, 구원자께서 누구를 위해 죽으셨는지를 알고 싶어 할 것이다.

듣는 사람은 모두 속으로 "그분이 누구를 구원하기 위해 오셨다고?"라고 물을 것이다. 만일 우리가 이 메시지를 전에 한 번도 듣지 못했다면 우리 자신이 그 '죄인'의 범주에 속하기를 바라면서 초조함으로 가슴을 졸일 것이 틀림없다.

구원하려고 오신 그리스도의 인격을 묘사하는 한마디의 말은 또다시 들어보아도 너무나 즐겁기만 하다. 그분은 "죄인을 구원하시려고 세상에 임하셨다."

군주라고 해서 특별한 대우를 받는 것도 아니고, 귀족이라고 해서 그분의 각별한 사랑을 받는 것도 아니다. 걸인들과 가난한 자들도 그분의 은혜를 맛볼 수 있다. 이스라엘의 선생들과 학자들아, 그리스도께서는 특별히 그대들만을 구원하려고 오지 않으셨다. 학식도 없고, 글도 읽을 줄 모르는 촌부도 차별 없이 그분의 은혜를 받을 수 있다. 명예로운 혈통을 지닌 유대인이라고 해서 믿는 이방인보다 더 의롭게 여기심을 받는 것은 아니다. 진보된 문명과 시민의 자유를 향유하는 현대의 양식 있는 사람들이여, 예수님은 그대들을 구원하기 위해 왔다고 말씀하지 않는다. 그대들은 그분의 각별한 사랑을 받는 특권층으로 분류되지 않았다. 종교나 박애나 다른 선한 일에 헌신하는 사람들이나 스스로를 성인으로 여기는 사람들도 주님이 특별히 호명하지 않으셨다.

모든 인류를 일컫는 '죄인'이라는 한마디가 언급되었을 뿐이다. "그리스도 예수께서 죄인을 구원하시려고 세상에 임하셨다." 우리는 이 말씀을 읽을 때 그것을 일반적인 의미로 이해해야 한다. 다시 말해 그리스도께서 구원하러 오신 사람들은 모두 죄인들이다. 그러나 누군가가 "그런 사실로 미루어 볼 때 내가 구원받았다고 믿어도 되는가?"라고 묻는다면 한 가지 문제를 더 생각해야 할 필요가 있다.

그리스도께서 구원하러 오신 사람들은 본질상 죄인들이다. 그들은 그 이상도, 그 이하도 아닌 죄인일 뿐이다. 나는 그리스도께서 '깨어난' 죄인들을 구원하기 위해 세상에 오셨다고 종종 말하곤 한다. 이것은 사실이다. 주님은 그런 죄인들을 구원하신다. 지금 구원받은 사람들은 본래는 '깨어난' 죄인들이 아니었다. 그들은 주님이 그들을 살리시기 전까지는 "허물과 죄로 죽었던"(엡 2:1) 죄인들이었다.

우리는 그리스도께서 '깨어난' 죄인들, 곧 자신의 타락한 상태를 의식하고, 그로 인해 가책을 느끼는 죄인들을 구원하기 위해 죽으셨다고 전해야 한다. "건강한 자에게는 의사가 쓸 데 없고 병든 자에게라야 쓸 데 있나니"(눅 5:31)라는 말씀은 사실이다. 구원자의 필요성을 의식하지 못하는 사람은 누구도 구원받을 수 없다.

그러나 우리 가운데 그리스도께서 죄인들을 구원하기 위해 죽으셨을 당시에 스스로 죄를 깨달은 사람은 아무도 없었다. 우리 자신의 죄를 의식하는 것은 그분이 이룬 속죄의 죽음에서 비롯한 결과 가운데 하나다. "죄에 대하여, 의에 대하여, 심판에 대하여"(요 16:8) 우리를 책망하는 것은 성령께서 복음을 통해 이루시는 사역이다.

그리스도께서 구원하기 위해 죽으신 자들은 간단하게 '죄인'으로 묘사되었다. 거기에는 그 보편적 의미를 축소하는 어떤 수식어구도 붙어 있지 않다. 그들을 다른 사람들과 구별하기 위해 공로나 선행을 암시하는 표현이 전혀 사용되지 않았다. 그들은 간단히 '죄인'으로 일컬어졌다.

이 용어는 모든 종류의 죄인들을 포괄한다. 죄를 별로 짓지 않은 것처럼 보이는 사람들, 곧 도덕적인 교육과 경건한 훈련을 잘 받고 자란 사람들이 있다. 그들은 악덕의 바닷가를 따라 걷는 것으로 만족할 뿐, 그 깊은 곳으로 뛰어들지 않는다. 그리스도께서는 그런 사람들을 위해서 죽으셨다. 그들 가운데 그분을 알고 사랑하게 된 사람들이 많다. 다른 사람들보다 죄를 덜 지었다고 해서 구원받을 희망도 덜하다고 생각해서는 안 된다. 참으로 이상하게도 어떤 사람들은 종종 그런 생각을 한다.

어떤 사람은 "만일 내가 신성모독을 일삼거나 누구를 해쳤다면 구원받을 희망이 더 클 텐데. 내가 볼 때는 내 자신이 큰 죄를 지었다고 생각하지만 세상의 판단에 따르면 잘못을 저지른 것이 너무 적어 나는 포함될 수 없을 것 같아."라고 말한다.

그러나 그렇게 말하지 말라. 성경은 단순히 '죄인'이라고 말했다. 죄를 지은 것이 많든 적든, 스스로를 죄인의 범주에 포함시키는 것이 온당하다. 예수님이 구원하기 위해 오신 자들은 모두 죄인일 뿐이라는 진리는 누구에게나 유효하다. 스스로를 죄인으로 여긴다면 구원에서 배제될 것이라고 생각할 이유가 조금도 없다.

그리스도께서는 큰 죄인과 작은 죄인 모두를 구원하기 위해 죽으셨다. 내가 알고 있는 사람들 가운데는 이전의 사람됨이 입에 올릴 수조차 없을 정도로 추악했지만 구원을 받은 이들이 적지 않다. 그들이 은밀히 행한 일들은 말하기조차 부끄러울 정도다. 그들은 심지어 마귀조차 몰랐던 악덕을 스스로 생각해 낸 사람들이었다. 그들은 차라리 개들이 그들보다 더 명예로운 피조물이라고 말할 수 있을 만큼 짐승 같은 사람들이었다. 나는 그들이 저지른 범죄가 마귀가 저지른 일보다 더 악의적이고 더 혐오스러웠다는 말을 들었다.

그러나 본문은 그런 사람들을 배제하지 않는다.

불경스럽게 신성 모독을 일삼는 사람들, 곧 말을 할 때마다 하나님의 이름을 망령되이 일컫는 표현을 입에 달고 사는 사람들을 만나본 적이 있는가? 그들은 처음에는 신성 모독을 두렵게 생각했을 테지만 이제는 습관처럼 몸에 배여 기도하기 직전에도 저주의 말을 쏟아내고, 찬양을 부를 때도 스스럼없이 욕설을 쏟아내기에 이르렀다. 망령된 욕설이 그들의 음식이요 음료가 되었다. 그들에게는 그것이 너무 자연스러워 조금도 죄라고 생각하지 않기 때문에 전혀 놀라지 않고 오히려 계속 반복한다. 그들이 하나님의 율법을 아는 것을 기뻐하는 이유는 오직 그것을 어기기 위해서다. 그들은 아첨꾼들이 끊임없이 새로운 죄를 생각해내 자기를 즐겁게 해주기를 원했던 로마 황제와도 같다. 그들은 흉악한 죄가 가득한 깜깜한 구렁 속으로 깊이 빠져든다. 그들은 그런 진흙탕을 걸어가면서 발을 더럽히는 것만으로는 만족할 수 없다는 듯이 우리가 부패한 것을 막아 놓은 뚜껑을 들어 올리고는 거침없이 그 안으로 뛰어든다. 그들은 인간의 불법이라는 더러운 오물을 뒤집어 쓴 채 흥청거린다.

그러나 본문은 심지어 그런 사람들도 배제하지 않는다. 그들 가운데 많은 사람이 구원자의 피로 깨끗이 씻고, 그분의 사랑에 참여하게 될 것이다.

또한 본문은 죄인들의 나이에 차별을 두지 않는다. 나이든 사람들 가운데는 머리털의 색깔과는 다르게 본성이 어둡기 그지없는 사람들이 있다. 그들은 살아오는 동안 죄를 겹겹이 쌓아왔다. 그들의 세월과 관련된 일들을 깊이 파헤쳐 들어가면 돌처럼 차가운 마음의 깊은 곳에 숨겨져 있는 젊은 시절의 죄가 단단하게 굳어져 있는 것을 발견하게 될 것이다. 전에 부드러웠던 것이 이제는 모두 말라서 딱딱해졌다. 많은 사람이 일생동안 하나님을 거역하는 죄에 깊이 빠져들어 왔다. 그런 그들이 지금 회개한다면, 그것은 진정 은혜의 기적이 아니고 무엇이겠는가? 그것은 이루 말할 수 없이 단단한 늙은 상수리나무가 휘어지는 것과 같다.

위대한 농부이신 주님은 그것을 길들일 수 있으실까? 그분은 그토록 오래되고, 그토록 단단한 줄기에 하늘의 열매를 맺을 수 있는 가지를 접붙일 수 있으실까? 물론이다. 그분은 능히 그렇게 하실 수 있다. 본문은 나이를 언급하지 않는다. 옛 사람들 가운데는 인생 말년에 예수님의 위대한 사랑을 입증해 보인 사람들이 많다.

혹시 "그러나 내 죄는 특별히 심각합니다. 나는 빛과 진리를 거슬러 죄를 지었어요. 나는 어머니의 기도를 짓밟았고, 아버지의 눈물을 멸시했어요. 나는 내게 주어진 경고의 말들을 모두 무시했습니다. 임종이 임박할 즈음에 하나님이 친히 나를 꾸짖으셨어요. 자주 결심을 다졌지만 자주 잊고 말았지요. 내 죄는 보통의 기준으로는 측량할 수조차 없습니다. 내가 지은 작은 죄가 다른 사람들의 가장 큰 죄보다 더 큽니다. 나는 빛을 거역했고, 양심의 가책을 묵살했으며, 나를 좀 더 낫게 이끄는 모든 것을 거부한 채 죄를 지었습니다."라고 말할 사람이 있을지도 모른다.

나의 친구여, 그런 사람도 본문은 배제하지 않는다. 본문은 아무런 차별을 두지 않고, 단지 '죄인'이라고만 말할 뿐이다. 본문은 그 무엇에도 제한을 두지 않는다. 우리는 본문을 액면 그대로 받아들여야 한다. 본문은 "그리스도 예수께서 죄인을 구원하시려고 세상에 임하셨다"라고 말씀한다. 그대와 같은 사람들 중에 구원받은 사람들이 많다. 그대가 구원받지 못할 것이라고 어떻게 단정할 수 있겠는가? 가장 거친 깡패, 가장 사악한 도둑, 가장 음탕한 창녀도 구원받았다. 그러니 그대가 구원받지 못할 이유가 없지 않겠는가?

100살 된 죄인들도 구원받았다. 그런 경우들이 기록에서 발견된다. 따라서 본인이 제외될 이유가 있겠는가? 하나님이 허락하신 사례들 중에 한 가지만으로도 얼마든지 일반적인 결론을 도출할 수 있는데다 더욱이 이것은 하나님의 말씀 자체가 보증하는 사실이다. 그런데 스스로를 배제한 채 긍휼의 문을 닫고 돌아서야 할 만큼 심히 악하고, 교만한 사람이 어디에 있을 수 있겠는가?

그런 사람은 어디에도 없다. 본문은 '죄인'이라고만 말씀한다. 그러니 우리 모두를 그 범주에 포함시켜야 마땅하지 않겠는가? "그리스도 예수께서 죄인을 구원하시려고 세상에 임하셨다."

물론 이것은 그리스도께서 모든 죄인을 구원하신다는 의미는 아니다. 죄인들 가운데 일부는 그리스도를 거부한 탓에 영원히 구원을 받지 못할 것이다. 그들은 그분을 멸시하고, 죄를 회개하지 않는다. 그들은 자기 자신의 의를 선택하고, 그리스도께로 돌이키지 않는다. 그들은 그분의 길을 따르지 않고, 그분의 사랑을 받지 않는다. 그런 죄인들에게는 긍휼의 약속이 적용되지 않는다. 왜냐하면 구원을 받을 수 있는 다른 방도가 없기 때문이다. 그리스도를 멸시하는 것은 스스로에게 주어질 긍휼을 멸시하는 것이다. 그리스도께 등을 돌리면 그분의 보혈이 아무런 효력을 발휘하지 않는다. 그리스도를 멸시하고, 그분의 손에 영혼을 의탁하지 않고 죽는다면, 그리스도의 피가 지닌 능력은 막강한데 그것이 자신에게는 적용되지 않았다는 사실, 곧 그것이 자신의 마음에 뿌려져 죄를 없애주지 않았다는 두려운 사실을 스스로 입증하는 결과를 낳게 될 것이다.

따라서 본문을 근거로 그리스도께서 반드시 '나'를 구원하려고 오셨다고 단정할 수는 없다. 이 본문을 스스로에게 적용하기에 앞서 '내가 죄인이라는 것을 기꺼이 인정하는가?'라는 질문에 대답해야 한다. 이것은 단지 말로만 대답할 문제가 아니다. '스스로의 죄책이 지닌 중압감을 절실히 느끼는가? 영혼 깊숙한 곳에서 이것이 대문자로 크게 적힌 진리가 되어 불꽃처럼 활활 타오르고 있는가? 나는 죄인인가?'를 생각해야 한다.

만일 그렇다면 죄를 버리고, 구원을 받기 위해 그리스도께 나와라. 자신이 죄인이라는 것을 알고 겸손히 인정한다면, 이 간단한 진리를 굳게 붙잡고 그것을 믿고 의지한다면, 그리고 어려울 때마다 그리스도께서 나를 위해 죽으셨다는 것을 영혼의 닻으로 삼는다면 그분의 특별한 목적에 자신이 포함되었다고 생각해도 무방하다. 그런 경우라면, 영원 전에 만들어진 선택의 등록 명부에 은혜의 언약을 통해 그 이름이 기록되었을 것이 분명하다. 거기에 이름이 기록되었다면 확실히 구원을 받게 될 것이다.

아직 그리스도를 의지할 준비가 되지 않았는가? 간절히 권하건대, 모든 사람이 받을 만한 이 위대한 진리를 믿어라. 그리스도 예수께서 구원을 베풀기 위해 세상에 임하셨다. 나는 모두의 의심과 두려움을 잘 알고 있다. 왜냐하면 내 자신이 경험한 일이기 때문이다.

내가 희망을 잃지 않을 수 있는 길은 오직 날마다 십자가 앞에 나가는 것뿐이다. 내가 죽는 날까지 나의 희망은 오직 하나, '빈 손 들고 앞에 가 십자가를 붙드는 것'뿐이다.

내가 예수 그리스도를 나의 구원자라고 믿는 이유는 내가 죄인이라는 것을 알기 때문이다. 나는 그것을 느끼고, 그것 때문에 애통해 한다. 사탄이 내가 주님의 소유가 될 수 없다고 속삭이면 마음이 몹시 고통스럽지만, 그래도 나는 그 사실에서 오히려 위로를 발견한다. 왜냐하면 만일 주님이 나를 구원하실 의도가 조금도 없다면 내가 구원받지 못한 죄인이라는 사실을 의식하게 만들지 않으셨을 것이라고 추론할 수 있기 때문이다.

주님이 내가 구원을 필요로 하는 죄인들의 범주에 속한다는 사실을 의식하게 만드셨다면, 나는 그분이 나를 구원하실 것이라고 확신할 수 있다. 다른 사람들은 물론이고 심지어는 죄에 짓눌려 슬픔과 절망이 가득한 영혼의 소유자들, 곧 세상에 더 이상 의지할 것이 없는 지친 영혼의 소유자들조차도 나처럼 될 수 있다.

세상의 온갖 쾌락에 지치고, 죄의 속박 아래 신음하며, 그것에서 벗어나기를 갈망한다면, 이 광적인 세상이 줄 수 있는 것보다 더 나은 것을 찾기를 원한다면 여기 바울이 '나의 복음'으로 일컬은 복된 소식이 있다. 동정녀에게서 나신 하나님의 아들 예수 그리스도께서 죄인들을 구원하기 위해 본디오 빌라도에게 고난을 받고, 십자가에 못 박혀 죽으시고, 장사되었다가 사흘 만에 다시 살아나셨다. 이것이 그분이 세상에 오신 이유다.

구원

죄인을 '구원한다.'는 것은 무슨 의미일까? "그리스도 예수께서 죄인을 구원하시려고 세상에 임하셨다." 만일 구원받는 것이 무엇을 의미하는지를 알고 싶으면 지금부터 내가 하는 말에 귀를 기울여라. 오랜 세월 동안 중대한 죄를 지으며 살아온 비참한 사람이 하나 있었다. 그가 올바로 사는 법을 배우는 것보다는 구스 인이 피부색을 바꾸는 것이 더 빠를 정도로 그는 죄에 익숙해진 상태였다. 그는 술 취함과 어리석음과 온갖 악덕에 단단히 얽매여 살았다. 그는 역겹고 가증스런 사람으로 변했지만 그런 상태에서 빠져나올 수가 없었다.

그를 상상할 수 있겠는가? 그는 비틀거리며 파멸을 향해 나아가고 있었다. 어린아이 때부터 성인이 될 때까지 그는 오로지 죄만 짓고 살다가 이제 인생 말년에 이르렀다. 그의 앞길에는 지옥의 구덩이가 무시무시한 화염을 내뿜고 있었다. 그러나 그는 그것을 보지 못했다. 그는 여전히 사악한 일을 행했고, 하나님을 멸시하고, 구원을 거부했다.

그로부터 몇 년이 지났다. 그런데 전혀 다른 소문이 들려온다. 저기, 하나님을 아름답게 찬양하는 사람들 틈에서 그의 모습이 보인다. 그는 순결을 상징하는 흰 옷을 입고 있다. 그는 예수님의 발 앞에 면류관을 던지며 그분을 만유의 주님으로 고백하고 있다. 들어 보라. 그가 천국을 매료시킨 가장 아름다운 노래를 부르고 있는 소리가 들리지 않는가? 그 노랫말은 들어보니 이렇다.

나는 죄인들의 괴수라네.
그러나 예수님이 나를 위해 죽으셨네.

"우리를 사랑하사 그의 피로 우리 죄에서 우리를 해방하시고 그의 아버지 하나님을 위하여 우리를 나라와 제사장으로 삼으신 그에게 영광과 능력이 세세토록 있기를 원하노라 아멘"(계 1:5, 6).

스랍들의 노래에 필적할 만한 노래를 부르는 사람이 누구인가? 그것은 조금 전에 말했던 사람, 곧 심히 부패한 죄인이었던 바로 그 사람이다. 그는 이제 깨끗하게 씻음을 받았고, 거룩하게 되었으며, 의롭다 하심을 받았다.

구원이 의미하는 것이 무엇이냐고 묻는다면, 비참하게 타락한 인간이 저 위로 높이 올라가서 하나님을 찬양하는 것이라고 대답할 수 있다. 이것이 구원의 의미다.

구원은 옛 생각이 새롭게 바뀌고, 옛 습관이 깨어져 새로운 습관이 형성되고, 옛 죄는 용서받고 의가 전가되고, 양심의 평화를 얻고, 하나님과 사람들과 화목하게 되고, 전가된 의라는 흠 없는 옷을 몸에 두르고, 치유와 깨끗함을 받는 것을 의미한다.

구원받는다는 것은 멸망의 구렁에서 건짐을 받아 하늘의 보좌가 있는 곳으로 올라가는 것, 다가올 진노와 분노하신 하나님의 심판으로부터 구원받는 것, 죄의 저주로부터 해방되어 우리의 아버지요 친구이신 하나님의 사랑과 인정과 칭찬을 받는 것을 의미한다.

그리스도께서는 죄인들에게 이 모든 것을 허락하신다. 하지만 이 단순한 복음은 스스로를 죄인으로 고백하기를 거부하는 사람들과는 아무런 상관이 없다.

바울의 복음은 죄인들, 오직 죄인들만을 위한 메시지다. 말할 수 없이 귀하고, 영원히 안전하고, 지극히 관대하고, 참으로 놀라운 이 구원이 쓰레기처럼 버림받은 사람들, 곧 죄인들에게 제시되었다.

미쁜 말

바울은 목회 서신에서 "미쁘다…이 말"이라는 표현을 다섯 차례나 사용했다(딤전 1:15, 3:1, 4:9; 딤후 2:11; 딛 3:8). 이 말은 초대 교회 신자들 사이에서 실천적인 금언이나 격려의 말을 건네면서 흔히 사용하던 표현으로 보인다. "그리스도 예수께서 죄인을 구원하시려고 세상에 임하셨다"는 말씀은 그리스도께서 직접 하신 몇 가지 말씀을 생각나게 한다. "인자는 잃어버린 것을 구원하려고 왔느니라"(마 18:11, 『킹제임스 성경』 참조/역자주). "인자는 사람들의 생명을 멸하기 위해서가 아니라 구원하기 위해 왔느니라"(눅 9:56, 『킹제임스 성경』과 『영어 표준역 성경』 등을 참조하라/역자주). "하나님이 그 아들을 세상에 보내신 것은 세상을 심판하려 하심이 아니요 그로 말미암아 세상이 구원을 받게 하려 하심이라"(요 3:17). 바울도 "그리스도 예수께서 죄인을 구원하시려고 세상에 임하셨다"라는 말씀을 강조하기 위해 몇 마디 말을 덧붙였다.

먼저 그는 "미쁘다…이 말이여"라고 말했다. 이것은 의심하는 자들에게 확신을 심어주기 위한 말이다. 마귀는 누가 하나님의 말씀을 듣는 것 같으면 즉시 몰래 다가와서 "그 말을 믿지 말라."라거나 "그 말을 비웃어라."라거나 "그 말을 무시하라."고 마음속에 속삭인다. 그는 복음의 메시지가 목표로 하는 사람, 곧 스스로를 죄인으로 느끼는 사람을 찾아 그것을 믿지 못하게 만들려고 무진 애를 쓴다. 그는 "그 말을 믿지 말라. 그 말은 사실이기에는 너무 좋다."라고 말한다.

그럴 때는 "미쁘다…이 말이여"라는 하나님의 말씀으로 마귀에게 대답하라. 그것은 좋다. 그것은 좋은 만큼, 또한 사실이다. 만일 하나님이 말씀하지 않으셨다면 너무 좋아 사실로 믿기 어려울 것이다. 그러나 하나님이 말씀하셨기 때문에 아무리 좋아도 여전히 사실이다. 그것이 너무 좋아 사실로 믿기 어렵다고 생각하는 이유는 인간의 잣대로 하나님을 평가하려고 하기 때문이다. 하나님은 "이는 내 생각이 너희의 생각과 다르며 내 길은 너희의 길과 다름이니라…이는 하늘이 땅보다 높음같이 내 길은 너희의 길보다 높으며 내 생각은 너희의 생각보다 높음이니라"(사 55:8, 9)라고 말씀하신다. 만일 누군가가 우리가 하나님께 죄를 지은 것처럼 우리에게 잘못을 저지르면 그를 용서할 수 없을 것이다. 그러나 하나님은 사람이 아니시다. 그분은 우리가 용서할 수 없는 것을 용서하신다. 우리는 형제의 목을 조르려고 하지만 하나님은 일흔 번씩 일곱 번이라도 용서를 베푸신다. 예수님을 믿지 않는 이유는 그분을 알지 못하기 때문이다.

우리는 우리의 죄를 크게 생각하는 것을 하나님을 존중하는 것으로 착각하는 경향이 있다. 물론 우리의 죄를 크게 생각해야 마땅하다. 그러나 우리의 죄가 그분의 은혜보다 더 크다고 생각한다면 그것은 하나님을 욕되게 하는 것이다. 하나님의 은혜는 우리가 저지른 가장 큰 죄보다 무한히 더 크다. 단, 하나님이 예외를 두시는 경우가 있다. 물론 회개한 사람은 거기에 포함되지 않는다. 간절히 권하건대 하나님을 옳게 이해하라. 그분이 얼마나 선하신지, 또 얼마나 위대하신지를 생각하라. 이것이 참된 진리라는 것을 안다면 마귀의 속삭임을 물리치고, 더 이상 그것이 너무 좋아 사실일 리 없다고 생각하지 말라.

마귀는 또 이렇게 말할 수도 있다. "그것이 사실일 수는 있지만 네게는 해당이 안 돼. 그것은 네가 아닌 다른 사람들을 위한 것이야. 그리스도께서는 죄인들을 구원하기 위해 죽으셨어. 네가 죄인인 것은 사실이지만 너는 거기에 포함되지 않아."

마귀를 향해 "너는 거짓말쟁이야."라고 응수하라. 그에게는 솔직하고 담대하게 대답하는 것이 최선이다. 그리스도의 권위를 빌려 "너는 거짓말쟁이야."라고 외쳐라. 그리스도께서는 "나는 의인을 부르러 온 것이 아니요 죄인을 부르러 왔노라"(막 2:17)라고 말씀하셨다. 마귀가 "너는 자격이 없다."라고 말하면 "너는 거짓말쟁이니 가서 네 볼 일이나 봐라."라고 맞서라. 그의 말을 그리스도의 말씀과 비교하려고 생각하지 말라.

다시금 본문의 말씀에 의지해 확신을 촉구한다. "그리스도 예수께서 죄인을 구원하시려고 세상에 임하셨다." 이것은 참된 진리다. 이 진리를 거부하지 말라.

그래도 이 진리를 믿을 수 없다고 말하려는가?

그러면 한 번 물어보자. "성경을 믿지 않는가?"

만일 "아니오. 성경의 모든 말씀을 믿소."라고 대답한다면, 그 모든 말씀을 "그리스도 예수께서 죄인을 구원하시려고 세상에 임하셨다"는 한마디로 압축할 수 있다. 예수 그리스도를 믿는가? 대답해 보라. 그분이 거짓말을 한다고 생각하는가? 진리의 하나님이 거짓을 말씀하시겠는가?

"아니오. 하나님이 말씀하신 것은 무엇이든 다 믿소."라고 대답하겠는가?

그렇다면 바로 하나님이 "그리스도 예수께서 죄인을 구원하시려고 세상에 임하셨다"라고 말씀하셨다는 것을 잊지 말라. 이것은 그분의 말씀이다. 그리스도께서 죽은 자 가운데서 살아나지 않으셨는가? 그것이 복음이 참되다는 것을 입증하지 않는가? 하늘과 땅에 있는 모든 성도의 증언을 무시할 셈인가? 그들 중에 아무에게나 물어보라. 그러면 "그리스도 예수께서 죄인을 구원하시려고 세상에 임하셨다"는 대답을 듣게 될 것이다. 하나님의 백성이라면 누구나 그렇게 말할 것이다.

"나는 너무 큰 죄인입니다."라고 말할 것인가?

이미 천국에 있는 성도들 가운데는 더 큰 죄인이었던 사람들도 있다.

"나는 세상에서 가장 큰 죄인입니다."라고 말할 것인가?

그것은 틀린 말이다. 가장 큰 죄인은 이미 오래 전에 죽어 천국에 갔다.

본문은 "그리스도 예수께서 죄인을 구원하시려고 세상에 임하셨다…죄인 중에 내가 괴수니라"라고 말씀한다. 바울의 말은 조금도 과장이 아니다. 그는 자신을 가장 악한 죄인, 곧 가장 타락한 죄인보다 더 악한 죄인으로 간주했다. 그는 "내가 전에는 비방자요 박해자요 폭행자였으나"(딤전 1:13)라는 말로 그 이유를 밝혔다. 그는 이미 앞에서 상상할 수 있는 모든 악한 죄인들을 일일이 열거했다. "불법한 자와 복종하지 아니하는 자와 경건하지 아니한 자와 죄인과 거룩하지 아니한 자와 망령된 자와 아버지를 죽이는 자와 어머니를 죽이는 자와 살인하는 자며 음행하는 자와 남색하는 자와 인신매매를 하는 자와 거짓말하는 자와 거짓 맹세하는 자와 기타 바른 교훈을 거스르는 자"(9, 10절). 그러나 바울은 여전히 자신을 가장 악한 죄인으로 간주했다.

그가 복음을 '나의 복음'으로 일컬은 것은 조금도 놀랍지 않다. 죄인들이 열을 지어 서 있는 광경을 상상해 보라. 그 중에 한 사람이 나와 "저리 비키시오. 비켜 주시오. 내가 맨 앞에 서겠소. 나는 죄인들의 괴수요. 내가 가장 낮은 자리에 있어야 하오. 가장 낮은 방이 내 방이오."라고 말한다.

다른 사람이 소리친다. "아니오. 내가 당신보다 더 큰 죄인이오."

그 순간 바울 사도가 말한다. "당신들 모두 틀렸소. 므낫세와 막달라 마리아여, 가장 낮은 자리는 당신들이 아니라 나의 것이오. 나는 하나님을 거역한 무례한 사람이요 신성 모독자요 박해자였다오. 그런데 긍휼을 얻었소이다."

죄인들이여, 그리스도께서 가장 큰 죄인을 이미 구원하셨다. 자신이 아무리 큰 죄인이라고 해도 그 죄인보다 더 큰 죄인일 수는 없다. 주님은 어떤 죄인이든 능히 구원하실 수 있다. 보좌 주위에 있는 허다한 증인과 땅 위에 있는 수많은 증인과 하나님과 그분의 미쁘신 말씀과 지금 이 순간에도 피 뿌림으로 세상을 향해 증언하시는 예수 그리스도, 곧 갈보리의 증인이신 주님을 의지해 간절히 권하건대, "그리스도 예수께서 죄인을 구원하시려고 세상에 임하셨다"는 이 미쁘신 말씀을 믿어라.

마지막으로 경솔한 사람들에게 한마디 더 권고하고 싶다. 이것은 '모든 사람이 받을 만한' 말씀이다. 이 말씀을 멸시하거나 조롱하지 말라. 지금까지 복음을 잘못 전한 말을 들었기 때문에 이 말씀을 우습게 여겼을지도 모른다. 또는 마음속으로 '이것이 내게 무슨 필요가 있담? 이것이 복음이라면 정말 아무것도 아니로군. 나는 듣고 싶지 않아.'라고 생각할 수도 있다. 그러나 이것은 '받을 만한' 말씀이다. 복음이 아무리 잘못 전해졌다고 하더라도 이것보다 더 큰 주제는 없다. 데모스테네스나 키케로도 이보다 더 중요한 주제를 가르치지 못했다. 심지어 어린아이가 전하더라도 복음은 영원한 중요성을 지닌 주제다.

위험에 처한 것은 우리의 집도 아니고, 우리의 몸도 아니다. 이는 우리의 영혼의 운명이 걸린 문제다. "사람이 만일 온 천하를 얻고도 자기 목숨을 잃으면 무엇이 유익하리요"(막 8:36).

지혜로운 사람인가? 복음은 지혜보다 더 큰 가치가 있다. 부자인가? 복음은 모든 재물보다 더 큰 가치가 있다. 유명한가? 복음은 명예보다 더 큰 가치가 있다. 귀족인가? 복음은 조상의 혈통이나 훌륭한 유산보다 더 큰 가치가 있다. 복음은 세상에서 가장 큰 가치를 지닌다. 왜냐하면 다른 것들이 모두 사라질 때도 여전히 남아 있을 것이기 때문이다. 복음은 우리가 혼자 있을 때도 우리의 곁을 지켜주고, 하나님의 정의로운 심판대 앞에 나가야 할 임종의 순간에도 우리를 변호해 주며, 영원토록 우리의 위로가 되어줄 것이다. 복음은 '모든 사람이 받을 만한' 말씀이다.

하나님이 예수님을 위해 우리 모두를 축복하신다. 아멘.

용어 설명

이질적인 의: 죄인 자신의 의가 아닌 전가된 의. 법적으로 죄인의 것으로 간주되는 공로.

율법폐기론: 그리스도인들은 도덕법에 구속받지 않는다는 신념. 또는 신앙과 행위는 서로 별개라는 견해.

기독론: 그리스도의 인격과 사역에 관한 교리.

승리자 그리스도 속죄설: 그리스도의 죽음과 부활을 타락한 인류의 원수들(곧 죄와 사망과 마귀와 율법)에 대한 승리로 간주하는 속죄설. 이 이론의 핵심은 화목이 아닌 승리다. 형벌적 대리 속죄론의 대안으로 제시된다.

거래설: '만족설'을 참조하라.

율법의 행위: 구약의 613개 계명이 정한 의의 기준에 복종함으로써 하나님의 인정을 받는 것을 목표로 하는 생각이나 행동이나 태도.

종말론: 말세에 관한 교리.

복음적인: '복음에 속한.'

법정적: '법정에 속한, 사법적 체계의 적법성과 관계가 있는.'

복음: '기쁜 소식', 또는 '좋은 소식.' 구체적으로 말해 (성육하신 하나님의 아들) 예수 그리스도께서 십자가에서 죽으심으로써 자기 백성의 죗값을 치르셨고, 그분이 죽은 자 가운데서 부활하심으로써 하나님이 그 희생을 인정하셨으며, 그로 인해 죄인들이 회개하고 그리스도를 믿음으로써 온전한 용서와 천국의 축복을 받을 수 있다는 소식.

통치설: 십자가가 죄에 대한 하나님의 진노를 나타내는 상징적인 의미를 지닌다는 견해. 즉 십자가가 대속물이나 속죄가 아니라 정의가 무엇을 요구하는지를 보여주기 위한 것이라는 개념. 이 견해는 속죄가 하나님이 우주의 합법적인 도덕적 통치자시라는 사실을 공개적으로 선언하는 의미를 지닌다고 주장한다.

은혜: 하나님이 자격이 없는 죄인들에게 주권적인 뜻에 따라 값없이 베푸시는 것.

인죄론: 죄에 관한 교리.

전가: 죄책이나 공로가 한 사람에게서 다른 사람에게로 법적으로 전이되는 것.

이신칭의: 하나님이 그리스도를 믿는 죄인들을 온전히 의롭다고 선언하시는 것. 하나님은 그들의 죄를 용서하실 뿐 아니라 그들에게 그리스도의 완전한 의의 공로를 전가하신다. 따라서 그들은 스스로가 행한 의로운 행위가 아니라 그들을 대신한 그리스도의 사역 때문에 하나님 앞에서 의롭다 하심을 받는다.

율법주의: 해야 할 일과 해서는 안 될 일을 잘 지킴으로써 하나님 앞에서 공로를 인정받을 수 있다는 그릇된 신념.

도덕적 영향설: 그리스도의 죽음이 죗값을 치르기 위한 것이 아니라 사랑에서 우러나온 자

기희생의 본보기라는 신념.

열린 유신론: 미래의 일은 하나님도 알지 못하시기 때문에 어떤 일이든 일어날 수 있다는 신념.

원죄: 아담의 불순종. 그는 금단의 열매를 먹었다. 그는 온 인류의 대표자로서 행동했기 때문에 그의 불순종으로 인해 그의 후손이 모두 죄에 빠졌다. 모든 인류가 아담 안에서 타락했다. 죄책과 본성의 부패가 그로부터 그의 후손 전체에게 확대되었다.

형벌적 대리 속죄론: 그리스도께서 십자가의 죽음을 통해 온전한 속죄를 이루셨고, 구원받기로 작정된 자들을 대신해 죄의 형벌을 온전히 감당하심으로써 하나님의 은혜로운 용서를 얻어내셨다는 견해.

모세 오경: 모세가 기록한 구약 성경. 신구약 성경의 처음 다섯 권(토라를 참조하라).

경문 띠: 성구를 기록한 양피지를 담은 가죽 상자. 바리새인들은 그것을 미간과 팔에 부착했다(신 6:8 참조).

화목 제물: 하나님의 분노를 누그러뜨리기 위해 드리는 희생 제사.

대속물: 누군가를 자유롭게 하기 위해 치르는 대가.

사탄 배상설: 그리스도의 죽음이 충실한 자들의 영혼을 위해 사탄에게 치른 배상이라는 신념.

구속: 누군가를 노예나 포로나 죄수의 신분에서 구원하기 위한 행위. 의무를 이행하거나 대가를 치름으로써 본래의 가치를 회복하는 것을 의미한다.

중생: 성령께서 행하시는 기적. 성령께서는 중생을 통해 영적으로 죽은 영혼에게 생명을 주신다. 생명을 주시는 하나님의 행위는 부활이나 새 탄생으로 일컬어지며, 항상 영생으로 귀결된다.

산헤드린: 이스라엘의 재판관들과 종교적인 권위자들로 구성된 의회. 이스라엘의 주요 도시에는 그런 의회가 존재했지만, 특별한 설명이 없는 한 '대(大)산헤드린'으로 알려진 예루살렘의 의회를 가리킨다. 성경에서 '대산헤드린'은 항상 '공회'(행 23:1)나 '이스라엘의 장로들'(겔 14:1; 행 4:8)로 일컬어졌다. 산헤드린 의회는 일흔한 명의 제사장들과 율법 학자들로 구성되었다. 그들은 성전을 관장하고, 종교 문제를 다루는 유대의 최고 법정으로서의 기능을 발휘했다. 대산헤드린의 다수 의원들은 바리새인들이었지만 대제사장들은 사두개인들이었다. 따라서 귀족의 혈통을 이은 사두개인들이 산헤드린 내에서 정치적 주도권을 행사했다.

만족설: 그리스도의 죽음이 하나님의 정의를 만족시켰다는 안셀무스의 속죄설('거래설'로도 불린다).

솔라 피데: '오직 믿음으로'라는 라틴어.

구원론: 구원에 관한 교리.

토라: '교훈', 또는 '율법'을 뜻하는 히브리어. 영어에서 이 용어는 흔히 성경의 처음 다섯 권, 즉 모세가 시내산에서 받은 율법을 포함시켜 기록한 오경을 가리킨다. 성경의 이 부분은 종종 '율법'으로 일컬어진다.

The Gospel According to Paul

사명선언문

너희가 흠이 없고 순전하여……세상에서 그들 가운데 빛들로
나타내며 생명의 말씀을 밝혀 _ 빌 2:15-16

1. 생명을 담겠습니다
만드는 책에 주님 주신 생명을 담겠습니다.
그 책으로 복음을 선포하겠습니다.

2. 말씀을 밝히겠습니다
생명의 근본은 말씀입니다.
말씀을 밝혀 성도와 교회의 성장을 돕겠습니다.

3. 빛이 되겠습니다
시대와 영혼의 어두움을 밝혀 주님 앞으로 이끄는
빛이 되는 책을 만들겠습니다.

4. 순전히 행하겠습니다
책을 만들고 전하는 일과 경영하는 일에 부끄러움이 없는
정직함으로 행하겠습니다.

5. 끝까지 전파하겠습니다
모든 사람에게, 땅 끝까지, 주님 오시는 그날까지
복음을 전하는 사명을 다하겠습니다.

서점 안내

광화문점　서울시 종로구 새문안로 69 구세군회관 1층
　　　　　　02)737-2288(T)　02)737-4623(F)

강남점　　서울시 서초구 신반포로 177 반포쇼핑타운 3동 2층
　　　　　　02)595-1211(T)　02)595-3549(F)

구로점　　서울시 구로구 시흥대로 577 3층
　　　　　　02)858-8744(T)　02)838-0653(F)

노원점　　서울시 노원구 동일로 1366 삼봉빌딩 지하 1층
　　　　　　02)938-7979(T)　02)3391-6169(F)

분당점　　경기도 성남시 분당구 황새울로 315 대현빌딩 3층
　　　　　　031)707-5566(T)　031)707-4999(F)

일산점　　경기도 고양시 일산서구 중앙로 1391 레이크타운 지하 1층
　　　　　　031)916-8787(T)　031)916-8788(F)

의정부점　경기도 의정부시 청사로47번길 12 성산타워 3층
　　　　　　031)845-0600(T)　031) 852-6930(F)

인터넷서점　www.lifebook.co.kr